目　录

译者序

　　《罗马经济史》是杰出古典学者腾尼·弗兰克的代表作之一。19世纪晚期以来,学界对于古罗马的经济现象和社会关系日益重视,在此背景下,1920年腾尼·弗兰克的《罗马经济史》应运而生。该书详细探究了罗马共和时期的农业、劳动力、工商业、资金和铸币等经济状况,勾勒了直至共和国末叶的罗马经济图景,在学界曾引起很大反响。之后弗兰克教授本打算再接再励,继续撰写帝国时期的经济史,然则在书稿付梓之前,罗斯托夫采夫教授的经典著作《罗马帝国社会经济史》问世。此书广征博引,广泛运用碑铭、钱币、考古学及文献证据,概述了罗马帝国时期意大利和行省的社会经济状况,并剖析了罗马帝国衰落的原因,迄今一直被西方学术界公认为研究罗马经济的扛鼎之作。珠玉在前,弗兰克教授计划创作的帝国卷似乎不再必要。然而,鉴于对现有资料的解释未有定论,加之对于经济衰落的原因莫衷一是,1927年弗兰克对《罗马经济史》进行修订,将著述延伸至帝国时期,描绘了整个共和时期及至帝国4世纪罗马世界的经济生活风貌,深入解读了罗马兴衰的经济起因,给我们提供了现存罗马经济史的最全面记述。

　　弗兰克教授学识渊博,著史态度严谨,全面运用铭文、考古学和文学等证据,避免妄下断语,结论令人信服。该书为文如行云流水,趣味盎然,读来丝毫没有一般经济史枯燥乏味的感觉,值得认真一读。

　　当然,虽然书中在诸多方面是开创性的,但也亦非十全十美。书名虽为罗马经济史,但因材料的缺乏和零散,事实上弗兰克教授仅仅提供了一些经济问题的概略,尚称不上是完全意义的经济史。归结原因,主要缘于罗马史家多为贵族,他们毕生关注国家的政治和外交问题,而对商业和生产漠不关心,结果其著作鲜少谈及经济状况。

感谢导师杨共乐教授的推荐,使我们有幸领略弗兰克教授所勾勒的罗马世界的经济图景;感谢陈恒教授和黄韬主编的宽容和理解,使我们得以对译文详加斟酌。当然,《罗马经济史》一书引用的资料极为繁富,因我们才疏学浅,译文疏漏和错误之处在所难免,敬请方家批评指正。

王桂玲　杨金龙

2012 年 5 月于烟台大学

序　言

在七年前发表的第一版中,本人试图概述共和时期的罗马经济史,并描绘奥古斯都时代的工业生产和分配方式。之后本打算继续撰写帝国时期的经济史,材料也已大体准备齐全,然则在书稿付梓之前,罗斯托夫采夫教授的大作《罗马帝国社会经济史》已然问世。该书详细提供了必备的参考史料,故此我计划创作的帝国卷似乎不再必要。然而,我的历史已脱销几年,并需要出版一个新版本,由此似乎应予修订,与此同时将概述延至公元4世纪的帝国。

这一延伸当然并非意欲鼓励学生漠视不可或缺的罗斯托夫采夫的大作,因为它极大地丰富了我们的学习,无可替代。但鉴于材料难以解释,加之对于经济衰落的原因依然莫衷一是,我冒昧地认为对这一问题进行单独论述仍有价值。第9章、第10章及18至22章为新章节。

腾尼·弗兰克
1926年11月1日

第 1 章　早期拉丁姆的农业

与今相同,意大利的财富在于土壤富饶多产。半岛从未发现黄金,也鲜有银。铁和铜仅仅在埃特鲁里亚(Etruria)【也译为伊达拉里亚。——中译者注】的一块狭窄地域出产,数量如此贫乏,以致无法吸引诸多罗马人开采。海上贸易欣欣向荣,操此业者是拥有少量肥沃土地的人民,加之为生存所迫不得不经商的民族。因此农业是意大利的产业,尤以西部沿海地区的农耕为重,此地是因中埃特鲁里亚和那布勒斯(Naples)间的诸多火山喷发及波河流域的大量冲积物沉淀而成的。正是罗马平原上吃苦耐劳的农民组建了战无不胜的军团,这些军团统一了意大利,并凭借意大利的统一力量,进而一统地中海世界,也正是这些农民的腐化加速了古代文明的灭亡。

建立罗马共和国的拉丁人之祖先现在据信来自于阿尔卑斯山之外。[1]距今约 2000 年之前,一些零星的拉丁人群从多瑙河流域越过阿尔卑斯山中部和东部,进入波河流域(Po Valley),起初居于湖上房屋(lake dwellings),之后遍布波河流域中部,生活于以护城河和人工水渠为防护的村庄之中。与那时零星分布于意大利的新石器时代的蛮族部落相比,他们更为开化。这片土壤的开垦者,古代意大利人,蓄养家畜,使用精良的铜制农具,可能也将所获之土地作为私产进行分配。以前居于此地的蛮族人无力积极与之争夺财产。将土地主要用作猎场的人民不愿为了保护自己的土地,甘冒遭受奴役甚或命丧黄泉的风险。这些早期的入侵者在此生活良久,但一切一如以往。古代意大利人的村庄和公墓显示了一致的文化,鲜有吸收外来因素的迹象。[2]公元前 20 年代中期,这些部落开垦波河流域的肥沃土地(在意大利的青铜时代),之后到早期铁器时代(公元前 1600—前 800 年),托斯坎尼(Tuscany)人和拉丁姆(Latium)人也定居于此。鉴于密集的骨灰盒墓地,我们可以轻易发现他们的进步,因其实行火葬习俗,而那时意大利人尚不知晓。其他与之密切相关的部族,仍未采取火葬习俗的民族,稍晚进入意大利,并在相形逊色的亚平宁(Appennines)地区定居,分布于博洛尼亚(Bologna)到路卡尼亚(Lucania)沿线,后来以塞贝里族(Sabellic tribe)闻名遐迩。他们的语言和宗教揭示其可能是上述火葬民族的亲戚,二者在第一次入侵之前不久分道扬镳。公元前 8 世纪,塞贝里人进入托斯坎尼和拉丁平原,与此火葬民族自由融合。事实上,在公元前 7 世纪和公元前 6 世纪的一段短暂时日,在罗马,在阿尔班山,甚至在安提乌姆(Antium)海岸,土葬比火葬更为风靡。[3]到公元前 8 世纪,入侵偃旗息鼓之时,几乎整个意大利的居民均为印欧农牧民。

上述细节在经济史中究竟有何价值,我们无法估计,除非能够断定密布的印欧部落逐渐在中欧形成明确、独特的语言和文化类型时,种族遗产有何意义。入侵者带着先进的农业技术,从内地而来,这是其经济史中的一个持久因素;所有人的语言、城市和宗教习俗别无二致,使得罗马得以轻而易举地统一意大利;这也证实了一个可靠猜想,只要他们仍在半岛占据上风,就具有下列鲜明特征,即自治政府具有显而易见的资格,不信任冲动行为,而偏爱社会合作。

现在的拉丁平原新近形成,如此新近以至最后的大块火山灰可能晚于埃及的金字塔。在冰河时代之前良久,形成过程就已开始,并贯穿这一时期始终。[4]五十多个流淌着灰烬和熔岩的火山口,在 25 里之内的帝国城市依然可见。当丛林覆盖了临时表面,将要被埋于新火山灰之下时,长期的休眠时期出现。穿越罗马东门的铁路深道呈现了多层黑黄土壤,它们夹在石灰华和火山灰的厚层中间,代表着往昔休眠时期的丛林。现在的表面年代并不久远。从苏拉(Sulla)时代在海岸缔造奥斯提亚(Ostia)起,台伯河河口就富含冲积土,数量与河流在最后的大喷发和奥斯提亚奠基期间累积的一样多。尽管该平原后面的萨宾(Sabine)山保有诸多几千年之久的定居点——一些是旧石器时代野蛮人的家园——尽管整个半岛中有最早的特拉玛拉(Terramara)文明【约始于公元前 1700年。——中译者注】的踪迹,但最古老的广场、帕拉丁(Palatine)及格罗塔佛力塔(Grottaferrata)的墓地不能理所当然地被置于铁器时代之前,可能至多产生于西塞罗(Cicero)之前 1000 年。

　　那时的拉丁平原形成不久,而其人类文明出现更晚。众所周知,维苏威(Vesuvius)火山的火山灰富含磷酸盐和碳酸钾,它的适量混合物在土壤中也可以充作优质肥料。事实上,生活在维苏威附近的坎佩尼亚(Campania)农民并不讨厌偶尔的火山喷发,只要火山表现适度。后来的阿尔班(Alban)火山灰含有相同成分,尽管大部分原来的成分已随时间的流逝而灰飞烟灭。然而,仅仅火山灰无法立刻促进耕作,原因在于庄稼需要大量的含氮物质,首要的就是比灰烬更为坚硬的土壤。在人类定居于拉丁平原的前夕,我们必须假定存在一个荒野生长及丛林植物和森林入侵的时期,由此农业获得绰绰有余的厚腐殖土。这样的森林的确曾入侵平原。不但所有作家保存了早期王政时代传说中所提到的森林和神圣丛林的传统,而且提奥弗拉斯多(Theophrastus)[5]【希腊哲学家、自然科学家,生活于约公元前 372—前 287 年。——中译者注】仍将拉丁姆视为晚到公元前 3 世纪的木材的来源地:“拉丁人的土地水源充足,平原上生长着月桂树、爱神木和引人注目的山毛榉树。此地发现粗壮树干,一个就足以用作第勒尼安海(Tyrrhenian)船只的龙骨。山上长有杉树和松木。瑟凯恩(Circaean)海角长满茂密的橡树、月桂树和爱神木。”有趣的是,那时山毛榉生长在拉丁平原,由于该平原气候炎热,且无树木,收缩到山上。

　　到阿尔班火山不再喷发使山民惊慌后退的火焰时,随着优质地层土上木材的生长,肥沃土壤形成,适于耕作。无疑,那时和现在相同,此地雨量充足。现今,6 月份草变成褐色,直到将近 10 月才得以恢复,而 6 月中旬小麦进入到早熟的收割季节。不过,瓦罗(Varro)将 7 月视为其时代的收割季节,古典作家也经常提到夏季雨水。通过不同解释来假设气候的脉冲理论,不足为凭,此外在冰河时代地区的长期衰退中,是否仅仅两千年就能导致温度大相径庭,值得怀疑。从拉丁姆和后面山脉近乎彻底的毁林中,我们可以发现变化之因。无疑,当从普赖尼斯特(Praeneste)的萨宾山脉到蒙特格纳罗(Monte Gennaro)和整个沃尔斯奇山脉(Volscian range)都覆盖着茂密森林,而非现在炎热的百岩石时,它们保留了雨水,并在最后的春雨冲刷过光秃秃的岩石,立刻汇入洪流之时,提供了现今无复存在的持久地层土和大量夜晚的露水。

因此早期居民涌入平原,之后焚烧出空地,以用于耕种时(那时特拉玛拉人确实在波河流域从事了多个世纪的农业),发现极其肥沃的土壤,尽管面积不大,但因气候温暖潮湿,产量丰富。可以想见,人口与日俱增。在普林尼(Pliny)保存的五十个村庄的传统中,一切皆有可能。公元前 6 世纪的遗迹阿狄亚(Ardea)、撒特里库姆(Satricum)、拉努维阿姆(Lanuvium)、加俾爱(Gabii)、普赖尼斯特、内米(Nemi)、维利特雷(Velitrae)、诺尔巴(Norba)和西格尼亚(Signia)中的财富,现存于朱利亚庄园(Villa Giulia)博物馆,展现了一个几千年以前出人意料的繁荣时代。上述城市(在西塞罗时代之前变为有瘴气的荒地)的古代主人,用从波罗的海到美索不达米亚(Mesopotamia)流域的全部土地的黄金和宝石装饰自身及家园。可是,倘若我们可以相信现有考古证据的话,那么使得所有这些展览成为可能的财富并非出自拉丁工业,抑或拉丁人从事的商业。正是过度开垦的肥沃土壤的农产品创造了财富,养活了堪与今天波河流域的大量租约相提并论的密集人口。

拉丁姆仍有这一显著农业时期的诸多遗迹,但鲜有排水沟、水道和水坝的遗存。现在,发现土地不甚值得耕种和收割劳动的意大利农民,无法明白往昔时代对于如此巨大的劳力付出,主人们如何获取利润。维利特雷下面的地区适于研究该时代复杂的排水系统。这里,就如德拉·布朗克尔(De La Blanchère)[6]在四十多年前所见,土地拥有一个复杂的隧道系统,顺山峰斜坡而下,流向彭甸沼地(Pontine marshes),他称之为排水沟(cuniculi),约有 3 个,高1.5 英尺,通常沿着峡谷边界,开凿在表面下几英尺的石灰华之中。遗憾的是,德拉·布朗克尔受到当时流行的有毒瘴气理论的误导,相信隧道是用于排干有害污水的土壤。但是,它们仅仅出现在斜坡之上,而那里土壤极其容易流失,而未触及下面污浊的彭甸沼地。他也把似乎正确的解释看作是一个可能的理论。它们显然是在一个人口过盛的时期开凿的,以致每块可耕地都必须节省下来物尽其用。通过将风化山脉上的雨水引入地下的水道,农民不但抑制了大部分山边农场的风化,而且省出通常献给奔流河床的空间。我们很难再找到此类土地,那里人们曾经耗费如此多的劳动来保护耕地不受侵蚀。这块土地一定极为珍贵,而且需求旺盛的人口将这种不畏艰难之举看作是每年收成的保证。维伊(Veii)北部的流域里也发现同样的系统,大概也建于同样的条件之下。确实,这条引人注目的通道长 75 码,位于弗美罗河(Fosso di Formello)曾流经的维伊城堡岩石附近的索多桥(Ponte Sodo),是为了省出几亩环状河床来耕种而开凿的。[7]同样从坚硬的岩石中开凿出来的阿尔班湖的地下水道,长 1300 码,高 7 到 10 英尺,也是用以保存火山口倾斜边缘上的几百英亩耕地。即便利用现代工程师的装备,工程也并非一项有利可图的投资。最后,让精耕细作的学生早上从马塞利那(Marcellina)出发,经由斯卡培拉塔(Scarpellata)的陡峭峡谷,溯蒙特格纳罗而上。气候通常较为干燥,但在暴雨过后,水汇成急流而下,带走了土壤几乎无法积累的物质。为了节省峡谷中的淤积土,古代农民建造了极为平衡的多边形石造建筑水坝,以阻挡急流。这个石造建筑主要是用每块重达一吨的重石建造而成,较之塞尼(Segni)城墙气势雄伟的多边形建筑有过之而无不及。可是,一个水坝节省不到一亩耕地。

通过考察这一复杂工程,我们不可避免地要得出这样的结论,即公元前 6 世纪的拉丁姆进行密集耕作,其他任何地方均相形见绌。鉴于这一时期的工具是铁锹和鹤嘴锄,我们确信每人占地份额微乎其微,无疑仅为两犹格,瓦罗告诉我们这足以供养古代的拉丁家族,拉丁姆确实养育了极为稠密的定居人口。根据上述事实,历史学家能够理解一旦他们被发动起来,跨越拉丁姆边界及扫除所有障碍的军队来自何处,为何维伊陷落,为何受到萨谟奈人的威胁之时,坎佩尼亚自始至终向罗马求援。可能是,在这样严峻的压力之下土壤开始显示耕种过度的迹象,无力供养人口,下一代发现有必要开疆拓土,由此开始拉丁部族的扩张。

关于公元前 6 世纪早期拉丁人的社会组织,我们当然没有同时代的描述;生活在多个世纪之后的罗马作家莫衷一是,一如往常是根据革命期间应运而生的制度,结果为历史提供了不足为信的材料。最安全的途径就是尽可能依据考古学,依据公元前 5 世纪中期的十二铜表法(twelve tables)残片,依据可靠作家所记载的最早的政治制度和社会习俗。

例如从上述大量农业事业的出现中,我们可以做出这样的推论:因地道穿越几百人的土地地下,工程无法由小土地所有者组织和完成;原始民主团体(我们有时假定为拉丁姆)无法提供主动权,也无法支持其所蕴涵的劳动。排水地道和水坝极有可能由拥有广阔地域且能掌握和指挥大量佃农劳动的地主负责。简言之,此时它们遍布拉丁姆,类似于 20 世纪英格兰的庄园系统。这一推论与其他史料中的证据不谋而合。

这样的系统将罗马的门客制度解释为地主与佃农或农奴之间个人关系的残余。早期时代的门客(client)承担的职责,极似于我们加诸中世纪农奴身上的服务。例如,他有义务捐赠主人之女的嫁妆[8],倘若主人在战争中被俘,他要赎回主人,并与之并肩作战。它也将解释罗马历史早期平民悲惨的政治和社会境遇。确实,最早的共和国法律和十二铜表法规定平民能够拥有财产,但几无其他权利,且拥有下层公民的身份。例如,他无权在国家中担任官职,丧失正式咨询神的特权,不能和贵族之女结婚,以免此婚姻所出之子女可能继承贵族的权利,也因为贵族团体在元老院里拥有否决权,他的投票不具完全价值。

上海三联人文经典书库

63

罗马经济史

〔美〕腾尼·弗兰克 著

王桂玲 杨金龙 译

AN ECONOMIC
HISTORY OF ROME

上海三联书店

"十二五"国家重点图书出版规划项目

国家出版基金资助项目

总　序

陈　恒

　　自百余年前中国学术开始现代转型以来,我国人文社会科学研究历经几代学者不懈努力已取得了可观成就。学术翻译在其中功不可没,严复的开创之功自不必多说,民国时期译介的西方学术著作更大大促进了汉语学术的发展,有助于我国学人开眼看世界,知外域除坚船利器外尚有学问典章可资引进。20世纪80年代以来,中国学术界又开始了一轮至今势头不衰的引介国外学术著作之浪潮,这对中国知识界学术思想的积累和发展乃至对中国社会进步所起到的推动作用,可谓有目共睹。新一轮西学东渐的同时,中国学者在某些领域也进行了开创性研究,出版了不少重要的论著,发表了不少有价值的论文。借此如株苗之嫁接,已生成糅合东西学术精义的果实。我们有充分的理由企盼着,既有着自身深厚的民族传统为根基、呈现出鲜明的本土问题意识,又吸纳了国际学术界多方面成果的学术研究,将会日益滋长繁荣起来。

　　值得注意的是,20世纪80年代以降,西方学术界自身的转型也越来越改变了其传统的学术形态和研究方法,学术史、科学史、考古史、宗教史、性别史、哲学史、艺术史、人类学、语言学、社会学、民俗学等学科的研究日益繁荣。研究方法、手段、内容日新月异,这些领域的变化在很大程度上改变了整个人文社会科学的面貌,也极大地影响了近年来中国学术界的学术取向。不同学科的学者出于深化各自专业研究的需要,对其他学科知识的渴求也越来越迫切,以求能开阔视野,迸发出学术灵感、思想火花。近年来,我们与国外学术界的交往日渐增强,合格的学术翻译队伍也日益扩大,同时我们也深信,学术垃圾的泛滥只是当今学术生产面相之一隅,高质量、原创作的学术著作也在当今的学术中坚和默坐书斋的读书种子中不断产生。然囿于种种原因,人文社会科学各学科的发展并不平衡,学术出版方面也有畸轻畸重的情形(比如国内还鲜有把国人在海外获得博士学位的优秀论文系统地引介到学术界)。

有鉴于此,我们计划组织出版"上海三联人文经典书库",将从译介西学成果、推出原创精品、整理已有典籍三方面展开。译介西学成果拟从西方近现代经典(自文艺复兴以来,但以二战前后的西学著作为主)、西方古代经典(文艺复兴前的西方原典)两方面着手;原创精品取"汉语思想系列"为范畴,不断向学术界推出汉语世界精品力作;整理已有典籍则以民国时期的翻译著作为主。现阶段我们拟从历史、考古、宗教、哲学、艺术等领域着手,在上述三个方面对学术宝库进行挖掘,从而为人文社会科学的发展作出一些贡献,以求为 21 世纪中国的学术大厦添一砖一瓦。

再者,这一庄园在最早的法律中获得承认,确实被称之为花园(hortus)或围场,而当两犹格的花园土地(一亩和一亩半)被称作遗产(heredium)时,农民拥有小块不动产的庄园体制似乎得到承认。[9]我们也可能在该地[10]发现开阔的田野体制的遗迹,其中土地赐予两个最早的罗马公民殖民地,奥斯提亚和安提乌姆。

如斯巴达(Sparta)、色萨利(Thessaly)和克里特(Crete)的希洛人(helot)一样,公元前 6 世纪拉丁村庄的农民是否确实陷入奴役境地[11],我们现在无从断定,但显然在黑死病之前,至少其境遇绝不优于庄园中的农奴。就形式和社会组织而言,地主庄园和城市神庙周围无数此类农民的村庄在诸多方面与中世纪的庄园大同小异。比较撒特里库姆王侯墓的精美首饰和附近挖掘出的农民的少量家具,我们认为等级之间存在社会差别。[12]

再次提出这个老生常谈的问题,即较早的共同所有权和罗马财产权的肇端,毫无意义;我们也没有理由期望能在这些问题上作出定论。假定的罗马共产主义[13]的迹象寥若晨星。拉丁城市附近的共同体的牧场和荒地或许是扩大的共产主义的遗迹,抑或不然:一个对中世纪制度的研究显示后来的时代经常可以获得城镇的草地。蒙森(Mommsen)确实发现根据最古老的法典,如果未留遗嘱,抑或无嗣,[14]死者的财产由族人继承,但这也许是一个相对较晚的立法者的贡献。然而,在公元前 5 世纪十二铜表法[15]【公元前 451 年颁布。——中译者注】起草之前良久,私有财产的法律已然应运而生。鉴于波河流域的河区居住地(Terremare)[16]昭示,在法律制定前的一千多年以前,罗马人的祖先精通农业,由此极有可能在定居于罗马周围的平原之前,拉丁人就重视财产权。

14

15

原注

1　Von Duhn, *Italische Gräberkunde*; Randall-MacIver, *The Villanovans*.

2　就如公元前 6 世纪的拉丁语一样,如果史前时代有相似的种族融合,那么深受影响的意大利印欧语系方言大概传到了法国、西班牙和意大利。对于游猎部落如何在寻找土地的农民面前让路,北美提供了明证。作为土壤的耕种者,南美的印第安人保护土地,结果惨遭消灭。

3 Antonielli, *Bull. Palet. Ital.*, 1924,154; Bryan, *Hut Urns*; L. A. Holland, *The Faliscans.* 占据北亚平宁和图尔林以西的阿尔卑斯的利古里亚人似乎更早侵袭印欧人,见 Conway, In *Cambridge Anc. Hist.* IV, p. 383ff。

4 A. Verri, *Origine e Trasformazione della Campagna*, 1911.

5 Theophrastus, *Hist. Plant.* V, 8; cf. Pais, *Storia Critica di Roma*, I, 627.

6 De La Blanchère, in *Mél. d'archeol. et d'hist.* 1882,参见 art. *Cuniculus*, in *Daremberg-Saglio*。他可能过于强调这些运河在排干沼泽和地下水中的用途,似乎也探讨了一些住宅排水沟、服务隧道和水平贮水器。该城市地道有时被错误地纳入排水沟的讨论之中。在内战的放逐和奴隶起义期间,其中大量地道无疑是挖掘的秘密通路,用以逃跑或撤退。地道北达比达,见 *Röm. Mitt.* 1915,185。

7 因罗马的维伊位于索多桥附近,所以它也许意指后来的传统归功于卡米路斯军中工兵和矿工的地道。围攻维伊时的开采活动可以说明这个将阿尔巴努斯湖和维伊围攻相联系的奇特故事(Livy, V, 15)。罗马人没有提到排干内米湖的地道,尽管它有阿尔班地道的两倍长。它显然开掘于狄安那神庙占有重要地位之前。普赖尼斯提那大道上的阿里奇亚那流域和火山湖也是在早期被排干的。

8 Dion. Halic. *Antiq.* II, 10, 1.

9 *Leges XII Tabularum*, VII, 3(Bruns, Fontes); Varro, 1, 10, 2,为殖民地划分土地的测量员在"分区"中保存了一个两英亩的量度器,加之早期的殖民地授予小块土地的永久产权,即为明证。在塔拉奇那,(公元前 327 年)只授予 2 犹格;后来的殖民者分得的份额略多(2.5,3,4 犹格),最后在格拉古时代 30 犹格。

10 关于安提乌姆,*Lacineis adsignatus*, *Liber colon.* (Ed. Rud.)229,18;关于奥斯提亚,236,7。

11 这是纽曼的观点,*Bauernbefreiung*; cf. E. Meyer, ar. *Plebs*, *Conrads Handwörterbuch*; Botsford, *Roman Assemblies*, pp. 16 - 65。

12 见 *Monumenti Antichi*, XV, p. 83, and Della Seta, *Museo di Villa Giulia*, I., p. 235。

13 Mommsen, *Röm. Staatsr.* III, p. 23; Pöhlmann, Gesch. *Des antik. Komm-unismus*, II, 443; vinogradoff, *Growth of the Manor*.

14 *Leges XII Tab.* V, 3.

15 同上。V, 3, *Uti legassit super pecunia tutelave suae rei*, *ita jus esto*。

16 Peet, *The Stone and Bronze Ages in Italy*.

第2章 拉丁姆和埃特鲁斯坎的早期贸易

如埃及文献所载，[1]在罗马建城【公元前753年。——中译者注】的一千多年之前，人们在地中海的外海从事贸易，抑或做鸡鸣狗盗之徒。后来阿玛尔纳（Amarna）的碑石显示吕西亚（Lycia）海盗劫掠埃及和塞浦路斯（Cyprus）商人；而在海勒姆（Hiram）时代以前，腓尼基（Phoenicia）商人到西班牙购买不列颠的锡。可能在公元前8世纪，第尔塞尼亚（Tyrsenia）的移民——与孕育了埃特鲁斯坎民族（Etruscan race）的翁布里亚（Umbria）人[2]融合——从小亚海岸越海而来。在台伯河（Tiber）以北，这些冒险者抢夺了从塞雷（Caere）到瓦尔奇（Vulci）的几个城镇。塔尔奎尼（Tarquinii）的古老墓地及维兰诺瓦（Villanova）的骨灰盒式[3]墓葬到新型壕沟墓地的全新变化，清楚地表明南部埃特鲁里亚的入侵是多么突然。在公元前8世纪和公元前7世纪，如其名字和宗教习俗所示，这些新人民迅速扩展，大量与意大利的属民融合，首先越过北托斯坎尼（Tuscany）操铁器和青铜器的地区，之后挺进波河流域，同时经由特雷鲁斯（Trerus）流域，南进坎佩尼亚（Campania）。拉丁姆确实长期保有自由——征服不费吹灰之力，部署却似乎过于严密——但萨宾（Sabine）斜坡的要城普赖尼斯特（Praeneste）被占，用以据守埃特鲁里亚和坎佩尼亚南部村镇之间的陆路。

第一批东方人到来之后不久，希腊[4]殖民者也开始西进。不计其数猎取土地之人从伊庇鲁斯（Epirus）和西伯罗奔尼撒（Peloponnese）乘船而来，缔造了南意大利的富庶城市。尔后，斯巴

达（Sparta）在他林敦（Tarentum）建立了一座殖民地。大约公元前 8
世纪中期，攸卑亚（Euboea）的卡尔西斯（Chalcis）在位于那不勒斯
湾（Naples）远离库麦（Cumae）的地方，创建了一个不久后成为中意
大利中枢的城市，之后在西西里（Sicily）海峡两岸，那克索斯
（Naxos）、赞克里（Zancle）和利吉姆（Rhegium）建城。卡尔西斯，本
身位于一个狭窄海峡，因其地理位置的商业价值，自然获得天然的
增值。更北，希腊人发现拉丁和埃特鲁斯坎部落已完全占据支配
地位，就如抵达坎佩尼亚时，埃特鲁斯坎人遭遇阻止其靠岸的希腊
人一样。那时已成为贸易和制造城的科林斯（Corinth），计划在亚　18
德里亚海的岛屿设立贸易点，大约于公元前 735 年在叙拉古
（Syracuse）缔造了一个繁荣的殖民地。

　　尽管小亚的爱奥尼亚（Ionia），尤其是野心勃勃的米利都
（Miletus）城市的希腊人，已从色雷斯（Thrace）和本都（Pontus）贸易
中获利丰厚，但 1 个世纪以后罗德斯人（Rhodian）转向西西里南部
海岸——杰拉（Gela）和阿克拉加斯（Acragas），而大约公元前 600
年，福西亚人（Phocaean）【福恰的旧称。——中译者注】在其坚船停
泊的地方，罗纳河（Rhone）附近缔造了马赛城（Marseilles）。即使拉
丁人并未长期与这些希腊殖民地发生直接联系，但不久他们的文
明也受到殖民者从祖国带来的爱琴艺术和工艺的影响。

　　拉丁姆的埃特鲁斯坎邻居起初并未与故乡亚德里亚海岸保持
联系。大概整个民族都已经移居到此，没有亲属可以联络。确实，
埃特鲁斯坎人的宗教习俗和占星术中富含美索不达米亚思想，但
除了如腓尼基人在埃特鲁斯坎人移居前就带到西方的微不足道的
事物之外，更早时期东方商业的物证少之又少。不久之后，一些埃
特鲁斯坎贵族使用奴隶耕种依然富饶多产的土壤，发了大财，但后
遭东方的海上旅行者逐出。由于自荷马（Homer）时代就掌控的有　19
利可图的爱琴海市场为爱奥尼亚的希腊人所夺，腓尼基[5]商人现在
到西方，西班牙、托斯坎尼和利比亚（Libya）寻求补偿。出土了腓尼
基贸易最丰富产品的塞雷和普赖尼斯特（Praeneste）的墓葬——距
罗马仅 20 里之遥，现在一般认为产生于约公元前 700 年之后。对

11

于早期商业的故事而言，所见的最重要物品即是银碗和镀金碗，这显然为腓尼基工匠所造，而绘以赫梯（Hittite）、埃及和美索不达米亚的图案；雕刻的象牙盘，诸如泰瑞亚（Tyria）工匠据说制作了所罗门神庙的嵌花；腓尼基商人所到之处出现的绘图的鸵鸟蛋，随处可见的埃及玻璃珠和圣甲虫护身符，加之腓尼基人对二者的大量仿制品。

科林斯（Corinth）花瓶原型在同一墓地中出现，表明公元前 8 世纪末之前希腊商人也沿海岸而来。[6]第一个希腊陶器大概经由库麦取自卡尔西斯，但不久之后，科林斯的海上旅行者增加进口，他们带着故城的器皿来到其殖民地叙拉古，由此迅速北上。确实，科林斯引进了提尔（Tyre）【也译为推罗。——中译者注】的思想，显然也有工匠，利用腓尼基商人在希腊土地上不受欢迎的良机，着手抢夺泰瑞亚织品、香料和药膏的希腊市场，并为后者制造瓶子以盛装精美陶器，这些瓶子已被考古学家作为公元前 7 世纪年代学的标准。在新西方贸易中，科林斯因地处海湾，占据得天独厚的优势，在叙拉古、库麦和埃特鲁斯坎城市塞雷和塔尔奎尼的发掘证明它知道如何从中受益。

此时，罗马依然是一个农业村庄。拉丁姆的土壤确实富饶，因此繁衍了大量人口，这个部落如此强大，以致埃特鲁斯坎人无法穿过台伯河南进，而只能取道一条紧靠萨宾山脉的岩石层峦叠嶂的斜坡。尽管腓尼基商人经常与邻近的埃特鲁里亚城市易货，但该平原忙碌的农民似乎一直未与之发生联系。罗马人所说的"布匿"（Poeni）【即迦太基。——中译者注】的确来自于步腓尼基人后尘的叙拉古商人，而关于商业和船只部件的拉丁语，则是学之于叙拉古和库麦的航海者。进口的科内托器皿足以说明甚至最早的库麦贸易，似乎在拉丁姆也不受欢迎。[7]罗马没有发现丰富的金、银、琥珀和象牙，而这些在河流上游的邻地多如牛毛。早期科林斯器皿原型的几个碎片确已出土，但这些器具价格低廉，可能是取道从塞雷到普赖尼斯特和坎佩尼亚的直道而来的商人，卖给七丘城的村民。

随着公元前 7 世纪的流逝，许多重要事件改变了意大利商业的进程。腓尼基[8]贸易迅速消减,部分归因于亚述在叙利亚的压力,部分归因于因广建殖民地激发和促进了希腊贸易的发展,部分或许也归因于叙拉古现在从事商业,能够利用其在西西里海峡的支配位置,与对手并驾齐驱——加之叙拉古和腓尼基人之间的敌对根深蒂固。无论如何,拉丁语清楚地昭示在腓尼基和埃特鲁斯坎人占据上风的时期,即显然在公元前 7 世纪末左右,罗马和叙拉古人联系的影响;库麦的发掘也说明同一时期该城和库麦息息相关。

也是在约公元前 7 世纪末,埃特鲁斯坎军队最后成功地征服了拉丁姆,因而决定性地将坎佩尼亚和埃特鲁里亚连接在一起。贵族到处掌管村庄,占领土地。在罗马,帕拉丁(Palatine)、厄斯魁林(Esquiline)和奎里那尔山(Quirinal)的单独村庄组为城市,周围建造了坚固的石头城墙。[9]于是此城成为一个统治拉丁姆所有地主的埃特鲁斯坎君王的驻跸地。人民为国王建造宫殿,兴建神庙以敬献神圣灵魂,这些灵魂现在等同于埃特鲁斯坎人汇合意大利、希腊和东方宗教而成的诸神。为了装点迅速发展的城市,罗马大量输入劳动力,并在台伯河口建造一个港口,[10]以便于埃特鲁斯坎和希腊的航海者。

那时罗马是否已成为海上贸易的重要中心,依然不得而知。这一时代[11]的海船主要依靠帆,难以操纵,以致难以抵抗如台伯河中的激流,难以运输货物;而且,船长需要亲自将船只拖上岸,将器皿带到市场,亲自交易。这种贸易更适于在如下地方进行:诸如塞雷和塔尔奎尼下的便利沙洲,或如萨特里库姆(Satricum)在阿斯图拉河(Astura)所拥有的一个小而宁静的河口,[12]或如阿狄亚(Ardea)在英卡斯特罗(Incastro)和努米库斯(Numicus)所拥有的河口。罗马早期的发展大概并非归功于其在海上贸易中的位置,而是掌控两条要道交汇点的台伯河屏障,由此一条来自塔尔奎尼、塞雷和维伊(Veii)方向的埃特鲁斯坎陆路更易通行至提布尔(Tibur)和普赖尼斯特,而另一条特雷鲁斯(Trerus)流域的坎佩尼亚的道路更易于抵达拉丁城市图斯库鲁姆(Tusculum)、拉努维阿姆(Lanuvium)、维利特雷(Velitrae)、诺尔巴(Norba)、阿狄亚、萨特里库姆和塔拉奇那

（Tarracina）。

　　然而,在埃特鲁斯坎占领的整个世纪【即公元前 6 世纪。——中译者注】,罗马和整个拉丁姆与地中海商业联系紧密。尽管在这个解放时代,拉丁人成功地保持了其语言和民主理想的精髓,但该时期依然是一个深具文化价值的时代。到处农村变为城市,其中布匿、西西里和马西利亚（Massiliot）【即马赛。——中译者注】商人在市场中叫卖自己的物品,而福西亚（Phocaea）和科林斯的艺术家与工匠则在神庙、宫殿和坟墓的装修中找到工作。[13]

24　　也在约公元前 600 年,小亚的福西亚人,由于在本都贸易中相形见绌于米利都（Miletus）人,定居马赛,以便从与西方的凯尔特（Celt）人和伊伯利亚（Iberia）人的贸易中获益。此事对意大利而言至关重要,因为它确保了在福西亚商业中与小亚积极且爱好艺术的爱奥尼亚人的固定联系。无疑,正是这些船长带回国的关于西方奢华城市中的机遇的故事,诱使艺术家和工匠群集意大利淘金。但该殖民地给意大利带来新资源。通过与腓尼基的海上贸易者的竞争,马西利亚人开辟了一条经由高卢的新道路,以获得意大利城市工业所必需的不列颠锡。他们也为工业城市购得德国和西班牙矿山中的铁及原产品,诸如木材和皮革。最后,此时埃特鲁斯坎城市越来越多地使用琥珀饰品,可见这一新殖民大大加速了西方贸易,远达波罗的海之外。

　　到公元前 6 世纪初,科林斯陶器及仿科林斯原型制造的当地产品的数量在埃特鲁斯坎城市也大幅增加。[14]曾经有这种似是而非的
25　设想,即这一变化缘于科林斯的政治动乱（约公元前 583 年）,结果迫使大量名人及其门客遭放逐。一些放逐者似乎避居于托斯坎尼,从事以往的职业,或将手艺传授于人。罗马的德马拉图斯（Demaratus）传奇也决非空想,此人出身科林斯,其子因埃特鲁斯坎母亲成为罗马强大的国王塔克文。后来提及此故事的皇帝克劳狄（Claudius）确信,古老的埃特鲁斯坎文献对此确有记载。[15]

　　最后,早期意大利商业的学生会在尼罗河河口附近的瑙克拉提斯（Naucratis）[16]找到东西方之间中转贸易的一个有趣指标。这个

"古代上海"(恰如其分的称呼),是通常排外的埃及人允许爱奥尼亚贸易城市在其土地上所建的,已成为工业和贸易城。这里工厂繁茂,不但输出仿最近的爱奥尼亚样式制造的器皿,而且也有埃及的宗教物品和个人饰品。这种大量在意大利发现的特别艺术品,故而是与诸如参与瑙克拉提斯工业的罗德斯(Rhodes)、米利都、克雷佐米尼(Clazomenae)和福西亚之类城市联系的证据,尤其是因为它们与极似于小亚城市附近所见的艺术品有关联。

　　大量证据显示西意大利深受外来影响。可是,要断定在各种情况下是谁进行贸易,埃特鲁斯坎人和拉丁人在这一时期的工商业中又有何作用,难上加难。 26

　　公元前 6 世纪期间,埃特鲁斯坎人掌控拉丁姆,如日中天,控制从阿尔卑斯至坎佩尼亚的西意大利,并可随心所欲支配第勒尼安(Tyrrhenian)人的贸易。他们的财富无疑主要依靠剥削当地人,后者作为农奴,为其耕地。大而富饶的城市,诸如塞雷、塔尔奎尼及瓦尔奇,不在于拥有出产金属的地区,也不在于控制得天独厚的商业位置,尽管他们无疑通过将内地商品带给海上旅行者获利。然而,作为一个民族,埃特鲁斯坎人似乎到处对工业充满强烈兴趣。他们对东方的染料、装饰品和豪华服装的喜爱及强烈的宗教感,(这要求精确使用仪式和墓葬品),促成大量当地工业的肇始。甚至没有原材料的普赖尼斯特[17]城,成为工业中心,由此我们发现精雕细琢的金饰和珍贵的宝石首饰,大量雕刻的青铜镜子及精美的家用物品。总之,尽管工艺样式上显然墨守成规,但技巧如此娴熟,致使我们经常无法断定一个指定的工艺品是当地的,抑或进口的。有鉴于此,考古学者根据样式对这一时期的诸多产品进行划 27 分,分为腓尼基—埃特鲁斯坎、爱奥尼亚—埃特鲁斯坎或科林斯—埃特鲁斯坎式。此时,大量花瓶也按照爱奥尼亚和科林斯的样式进行生产,不久之后则按著名的阿提卡黑彩陶器模式,仅仅在一个埃特鲁斯坎传说抑或对其所绘神话的诠释的细微差异中揭示了这种黑彩陶器的西方起源。在神庙的建筑上,埃特鲁斯坎人一般采用爱奥尼亚和西西里式。事实上,他们通常延聘希腊建筑师来进行建造。而且,由于埃特鲁里亚确实缺乏优良的建造用石,向爱奥尼亚和西西里学习自由使用木材。横梁末端、楣梁和木材的山角墙被饰以赤陶的浮雕板。驾驶战车之人、猎手、女祭司和森林之神及所有其他人必需的游行模具起初大概是从爱奥尼亚进口的,抑或延聘爱奥尼亚的艺术家设计,而当地工匠继续一丝不苟地设计它物,如此细致,致使很难说当地艺术始于何处。维伊、费利伊(Falerii)、萨特里库姆和维利特雷,甚至罗马的废墟提供了用陶瓦制成的崇拜雕像和神庙人物,它们如此美丽绝伦,同时代希腊或小亚的产品几乎也相形失色。[18]

28 公元前 6 世纪期间,埃特鲁斯坎人显然在海上也占有一席之地。希腊人——无疑因这场新竞争利益受损——经常将埃特鲁斯坎的海上旅行者称之为海盗。这一称谓在多大程度上名副其实,不得而知。不管实际如何,一个商业对手的方法通常受到指责,尤其是其来自异族,且生意亨通。无论如何,公元前 6 世纪的埃特鲁斯坎墓葬里出土的艺术品表明爱奥尼亚、阿提卡、科林斯、卡尔息狄亚(Chalcidia)、叙拉古、库麦和迦太基(Carthage)的器皿几乎畅通无阻地输入埃特鲁里亚。鉴于希腊作家鲜有关于埃特鲁斯坎人的明确记载,埃特鲁斯坎商人也不可能从远道一直携带爱琴海的器皿,似乎埃特鲁斯坎的海盗行为或竞争并未扩大到对外国商人关闭第勒尼安海的程度。

  埃特鲁斯坎的海洋政策无疑是步迦太基的后尘。公元前 6 世纪早期,由于为亚述(Assyria)入侵者逐出提尔的强大腓尼基家族的加入,迦太基实力大增。[19]于是迦太基开始向希腊商人关闭阿非

29 利加和西班牙水域,[20]签定与埃特鲁斯坎人密切合作之约。大约公元前 537 年,双方联手摧毁福西亚在科西嘉(Corsica)的殖民地,后来试图夺取库麦,但因叙拉古的干预而以失败告终。由此我们可以设想,希腊人一方与迦太基和埃特鲁斯坎人的另一方之间,已划出一条鸿沟,双方也尽可能为对手制造困难。希腊船长似乎不单独进入埃特鲁斯坎海,而埃特鲁斯坎人似乎也不贸然进入希腊水域。可能这就是缘何希腊贸易在亚德里亚海的港口增加,由此希

腊器皿风靡意大利,[21] 缘何在同一世纪由阿普利亚至库麦[22] 的陆路车水马龙,缘何库麦的产品倾向于走从加普亚(Capua)到费利伊的陆路。甚至有一些证据显示各个希腊贸易城市之间竞争激烈,因为公元前 510 年克罗吞(Croton)[23] 摧毁希巴利斯(Sybaris)似乎部分缘于如下事实,即希巴利斯在意大利下游山脊摆脱了叙拉古人、赞克里或埃特鲁斯坎人在西西里海峡施加的所有限制,控制该地的昂贵运输。重要的是,大米利都贸易城,长期与卡尔西斯 30 (Chalcis)不睦,于是也敌视这些海峡的殖民地,在希巴利斯垮台时悲痛万分。显然,米利都人向西北运送陶器需要运输路线。

可是,我们不能认为,罗马在迦太基之外的任何地方施加了绝对的贸易限制。关系不睦或许导致对冒险无护卫出行的不受欢迎的商人实行劫掠,但事实上公元前 6 世纪埃特鲁斯坎进口的物品包罗万象,一定存在相对自由的贸易。显然该政策将大大削弱不靠海的城市商业,但整个埃特鲁里亚不可能为了几个参与运输贸易的海岸城市的利益,被迫接受任何领海(mare clausum)理论。况且,内地城市坐拥无数陆路的优势,以致在一个如意大利一样漫长且开阔的海岸上,任何关闭海洋的尝试均毫无裨益。

由公元前 6 世纪埃特鲁里亚的外贸物品判断,我们暂时可以按如下方式描绘商业形势。根据类似于波利比阿(Polybius)(3,22)引用的第一次布匿—罗马和约,迦太基船长可自由进入埃及港。31 这种贸易将意大利和阿非利加、西班牙、不列颠(主要通过西班牙)相连结,在某种程度上也扩及叙利亚(Syria)和埃及。埃特鲁斯坎人积极从事海岸贸易,似乎常去马赛、库麦与西西里海峡。鉴于其似乎不常进入希腊水域,[24] 他们一定在运输路线的西部末端,如老挝(Laos)、泰梅萨(Temesa)和米德玛(Medma),获得希腊陶器,在某种程度上也得自于西西里的港口和库麦。来自科林斯和爱奥尼亚的希腊商人,转而在南意大利和西西里港口卸货,以进行进一步的转运,尽管在去马赛的路上福西亚人无疑停经埃特鲁斯坎港口,且整个世纪叙拉古在海岸贸易中发挥重要作用。32 它在海上势力强大,且毗邻海峡,以致不会轻易受到阻挠。无疑在雅典(Athens)成为运输国家之前,这一世纪正是叙拉古[25]运送了日益增多的雅典产品。

当然,尽管不是一个积极的参与者,但公元前6世纪期间拉丁姆参与了所有这些活动。罗马人口变得极为稠密,所以海洋旅行者一定尽可能常去光顾它的市场,而且始于埃特鲁里亚、坎佩尼亚、拉丁姆和撒宾腹地的陆路穿过罗马桥梁。此外,船只在距罗马南约20里的阿狄亚进港,与卢都利(Rutuli)和阿尔班山的城市交易,尤其是在阿斯图拉河(Astura)河口与萨特里库姆,此地是两条要道的末端,一条使维利特雷和诺尔巴之间的内地通向南北道路上的普赖尼斯特,一条则通往赫尼卡(Hernica)、沃尔斯奇(Volscian)和厄魁山(Aequian)的意大利部落。

物物交换需要相对的贸易平衡,拉丁姆一定是用自己的物品交换外国器皿,但我们难以查明所为何物。[26]罗马大概拥有金属工业,这从普赖尼斯特已得到充分证实。[27]普鲁塔克(Plutarch)可能获得
33 这一问题的可靠信息,其提到王政时期存在金匠和铜匠行会,加之罗马的维库斯·图斯库斯(Vicus Tuscus)或许得名于一个埃特鲁斯坎工匠的殖民地。确实现代罗马视为最珍贵遗迹之一的卡皮托母狼[28],似乎是公元前6世纪爱奥尼亚——埃特鲁斯坎艺术的杰作,如果造于罗马,那么将是这种工业的产品。这一时代的轻型船只上似乎鲜见拉丁姆的主要产品——粮食,但拉丁人能够给内地的山地部落供应粮食,以交换那时便于出口的木材和皮革。他们的粮食或许也用来和台伯河外的工业城市换取铜,铜反过来可用于支付进口物品。无论如何,拉丁姆一定出口铜,理由是拉丁语货币(nummus)风靡西西里,意指金钱。同样西西里关于猪肉的词语,似乎来自拉丁语 arvina,显示早期拉丁人饲养很多猪,以用于交换。

从这一时期末,即驱逐埃特鲁斯坎暴君和建立共和之后,在大量混乱的破碎器皿之外,我们保有迦太基和罗马所缔结的一个商
34 业条约——幸运地被波利比阿保存下来,这更有助于解释该时代的商业方法。这一文件,古代历史中最有价值的记录之一,内容

如下：[29]

"罗马人及其盟国与迦太基及其同盟之间将订立友好关系，条件如下：

（a）除非因天气所迫，或因惧怕敌人，否则罗马人及其同盟不得航行到公平海角（以西）[30]之外。如果其中任何之一被驱逐到岸上，除了为修复船只及祭祀所需物品之外，不准为自己购买或收取任何物品，并限 5 天之内离开。

（b）为了交易而登陆利比亚或撒丁尼亚之人不准达成交易，除非当着一个使者或者城市职员的面。在这些人面前出售的任何东西，为了维护国家的信誉，价钱对卖者公道。

（c）如果任何罗马人进入西西里的迦太基行省，享有他人拥有的所有权利。

（a'）迦太基人不得伤害阿狄亚、安提乌姆（Antium）、劳伦敦（Laurentum）、西尔策伊（Circeii）和塔拉奇那人，也不许侵害臣服于罗马的任何其他拉丁人。

（b'）对那些未臣服于罗马的拉丁姆城市，手下留情；如果接管，要将之安全无虞地转交给罗马人。

（c'）不得在拉丁姆建立要塞；如果武装进入该地，不应在此过夜。

这是我们现存最早的西部商业条约，条约内容如此准确、构想如此仔细，以致我们可以假定在公元前 6 世纪末之前埃特鲁斯坎海的国际外交长期发展。显然，就如荷马时代，人们通常认为所有海上旅行者偶尔是海盗时，这一时代已经远逝了。

由于迦太基显然制定和执行该条约，它也表明迦太基是远比罗马更为重要的商业和政治国家。[31]上述的无数限制均有利于迦太基。确实，很难看到任何对商业稍有兴趣且实行全力保护的国家如何会默许此类条款。可以断定，这个将罗马船只从努米底亚排除出去的条款一定意味着广泛的罗马商业。鉴于罗马贸易未来可能的发展，或者为了纪念埃特鲁斯坎罗马在革命以前的做法，迦太基可能施加了合乎传统的布匿政策。对于罗马在驱逐国王以后

（一个必然导致工商业阶层大量移民的事件）的贸易，条约并不能证明任何事情。可以肯定的是，被解放的拉丁人民，忠于古老的天性，现在转向陆地，所以在公元前5世纪外国商人并不经常拜访拉丁姆。事实上，我们发现在公元前4世纪民主政治通过殖民奥斯提亚（Ostia）显示对外贸的兴趣之前，迦太基认为不需要一个新商业条约，甚至那一条约[32]也表明罗马不能要求平等条款。

37 　　该文件也显示迦太基已经在领海习惯的执行上取得长足进展。它保有努米底亚（Numidia）和摩尔人（Moor）的海岸，由此直布罗陀海峡完全留给自己的商人。当然，因为沙漠保护其不会腹背受敌，切实可行。如下一条约所示，撒丁尼亚（Sardinia）和利比亚并未完全关闭，原因在于布匿舰队依然太弱小，无力施加这样的限制，但他们的市场由保护布匿利益的国家官员监管。只有无法关闭的西西里西部，对所有人开放。另一方面，至于罗马，该条约仅仅在港口打开门户。显然，我们可以得出这样的结论，即这是意大利的传统政策，罗马在埃特鲁斯坎也是如此。确实，迦太基，埃特鲁里亚的长期同盟，在埃特鲁斯坎叛乱之后不久就与罗马订立商业和约，充分说明埃特鲁里亚——腓尼基的联盟并未，也不曾将埃特鲁斯坎海保留给两个签约方。上文我们已经看到由于拥有诸多意大利陆路通道，试图关闭海洋的任何企图毫无用处。

　　该条约一方面说明那时作为一个强大的商业国家，迦太基急于垄断贸易路线，获得尽可能多的新港口；另一方面，它暗示罗马过去也许部分参与运输，而现在则更关注拉丁姆的领土完整，而非商

38 业，因此愿意将港口向所有守法的海上旅行者开放。[33]

原注

1 Köster, *Schiffart in 3 und 2 Jahrtausend v. Chr.* 1924；Cary, *The Greeks and Ancient Trade*, Jour. Hell. St. 1924；L. E. W. Adams, *A Study in the Commerce of Latium*.

2 Körte, *art. Etrusker*, Pauly-Wissowa. Schulze, *Lat. Eigennamen* 已经引

起了对构成印欧语族词根和埃特鲁里亚后缀的埃特鲁里亚名字的注意。这一解释当然在于完全的民族融合。

3　Von Duhn, *Italische Gräberkunde*, 310; Randall-MacIver, *The Villanovans*.

4　Beloch, *Giechische Gesch*[2]. I, 1, 237ff.; A. Reinach, *L'hellénisation du monde antique*.

5　Poulsen, *Der Orient und die Frühgriechische Kunst*, 116ff.; Kahrstedt, *Phoenikischer Handel*, Klio, 1912, 461ff.; Curtis *Memoirs of the American Academy in Rome*, vols. III and V.

6　Lorimer, *the Fabrics called Proto-Corinthian*, Jour. Hell. Stud. 1912, 326ff.; Perrot and Chipiez, IX, 574ff.; Gabrici, *Cuma*, Monumenti Antichi, XXII, 343ff.; Von Duhn, *Ital. Gräberkunde*, index; Prinz, *Klio*, Beiheft VII.

7　Gabrici, op. cit., 指出库麦器皿大量进入台伯河以北的埃特鲁里亚城市, 而未输入拉丁姆。因此,似乎在公元前 7 世纪拉提亚文化并未与埃特鲁里亚并驾齐驱。可是,萨特里库姆似乎与希腊商人接触,大概缘于作为托运到普赖尼斯特商品的入口港,萨特里库姆已掌控在埃特鲁里亚手中。拉丁姆无黑纹的器皿可能缘于葬礼家具和火化仪式简化。

8　Beloch, *Griech. Gesch*[2]. I, ii, 249.

9　*Notes on the Servian Watt.* Am. Jour. Arch. 1918, 175ff., and *Roman Buildings of the Republic*, p. 112.

10　*Rome's First Coinage*, Class. Phil. 1919, 314.

11　Huvelin, *Mercatura*, Daremberg-Saglio.

12　Strabo, V, 2, 有点令我们吃惊的是,甚至在其时代阿斯图拉河口为抛锚处。

13　Delia Seta, *Museo di Villa Giulia*, 1918. Mrs. Arthur Strong, *Jour. Rom. Stud.* 1914, 160ff. 公元前 6 世纪中期,波斯人征服爱奥尼亚城市时,爱奥尼亚人的移居入境无疑是最强大的; Herod. I, 164。

14　Perrot, IX, 628.

15　Körte, *Jahrb. Arch. Inst.* 1897, 57.

16　Prinz, *Funde aus Naukratis*, Klio, Beiheft VII; herodotus, II, 178.

17　Matthies, *Praenest. Spiegel*, 34.

18　Della Seta, *Cat. Villa Giulia Museum*; E. D. Van Buren, *Terra-cotta*

Revetments in Latium；Giglioli，*Notizie. Scavi*，1919；Frank，*Castor Temple*，*Mem. Am. Acad. V.*

19 Myers，*Handbook of the Cesnola Collection*，p. xxxiv.

20 约公元前 580 年，罗德斯人试图在西西西里建立殖民地，但为迦太基人所阻。参见公元前 509 年的罗马—布匿条约，Pol. III，22，and *Arist. Pol.* III，5，10。

21 Dall' Osso，*Guida illustrata del Museo di Ancona.*

22 Gabrici，*Cuma*，420.

23 Herodotus，VI，21.

24 塞雷后来以推行自由贸易政策闻名于世。当然在罗马独立后，塞雷如希望保有贸易，那么就被迫开放一个港口。

25 埃特鲁里亚的宝藏中未见雅典货币，而雅典记录中明确提到埃特鲁里亚人，似乎均证明埃特鲁里亚的货主在公元前 6 世纪期间并未经常到达皮里尤斯。这类器皿的交换无疑发生在西西里海峡附近。参见 De Sanctis，*Storia dei Rom.* I，442；Pais，*Storia Critica*，I，357；Helbig，Rendiconti Lincei，1889；Gött. Gel. Anz. 1912. Hackl，*Merkantile Inschriften*，p. 94，指出在早期雅典花瓶上，商标一般是用爱奥尼亚文字。由此，他推断说该器皿是爱奥尼亚山人订购且分配的。

26 叙拉古是最早在铸币上采用雅典标准的城市之一，Gardner，*History of Ancient Coinage*，214。

27 关于早期罗马工业见 Pinza，*Bull. Com.* 1912，50。

28 Petersen，*Klio*，1909，34；Carcopino，*La Louve du Capitale*，1925.

29 Polybius，III，22。波利比阿将该条约定在"共和国的第一个执政官职，卡皮托林神庙被奉献的一年，薛西斯入侵希腊前的 28 年"，即公元前 509—前 508 年。尽管这个关于那时在卡皮托林神庙依然有用的条约的明确日期，但蒙森（Mommsen），Täuber（*Imperium Romanum*，p. 269）及诸多其他人仍将之定在公元前 348 年。然而，通过对罗马地域扩张的仔细研究，我们会得出这样的结论，即该条约的政治条款与波利比阿给出的时间一致，而非他人。在第三个条款中，迦太基认为罗马凌驾于远达塔拉奇那的所有海岸城市之上。在这场革命之后，罗马认为应效法埃特鲁里亚国王的先例，继承和行使对拉丁姆的霸权。在革命几年之后，受到埃特鲁里亚人的沉重压迫时，为了赢得拉丁人的好意和支持，它放弃这一要求，并在一个联盟中承认拉丁姆联盟城市自治。直到公元前 341 年后，拉丁城市才被称为罗马"属民"，无人声称该条约晚于公元前 341 年。因此，我们必须承认在时间上波利比阿大致正确。

30　在评论 III，23 中的这一条约时，波利比阿显然认为 *epekeina* 意指南方，也就是在其时代一般称为利比亚的地区。但波利比阿（III，24）所引用的下一条约（III，24）更明确的指出它意指这一海角以西的阿非利加北部海岸。

31　Frank，*Mercatilism and Rome's foreign policy*，Am. Hist. Rev. 1913，234. Täubler，*Imperium Romanum*（1913），264，显示这些关于一个被占城市的投降及将贸易纠纷交由公共安排的条款，是奉行布匿的想法，而非罗马人。Kahrstedt，Klio，loc. cit.，遗漏了该条约的政治意义。

32　Polybius，III，24。日期是公元前 348 年，其中暗示的政治环境与拉丁战争之前拉丁姆的情况别无二致。

33　关于早期罗马史家的可靠性，众说纷纭，因此每个罗马史家应该告知读者其在这一基本问题上的态度。在现在的这卷中，波利比阿、狄奥多鲁斯，甚至是李维已经被用来证明这样的观点，即他们提供了一个关于共和国时期的记述，可以接受。罗马人极为尊重立法和法律，于是保存了条约、法律和元老院决议副本及高级祭司关于事件的简要记录。确实，祭司的记录仅仅记载宗教意义的事件，但因政治名流担任祭司，他们的记录倾向于涵盖大量政治要事。

　　公元前 390 年高卢人毁坏了绝大多数记录，这种设想并无可能。考古学家相信绝大多数神庙没有被毁，结果它们包含的记录也一起留存。就如原始人一样，显然凯尔特人尊重此类神圣地方。无论如何，这些保存在卡皮托的条约残存（见 Frank，*Roman Buildings*，pp. 78 and 83）。

　　更早的罗马史家，如法比乌斯·皮克托，都是受过训练获得准确的法律和条约知识的政治家。将不精确的历史方法，即苏拉时代为了娱乐而创作浮夸传奇的小说作家所奉行的方法，归因于这样一些人，并不正确。他们在国务中付出的精心和掌握的知识，无疑用于历史创作之中。

　　在使用后来用传说材料填充法比乌斯概要的历史学家的作品时，我们一般可以认为主要的年表结构是准确的——当然考虑到早期 3 年或 4 年的差异——执政官名单同样可信，大部分法律、条约、元老院决议、殖民时间及重要战争的日期都是可以接受的。然而，我们必须记得，提议但未获通过的法案及元老院的争论没有记载下来，且祭司的记录中也没有记载诸如军事行动之类的事情。因此当这种事情出现在公元前 300 年的记述中时，它们一定仅仅被视为口头传统，最安全的就是完全不予采信。在这样的整理后，由我们文献史料提供的记述似乎合情合理，与后来考古学的结论不谋而合（见 Frank，in *Am. Hist. Rev.*，vol. 32.）。

第3章 农民的崛起

公元前 6 世纪末,罗马爆发革命,结果埃特鲁斯坎暴君被逐出罗马。[1]许多在新政府中声名显赫的贵族拥有埃特鲁斯坎名字,由此我们可以断定这并非一场完全国家主义的运动。[2]它也非民主行动:形式上,继任政府在各方面均是寡头政治。但是它引发了长达两个世纪的贵族与平民的激烈斗争,前者控制国家,后者承担诸多重负,几无公民特权。在无尽的控制和反控制中,这场新革命展现了错综复杂的妥协、法律辩论和罗马民族持之以恒的法律思维。在历史上,除了英国之外,任何民族都不曾在压力下上演光荣革命的戏码。最近的评论[3]倾向于认为这场斗争完全是政治性的,但相关的传统记述产生于格拉古(Gracchus)时代之后,或许受后来时代的思想歪曲。即使李维(Livy)的历史中对早期革命也有大量经济的解释,这场革命产生的法律证明斗争主要是为经济目的而战,加之早期罗马社会出现了一个主要基于经济前提的等级体制,所以这场革命在罗马经济史中占据一席之地。

在革命之前,绝大多数农民或多或少处于自由农奴的地位。我们不知道农奴制是否真实存在,也从未被明确告知农奴解放(freeing of the serfs),尽管最近的历史学家[4]认为公元前 495 年"平民保民官(tribunes of the plebs)"的设立大概寓意于此。如果若干或诸多农民已变成农奴,那么这种解放可能并非一蹴而就,结果在现存法律中未留蛛丝马迹。例如,或许罗马的埃特鲁斯坎专断君主采取政策,削弱强大地主,保护农民,以巩固自身权力;抑或革命期间地主放弃了诸多常规权利,以确保其农奴在与国王军队的斗争中忠心耿耿。在摧毁中世纪的封建体制时,诸如此类事情随处可见。[5]无论如何,早期共和国中没有确实的农奴制的迹象,因为所谓的塞尔维乌斯(Servius)政制主要基于经济实力划分选举团体和军队,由此富有地主掌权,据信为自由民的农民构成军队主力。可是,不管公元前6世纪的农民是农奴还是自由民,境遇悲惨。

　　首先他们的土地不多,且价值减少。我们所见的开垦工作就证明土地用到生产极限,以便供养过量人口。李维[6]关于公元前5世纪饥荒和代办粮食的大量记载表明土地遭过度开垦,无法满足全部需求。似乎可能的是,倘若农民接受最近分得的份额,一定面临自己处理所有经济独立的问题,且无经验。当一个极端严厉的财产法允许债务人沦为奴隶,或者被卖到外国土地上充当奴隶时,情况亦复如是。如果在这样的条件下,农民如李维所说经常要求物质救济的话,其主张难道不入情入理吗? 如果他们也要求在法庭上拥有更好的地位和同样的政治权利,那么很大程度上是缘于他们知道争取舒适生活的最直接途径是通过公民和政治平等达成的?

　　一些拥有较差权利的城市阶层也参与了这场斗争。国王们的积极政策将罗马卷入埃特鲁斯坎工商业的洪流,吸引大量工人齐集罗马。无疑,罗马也参与生产一些我们归功于绝大多数邻城的物品,[7]金饰、银饰、盥洗物品、铜具和铁具、陶器、陶器制成的建筑装饰品、衣服、武器和诸多其他物品。商业需要码头、[8]运输和商店的服务。许多劳动力参与神庙、公共工程和宫殿的建造。但在国王遭逐时,大量曾被这些工业吸引进入该城之人处境艰难,因为罗马那时不但被切断了与这些工业的家乡埃特鲁里亚的联系,显然也被排除于商业潮流之外。在罗马,我们鲜见与希腊或东方有关联的公元前5世纪的物品,且奥斯提亚(Ostia)海港似乎已湮没无闻。无所事事的无产者蓄势待发,准备揭竿而起。公元前456年的关于将阿温提努姆土地收归国有的伊基利亚法(*lex Icilia de Aventino publicando*)[9]是用小块土地安抚这一等级的尝试吗? 首批四个保民官取代国王,负责充当城市穷人的官方保护人,是因为后者的驱逐使得农民不受保护吗？

　　李维[10]将平民的第一次"撤离"（secession）【公元前 494 年。——中译者注】与国王被逐之后的拉丁战争（Latin wars）【公元前 340—前 338 年。——中译者注】联系起来。他当然没有同时代阐释原因和结果的史料，但其猜测完全合情合理。对拉丁人而言，这是一个解放时代，对罗马平民亦然，一场运动可能诱发另一个。就如我们所见，第一个迦太基条约暗示罗马国王已使其城市主宰远达塔拉奇那（Tarracina）的拉丁姆，且该条约中的新共和国意欲继续发号施令。然而，新政府受到埃特鲁斯坎人的敌视，势单力薄，无力担此重任，结果只是昙花一现。拉丁人自然要求恢复以前在部落联盟中的自由地位；[11]但遭到拒绝，于是奋起而战，很快如愿以偿，建立拉丁联盟，与罗马人平分秋色。根据李维的记载，正是在这场战争中，处境艰难的政府号召农民参军，由此给了农民要求代理人的机会，后者称为保民官，负责保护农民的利益。

　　保民官制度[12]在诸多方面独树一帜，在形式上暗示了要予以纠正的不平的性质。保民官起初显然有 4 个，神圣不可侵犯（sacrosanct），这意味着平民在国家中构成一个独立团体，迫使政府宣誓尊重其代理人的人身，否则将遭到神圣复仇的惩罚。把平民的胜利归因于一次起义，这表明传统正确无误。保民官的权力起初并无权威，是个人的，在帮助个人时适用，且只限于罗马城内，这一事实证明他的角色类似于辩护人，在指控法庭及其代理人不公的案件中发挥作用。保民官的职责正是保护穷人的个人自由，后者处于被债权人出售的危险之中，至少发现他有缓期时间，可以求助于朋友。简而言之，整个制度都是指向革命初期的经济动荡。

　　然而，一旦设立，保民官轻而易举地扩大了自己的权力。平民关于选举的会议使得他们得以讨论和阐明进一步的措施，指导他们的代表，之后在成为一个紧密团体时，通过保民官的干预对政府施压。公元前 452 年，他们迫使政府许诺制定成文法，并公布习惯法，由此限制专断裁决，为明智的改革奠定基础。几年以后，[13]他们迫使立法会议承认公民大会必须遵守平民决议，并通过允许平民

45

46

47

48

和贵族通婚打破了社会差别。公元前 393 年,拉丁联盟的古老习俗恢复,将最近从维伊夺取的土地分给所有公民,每人获得 7 犹格。我们必须重视此举的重要意义;可以说,此次分配是民主权力的证据,并为党派政策开创了先例,因此反过来通过将大批无产者变为有产者等级,也巩固了党派,使得他们在立法会议中的地位上升,无疑在迈向经济成功的道路上取得长足进步。他们实力增加,最终得以通过公元前 366 年的李锡尼·塞克斯都法(Licinian-Sextian law)出任执政官,[14] 国家的最高官职。通过将一个人可以出租的公有地的数量限制到 500 犹格,他们也获得参与土地进一步分配的机会,结果平民得到法律上的承认、政治和国内平等及若干经济救济。

我们可以想见,公元前 287 年平民通过一个极为特别的方法,行使权利,在立法中建立同样的成年公民投票。他们迫使基于财产等级投票的立法会议,承认按选区投票的部落会议(tribal assembly)与之平起平坐,显然邀请少数贵族参与部落组织。由此,通过一个特别之举,即吸收贵族成分,国中之国得到发展;此后,保民官可以召集民众,领导民众,来决定共和国的政策。平民获得全盘胜利,虽然罗马依然是小国寡民,但其问题人民敢于独自解决,而非听取元老院的建议。与希腊城邦相同,罗马提供了直接民主的例子。

鉴于这一发展,我们可以重现公元前 393 年的土地分配,由此所有公民从城市北部被占的维伊领土分得 7 犹格土地。当然,对于富有地主来说,分配微不足道;他们可能出售或出租自己的份额。而对于无产者而言,在手工工具和集约栽培的时代,他们可以维持生计。对国家而言,它意味着度过最严重的危难之秋,罗马将在这些土地所有者中培育一个忠心耿耿且值得信赖的公民团体。在一段时间里,这帮助它避免了不在地主的束缚,也消除了农民佃农或其替代者农业奴隶的冷漠。

与我们相同,罗马人当然也知道小农并非总是专注于小农场之上。像加图(Cato)一类的杰出农民,通晓希腊人和迦太基人的农业知识,无疑能够更英明地耕种,并通过使庄稼适应土壤和广大市场的需要,来获取更大收益。如文艺复兴时期英国圈地的支持者一样,他知道集中能够创造经济利益。他一定发现将维伊土地分成小块破坏了开掘广阔排水沟渠的可能性,因沟渠行经该地的广阔地域。[15]小块土地的个人所有者在无法控制上下的急流时,几乎无法处理土地,合作努力也无可能。[16]无论如何,沟渠废弃不用,完全的生产大同小异。

51

然而,最大程度的生产从来也不是罗马政治家的理想。元老院通常从军事和政治需要的立场来考虑公民价值,当然也重视社会和经济改善。显然在一个像罗马一样保护不力的小国里,一支同类的公民军队令人满意。要构建这样一支军队,就必须要拥有诸多尽职尽责的有产者,对其而言保护国家与之利益攸关。几个世纪以来军队一直奠基于这种思想之上。同样重要的是,该民族应有一个庞大的自我供养的公民团体,通过对现存秩序的认可和信任,该团体的主张和共鸣在选举时稳固下来。这些是罗马每天的纲领,鲜有政治家会在元老院提倡地主体制,而不顾以有产者为基础体制的政治和社会利益。如果前一体制最后占据上风,不是因为缺乏理解和兴趣,而是因为经济法律的效力抵抗了当时流行的补救措施的适用。罗马深受高卢(Gaul)入侵的冲击,平稳度过等级斗争的骚动,平定了拉丁人的叛乱,审慎地制定自由又灵活的政制,从而将意大利统一在一个卓有成效的联盟之中。所有这一切似乎在很大程度上都源于她实行的土地分配体制,由此提供了一个由稳固且有兴趣的无产者构成的公民团体。

52

在上述概括中,为了统一的缘故,平民公民权的缓慢发展一直被视为仅仅关乎土地问题。到此次危机末,一个新因素的出现使经济问题大大复杂化,即一个国家铸币厂建立,它发行了迄今尚未使用的铸币,一度打乱罗马稳定的经济体制,导致财政混乱,加剧了革命进程。

罗马建立铸币厂的具体时间,现在难以断定。罗马人,倾向于将所有古代制度归功于塞尔维乌斯·图利乌斯的首创。但从艺术

53

标准来看,最早的铸币上的图案是公元前 4 世纪的产物。[17]如果船首[18](它在第一种铸币上充当象征,已提及奥斯提亚海港的殖民),出现于约公元前 4 世纪中期,那么我们可以对之后立即出现的几个特别财政政策做出解释。公元前 352 年,一个破产委员会[19]成立;公元前 347 年,一个世纪里曾达 8⅓的法定利息率减半,到公元前 342 年,利息完全取消。这些法律看起来似为一个在财政事务上毫无经验的政府试图抑制导致突发货币膨胀的邪恶。显然在交易层出不穷的时代,第一种铸币一定如今天一样过量发行,扰乱了市场的平静进程。它一定也促进了购买,吸引新贸易进入城市,一定也易于引发不必要和危险的投机;此外,因价格会随着货币的数量而增加,无疑会造成大量误算,导致诸多人破产。这种形势如何迅速地引发如李维所记载的财政危机,容易设想。罗马颁布法律缓解压力,表明下层等级对政策产生了与日俱增的影响。仅仅在禁止利息三年以后,勇往直前的平民领袖普布里乌斯·菲罗(Publilius Philo)通过法律,取消贵族在元老院中否决立法的特权。

54

然而,政治家深知禁止利息只是增加了困难:后来布告显示古老的法定利息不久又予以恢复;此后拉丁姆和萨谟奈(Samnium)政府为殖民开辟新土地,无疑吸收了剩余铸币,于是财政平衡重新建立。

原注

1 这个革命故事当然富有传奇因素。然而,鉴于历史时代对"国王"的持久憎恨,加之早期法律中反王权罪行的明确规定,认为这种政治意识确实深受一场搅动该城根基的革命的影响,合情合理。具有深意的行动不可能完全受传说歪曲。

2 见 Schulze, *Röm. Eigennamen*。

3 见 Niese, *Hermes*, 1888, p. 410. De Sanctis, *Storia dei Romani*, II. 213。

4 Neumann, *Bauernbefreiung*, 1900,部分被 E. Meyer, article *Plebs*, in Conrads *Handwörterbuch*.[3] 接受。

5 参见 Lipson, *the Economic History of England*, p. 77。鉴于早期的斯巴达、克里特、色撒利,亚细亚的希腊王国及埃及,可能还有高卢和西班牙出现各种类型的农奴制,显而易见意大利缺乏农奴制。

6 参见 Livy, II, 9;34;52; III, 32; IV, 12;25;52。这些段落的一些记载无疑是臆测,但我们一定要记得祭司的编年记重视记载宗教意义的事情,如粮食价格高昂有多久,黑暗或其他事物,多久能得到太阳或月亮的照耀,Cato, *Orig. frag.* 77。

7 Pinza, *Bull. Com.* 1912, p. 53。罗马后来迅速扩张,越出早期住所和墓穴所在地区,以致鲜有遗迹留存供我们判断早期工业的情况。最好的记录自然来于邻城,后者由于罗马的扩大相形缩小。

8 奥斯提亚未见公元前 6 世纪村庄的遗迹,但传统表明有一个村庄。大约在公元前 4 世纪中期,此地建立一个小殖民地,并建造了一座城墙,将 6 英亩的地域包含其中:Calza, *Notizie Scavi*, 1923,178。

9 Rosenberg, Hermes, 1913,371,认为法律证明该城的平民仍然是非居民,后者能够被限定于一个"范围"之内,但这一"范围"并非意大利人的制度。

10 Livy, II, 32.

11 后来成为"拉丁联盟"的部落联盟经常发生变化,我们似乎能够确定其中的一些阶段。

（a）在埃特鲁斯坎人进入拉丁姆之前,一定存在一些共同的部落习俗,由此甚至导致在政治事务中行动统一,尤其是在危难之秋。

（b）埃特鲁斯坎国王占领诸多山城,瓦解了该联盟。罗马国王获得整个拉丁姆的领导权是基于其权力,而非种族团结,理由是它扩大到像塔拉奇那和安提乌姆的沃尔斯尼之类的城市之外。

（c）罗马共和国继续霸权的尝试在公元前 509 年后以失败告终,拉丁城市组成独立的拉丁联盟,而罗马被排除在外——就如通常所知,如果加图（*Hist. Rom. Frag.* Cato, 58)引用的这一古代铭文列出完全的成员名单,那么北部城市由提布尔、图斯库鲁姆、阿里奇亚、拉努维阿姆和拉维尼阿姆构成,南部城市则由阿狄亚、波米尼亚和科拉组成。结果,该联盟占有比罗马更多的领土,但未获得拉丁城市普赖尼斯特（大概仍在埃特鲁斯坎治下）,也未获取从安提乌姆至塔拉奇那的沃尔西尼领土,后者仍掌握在埃特鲁斯坎罗马手中。鉴于拉丁殖民地西格尼亚和诺尔巴显然仍未创立,而科拉包含其中,该联盟或许成立于约公元前 500 年,即 Rosenberg, *Hermes*, 1919, p. 159。

(d) 分立几年之后,罗马与该联盟缔约,不是作为九个成员之一,而是作为联盟平等的一半。这个李维(II, 33, 4)定在公元前 493 年的卡西亚努姆条约,Dion. Hal. VI, 95 中有所记述。在这一世纪的其余时间,拉丁联盟尽力保卫罗马边境,抵御埃特鲁斯坎人,防守南部的拉丁边境,以抵御厄魁和沃莱斯奇。

(e) 在公元前 4 世纪,由于能够在利益不同的城市中充当一个单位,罗马开始掌握领导权。几次争权夺利之后,尤其是在罗马处于高卢入侵的弱势时,公元前 358 年签署一个新协定以更新该联盟,势在必行。

公元前 343 年,拉丁人普遍发动叛乱,反对罗马居于主导地位,结果罗马在拉丁战争中大获全胜,得以建立一个可随心所欲调整的联盟。拉丁习俗以对罗马有利的方式继续存在,且所有拉丁城市(50 或 60,Pliny,III, 69)获准平等地参加这一节日,包括诸多属于罗马的城市(如加俾爱、波维利等)或者其他以前属于该联盟的成员(如博拉、科里俄利等)。

在公元前 493 年之后,联盟的所有拉丁人拥有通商权(*commercium*)和通婚权(*conubium*),且任何城市的公民均获得公民权。我们可以认为,不管罗马还是拉丁姆的任何城市的经济变化都迅速蔓延到联盟的领土。

12 Livy, II, 33; Diod, XI, 68,罗马人对早期的数目和时间(公元前 495 年或者公元前 471 年)存有争议。尤其见 Mommsen, Staatsr. II, 272, E. Meyer, Art. *Plebs* in Conrads *Handwörterbuch*, and Rosenberg in *Hermes*, 1913, 359 中关于神圣不可侵犯(sacrosanctus)。

13 传统的时间是:十二铜表法,公元前 451 年;在某种程度上承认该平民决议的贺拉提乌斯和瓦莱里乌斯法,公元前 449 年;承认通婚权的卡努利亚法,公元前 445 年。

14 根据李维,李锡尼—塞克斯图法包括一个限制出租公共土地的条款。最近的批评家和 Niese, Hermes, 23, 410 认为此条款制定于公元前 2 世纪。但在之后的 2 个段落中,李维记述了违反该法所采取的司法行动,倘若此言不虚的话,那么传统的记述言之凿凿。在 VII, 16 中,他报道了公元前 357 年李奇尼乌斯本人因占有 1000 英亩土地遭罚款,而在 X, 13(公元前 298 年)中,许多人由于占田超过法定限额受到处罚(quia plus quam quod lege finitum erat agri possiderent);参见 X, 23; X, 47(对一些养牛人处以罚款(damnatis aliquot pecuariis)),似乎指的是同一法律。

　　该法非常符合那时如我们现在所知的经济形势。土地价值贬值,于是一些开始蓄养牲畜的地主一定广泛出租。穷人已经从土地分配中获得好处,当然在高卢入侵中也遭受重创。我们没有必要与尼斯相同,认为该法预示着此时存在诸多大庄园,理由是几个大庄园的存在就足以导致预防性立法的产生。

15　在维伊附近的流域,尤其是土地多丘陵的北方,依然可见大量排水沟的痕迹;它们已经出现于更北的周边地方,*Röm. Mitt.* XV, pp. 185 - 186。

16　似乎指的是在 *Digest*,39,3,2,1 中的困难。

17　见 Hill, *Historical Roman Coins*。

18　关于奥斯提亚时间的争论,我在 *Class. Phil.* 1919, p. 314 中已经阐释。费斯图斯声称该殖民地是在该村的第一个建筑之后建造的,有如下事实为证,即它的公民属于两个不同部落,且政府有两套官员。见 Taylor, *Cults of Ostia*。最近发掘出一座城墙,其中展示了公元前 4 世纪流行的工艺和材料,见 *Am. J. Arch.*,1918,182。通常认为“船首”指的是攻占安提乌姆。

19　破产法,Livy, VII, 21;关于利息法,VII, 27 and VII, 42,参见 Tac. *Ann.* VI, 16, and Appian *B. C.* I, 54。

第4章　分给旧公民的新土地

开垦小块受腐蚀的土地表明人口过盛,也显示土壤的肥力容易耗尽。[1]鉴于几方面原因,土壤肥力耗尽的危险在拉丁姆尤为严重。那里,土壤长期没有淤积土。沿着由阿尔班山向阿尼奥河(Anio)辐射的广阔火山岩的山脊,沿着阿庇亚(Appia)大道,下往阿狄亚,土壤表面极为坚硬,无法开垦。此地,现在也无法进行耕种。在稀薄的草皮下,仅有的小块土地露出火山岩。在其他地方,条件相形有利,因为覆盖着具有物理一致性的腐殖质,且包含一些氮质物,火山灰和石灰华促进根部强大的植物的多产。可是,这一表面新近形成,结果除了冲积流域之外,到处土壤均很稀薄。更为糟糕的是,此时不均匀散落到土墩的灰烬仍未构成准平原。因此,

该平原给连绵不绝的冬雨提供了起伏不平的表面,且当拉丁居民去除地面上的草皮和森林时,稀薄土壤面临流失的危险。不足为怪,拉丁农民发现有必要尽快把雨水引入地下水道。表面的肥土极其珍贵,必须节省。尽管如此,但收获减少,土壤继续腐蚀,拉丁姆的农业受到威胁,繁荣的拉丁村庄也步其后尘。这种情况可以由中宾西法尼亚州多沙地区的农业史加以解释,那里现在的旅行者行经幅员辽阔的郊区,目力所及渺无人烟,遍布现已废弃且沦为废墟的谷仓和农舍。此地,两个世纪之前居民在沙子的下层土下发现了富饶但却稀薄的冲积土。经过一个世纪不计后果的耕种,土地创造了大量财富,但当其肥力耗尽时,几乎不名一文,农民弃如敝屣。

拉丁姆的情况从未绝望,也不会如此,即使那里的底层土缓慢

地给年生植被的虚根创造财富,但却相对富饶。然而,鉴于李维早期的著作屡次提到人民生活窘迫,在我们时代之前的公元前 5 世纪和公元前 4 世纪日益贫困。更为糟糕的是,确保降水直至夏季且帮助度过干旱季节的广阔森林²遭大量砍伐。对土地的迫切需求导致任何可变成耕地的地域都难逃此劫;繁密人口需要大量木材;如我们所见,通过商业,拉丁木材行销远达缺乏树木的希腊。在平原南部,沃尔斯奇山脉的森林砍伐导致整个地区遭到破坏,因为雨水冲刷山脉,使土壤流失,把碎石带到下面的平坦平原,堵塞了溪流的行进,并将几个大城市的花园变成有瘴气的沼泽,不但危害自身日益减少的人口,也不利于远达萨特里库姆(Satricum)和阿斯图拉(Astura)的村庄。诺尔巴(Norba)、科拉(Cora)、塞提亚(Setia)和普里维努姆(Privernum)日益没落。同样,萨宾山的森林砍伐使得土壤变成光秃秃的岩石。雨量减少,干燥季节变长,降雨迅速流入海洋,拉丁姆逐渐成为今天的半干旱地区。

伴随这种变化,农民自然寻求补救措施。在密集耕种期间,每亩土地都物尽其用,饲养牲畜无利可图,因牛肉鲜少用做食物,而马并不普遍使用,结果肥料缺乏。诸多农民发现土壤过于稀薄,不利于重复耕种,于是别无选择,只能种草,把土地变成牧场,至少草皮能够保存肥力。几匹牛用于运输,而该城的富有地主也提供了一些肉类市场。绵羊能够出产羊毛,尽管这经常是从只适合养绵羊的山区牧场交换而来的。人们可能也饲养山羊,以提供奶和奶酪。

牧人面临的主要困难是 7 月、8 月和 9 月缺草,结果必须不辞辛劳地采摘树叶。³在公元前 4 世纪和公元前 3 世纪,邻近的沃尔斯奇山区和萨宾山区的牧场归入罗马的政治版图,于是夏季和冬季牧场均有利可图成为可能。是拉丁地主寻求利用山区牧场度过干旱的夏季,还是如 19 世纪中叶,萨宾牧人在废弃的平原农场发现繁盛又温暖的冬季牧场放牧,现在我们不得而知。但一旦有机可乘,拉丁地主迅速开发这些现在粮食收成不丰的土地,使之有利可图。我们所掌握的大量记录,关乎放牧于罗马附近山区的奴隶,始

于第二次布匿战争【公元前 218 年至公元前 201 年。——中译者
注】，[4]但因此类记载偶尔出现，且数量不多，所以我们不必认为近
来采用这种做法。倘若一个人试图穿过在 7 月的第 1 个星期向山
区方向行进的连绵不尽的绵羊队伍，从蒂沃利抵达罗马，就会明了
贺拉斯[5]下句之意：

> 牧人精疲力竭地寻找阴凉处。

然而，这种变化造成严重影响。如果牧场确实分设两地，那么
有利可图的饲养业需要资金；显然，由于放牧 100 只无需耗费比 6
只更多的劳动，结果拥有小块土地的穷困农民很快在竞争中落于
下风。由此，小农逐渐将土地交托给掌握大规模牧场资金的主人；
以牺牲耕地为代价，一个普遍的圈地运动开始。再次，因几乎无需
技巧，奴隶用于放牧，于是一块占地 1000 英亩的地域，在收成好的
时代曾供养 100 个农民家庭，现在则交由几个生活随意的外国奴
隶掌管。平原人口迅速减少。

现在，另一种工业加速了将农业挤出阿尔班地区的进程。这
里，斜坡更为陡峭，土壤腐蚀最为迅速，致使类似于小麦和大麦的
年长植物的弱根无法生长，但葡萄树和橄榄树[6]却能轻而易举地滋
养自己，甚至在石灰华和灰烬之中。必要之事就是除掉石灰华，并
将树根栽的更深一些，提供肥料供幼苗生长。当植物长大时，它可
以在粮食作物无法生长的地方发现养分。由那时到现在，葡萄园
和橄榄树林再未从山上和阿尔班湖周围的流域销声匿迹。显然这
种工业也是由富人发展起来的，原因在于他们能够耗费 5 年，等待
葡萄结果，花费 15 年，收取在橄榄林投资上的第一批收益。

经常认为，罗马在第一次布匿战争中掌有西西里，从迦太基继
承了该岛的粮食十一税，于是廉价粮食大量流入拉丁农民的市场，
破坏了拉丁姆的农业。但罗马地主在全盘掌控国家之后，可能奉
行如此损害自身利益的政策吗？抑或他们愚不可及，以致看不到
将西西里的十一税带到罗马的后果吗？我们所勾勒的这一过程确

实到公元前 3 世纪中期得到进一步发展,拉丁姆已不适宜种植粮食,于是诸多地区转轨其他工业,而西西里的粮食满足了人们的迫切需要,这些想法难道不是合情合理吗?

此处简述的重大变化是从公元前 5 世纪至公元前 2 世纪的情况。结果经常迁移人口成为必需,我们有理由相信公元前 6 世纪那里人口密布。同样,此前希腊土壤的腐蚀已迫使诸多人到外国土地上殖民,导致诸多人从事工商业,促使诸如雅典和科林斯之类的城市彻底改弦易辙。罗马并未采取直接的补救措施。公民并未弃罗马于不顾,到外国殖民,罗马也未转轨制造业和商业,尽管奥斯提亚的建造和阿庇乌斯·克劳狄(Appius Claudius)[7]的立法中似乎有此征兆。相反,罗马人口的过剩在领土扩张中找到了出路。 62
公元前 4 世纪中期,公元前 366 年平民获准担任执政官职之后不久,在脱颖而出的激进民主领袖领导下,罗马开疆拓土。公元前 343 年,罗马人助坎佩尼亚人一臂之力,打退了萨谟奈山民的进攻。两年以后,双方联合作战,旗开得胜,结果罗马获得坎佩尼亚北部的一些领土,以用于殖民。翌年,拉丁人反抗罗马的霸权,铩羽而归,沦为罗马国家的臣属,部分居民成为全权公民,部分居民在一段试用期充当非投票公民。当然,双方都有人员伤亡,而一些土地被罗马人没收,且重新安置。公元前 328 年,一场新的萨谟奈战争【即第二次萨谟奈战争。——中译者注】爆发,并逐渐蔓延到整个中意大利,席卷埃特鲁斯坎人、翁布里亚(Umbria)人和萨宾人,最终引发了皮洛士(Pyrrhus)战争【公元前 280 年至前 275 年。——中译者注】,结果以皮洛士的失败告终,罗马理所当然地成为从阿尔诺河(Arno)至整个意大利的盟主。

就如我们所见,在领土扩张的时代之前,人口过剩,土地匮乏, 63
这从要求经济和社会改善的呼声中显而易见。著述这一时期的历史学家倾向于得出这样的结论,即渴求土地是扩张的推动力。或许所言不谬。无疑人民想要获得更多土地。当经济上处境艰难时,农民考虑领土扩张,尽管尊重法律,但与其他人如出一辙,当需要邻居的食物时,罗马人会对邻居进行致命的冒犯。可是,我们无权凭借之后的论据,抑或前面对历史的经济解释,下此断语。首先,可以说罗马人几个世纪以来保护平原土地,抵挡饥饿山民的入侵,由此将低地居民的财产权和正义感发展到最大限度。[8] 罗马的公民法典被全世界奉为圭臬,并非仅仅靠运气。其次,仔细研究罗马利用胜利的方法,我们发现此举不是一个渴求土地的强盗行为,而是一个深谋远虑的组织者的行为。一块土地若被占用,经常会得到补偿,且通常是吸引和留住殖民者的肥沃土地,但私人土地普遍较少,仅够供养一个军事职位,此外居民中也有少数盟邦人民。公元前4世纪的新居民发现政府首重国家需要,而非公民对新土地的需求。第一次殖民是在安提乌姆和塔拉奇那的港城,此处拉丁姆易受海上漫游者及希腊和埃特鲁斯坎舰队的劫掠。每地仅移民300人,大概足以进行政治控制,掌控港口;而每人分得几英亩。之后殖民者被安置在普里维乌姆(Privernum)的若干地方,以控制塔拉奇那后面沃尔斯奇山脉的关口,该地受到本都沼泽的瘴气影响,不适合发展经济。在加普亚(Capua)上方,在从萨谟奈同盟西狄星尼(Sidicini)人手中夺取的领土之中,罗马设立了拉丁殖民地卡莱斯(Cales)。它拥有2500名居民,部分是为了拉丁身份而放弃公民权的罗马人,部分是拉丁和坎佩尼亚盟邦。事实上,卡莱斯是罗马所钟爱的边界殖民地的显例。土地极为肥沃,足以吸引居民定居,以据守一个危险的地点,而且本着互利互惠的精神,罗马人和盟国融合一体,充当同盟中富有凝聚力的团体,此举主要缘于其战略价值:卡莱斯据守罗马和加普亚之间的内部道路,并将萨谟奈和新臣服的奥隆奇(Aurunci)分开。同样的军事殖民地设在卢塞里亚(Luceria)、苏埃萨(Suessa)、因提拉姆那(Interamna)和阿尔巴(Alba)。最后罗马居民夺取了库麦之上的法勒尼亚(Falernia)土地,定居于此,此地海岸道路延伸至坎佩尼亚。此举部分是战略性的,部分是惩罚性的,理由是显然为埃特鲁斯坎人的古老臣民,[9] 曾辅助萨谟奈抗衡罗马。土地确实优良,但如若优质土地是主要焦点的话,那么罗马无需将公民派到100里之遥。

这是在公元前4世纪扩张时期所做的安排,也是下一世纪罗马政策的代表。唯一的不同是公元前 3 世纪鲜见罗马人自己的殖民地，拉丁军事殖民地成为标准类型，且一些土地，如高卢土地，长期没有找到接收者。这些均表明到公元前 3 世纪罗马不再渴望土地，而是承担任务所需的人力。

　　不充分研究罗马的外交史，我们就难以充分说明罗马征服在多大程度上因经济压力而起。经济革命和政治扩张之间的密切联系不可否认。我们至少可以说，由于土壤的逐渐腐蚀，早期显而易见的拉丁姆人口过盛及人民穷困促使这些本能和冲动在行动中发挥重要作用，导致政府在公元前 343 年采取侵略外交政策；随后的冒险，加之充足的农业人口使得政府能够构建一支战无不胜的军队，使得征服不费吹灰之力。但不久之后，由于战争的人力消耗，加之在战略要地建立军事殖民地，人口分流，结果到公元前 3 世纪人口不足，而非人口过盛。这一证据也表明，显然从一开始政府的政策就是以政治和军事需要为当务之急，而非考虑由个人公民施加的经济压力。

　　显然，罗马的政治扩张永久地反作用于人民的经济生活。国家排除潜在的侵蚀，持续开发想要控制的良田，吸引了未用的人力和资金。故此，罗马人现在没有动力来尝试新事业，发展工业，抑或从事陆路或海上的商业。在扩张时期，罗马几乎将海外势力弃之不顾。埃特鲁斯坎机构以前建立的外部联系削弱。公元前 6 世纪罗马建造的寺庙几乎都是爱奥尼亚式，而公元前 4 世纪的艺术没有显示同时代爱琴影响的痕迹。[10] 这一时期依然存在的黄色石灰华的粗糙石工技术表明罗马不再步希腊艺术的后尘；直到公元前 2 世纪，罗马的艺术开始意识到自己已大大落于下风。工艺的情况大同小异。公元前 3 世纪，20 里之外的内陆山城普赖尼斯特出现了一个银匠团体，其技术和工艺令人赏心悦目。[11] 而同一时期罗马工艺暗淡无光，并非仅仅出于偶然，因为二者同为拉丁城市。普赖尼斯特的新发展或许归因于如下事实：它与罗马订立了平等条约，限制了其领土边界，条约规定它永远保有 50 平方公里，于是迫使其把额外精力投入到工业之中。如果它在某种程度上不得不以同样方式依赖创造技巧，大概也有利于罗马。然而，通过罗马扩张的

68　结果,她的公民总是移民到新土地,把大量资金投资在不动产上,结果永远是农民和房地产资本家。需求、工艺和艺术之母,从未迫使他们从事这样的职业,该职业培养了对艺术品的兴趣,也激发了商业事业的本能。

原注

1　见第一章。

2　Nissen, *Italische Landeskunde*, I, 432。美国的森林服务证明大部分降水缘于森林树木散发的水蒸气。*N. Y. Times*, Aug. 20, 1926。

3　Pliny, *H. N.* XVIII, 314.

4　Livy, XXXII, 26.

5　Horace, *Carm.* III, 29, 21; cf. Varro, *R. R.* II, 1, 16; II, 2, 9 - 11; 5, 11; *L. L.* V, 36; Pliny, *Epist.* II, 17, 28.

6　王政时期的日历承认维那利亚节日,但是在最古老的习俗中并未大量使用酒。在皮洛士时代,阿尔班山拥有葡萄园,Pliny, *N. H.* XIV, 12。在古典时代,葡萄种植于比今天纬度更低的平原,甚至阿狄亚(Colum. III, 9),加俾爱(Galen, 6, p. 334)和其他现在只种粮食和发展牧场的地方也出产。橄榄是后来引进的,它的种植与卡斯托和波吕克斯有关。普林尼引用了公元前249年罗马的价钱,每12磅10阿司——极为昂贵的价钱(XV, 2)。普劳图斯(*Capt.* 489)嘲笑油商"联合",表明橄榄油在2世纪前成为市场的重要商品。但直到西塞罗时代,拉丁姆才提供剩余产品出口。

7　Meyer, *art. Plebs* in Conrad's *Handwörterbuch* 提出了这样的学说,即阿皮乌斯(约公元前312年)在该城的低地建造水道,铺砌了阿庇亚大道,并允许自由民随心所欲地到任何街区登记选票时,他打算鼓励工业无产者,并给予其政治权力。鉴于现在关于这一时期的考古知识,这一理论似乎言过其实。

8　在 *Roman Imperialism* 第3章和第4章中,我已经试图解释了这一时期罗马的外交政策。

9　Vergil, *Aen.* VIII, 724,认为法利希人哈莱苏斯为法勒努姆部队的领袖;见 Deecke, *Rosch. Lex. sub. voc. Halaesus.*

10　Pinza, *Bull. Com.* 1912, 53.

11　见 Matties, Praen. Spiegel,关于普赖尼斯特的金属制品。

第5章　罗马铸币

罗马铸币史[1]显示了所见的财政改革中最为有趣的做法，试图
提供金币，但却鲜少使用——黄金在早期意大利寥寥无几，以致并
未用于铸币——一种对于一个迅猛发展的国家而言合乎需要的铸
币，试图给外贸确立一个可与几百个邻国铸币相提并论的交换媒
介，并试图铸造 2 种金属硬币，银币和铜币，保持合理比率，而不因
金属价格流动而变。

我们第一个惊奇是罗马在公元前 4 世纪中期前并未使用铸
币，[2]尽管邻近的埃特鲁斯坎城市铸造钱币已有 1 个多世纪之久，而

南意大利和西西里的希腊城市有两个多世纪。我们不能简单地认
为，罗马之所以行动迟缓是缘于它国铸币大量流入，满足需要，理
由是早期拉丁姆的货币鲜少是外国铸币。唯一的解释就是罗
马——如早期艺术残片所示——在埃特鲁斯坎国王被逐之后，迅速
远离世界贸易的潮流，加之发展不景气的农业经济可以采取交换
方式，辅之以铜块交易。仅仅在出现新的民主因素，公元前 366 年
赢得对贵族政治的第一次决定性胜利【指平民获准出任执政官
职。——中译者注】之后，通过在奥斯提亚缔造一座海上殖民地，
罗马显现了对商业的兴趣，开始铸造钱币；之后只发行铜币，1 磅容
量（称为阿司（asses）），采用安色尔字体，数目繁多。

在君临意大利的整个极速扩张时期，青铜确实是罗马在下 80
年铸造的唯一金属。之后几年，罗马兵进坎佩尼亚，协助镇压萨谟
奈入侵，此时将领与使用银币的希腊人和欧斯干人发生联系。为

了向他们购买军队装备，罗马人有必要拥有充足的银币；士兵一定

也想要获得钱币的薪饷,因为钱币在所驻城市受到重视。于是,银用于坎佩尼亚,关于它是如何发行的,现在仍有一些疑问。这些银狄—德拉克姆(di-drachms)带有"罗马(Romano)"字样,尽管其工艺证明它们由加普亚铸币厂发行,但蒙森(Mommsen)认为作为罗马之属地,加普亚秉承罗马的意旨铸币,也为了便于罗马人使用,由此他认为它们是罗马铸币,由辅助铸币厂发行。但现在一般认为,那时加普亚仍至高无上。加普亚似乎将铸币厂借给罗马将军,后者发行军事货币——就如后来弗拉米尼乌斯(Flamininus)在希腊的所作所为——或者她接受了罗马合同,为罗马南部贸易发行银币,就如某个坎佩尼亚铸币厂后来为科拉(Cora)、卡莱斯和苏埃萨铸币一样。[3]

值得怀疑的是那时风靡坎佩尼亚的大双面德拉克姆。它们重达 7.58 克,一个德拉克姆就重达 273 克的欧斯干磅的 1/72。它按什么标准和罗马的铜阿司交换,我们不得而知。如果那时铜币以后来通行的比率 1:120 和银币交换,交换一定较为棘手,因为银币值 3⅓ 阿司。那时大概青铜价值更高,结果 3 个阿司兑换 1 德拉克姆。

为何公元前 4 世纪政府未在罗马使用这种银币,难以理解。加普亚铜币多如牛毛,而拉丁土地上少有此类硬币,这似乎表明罗马并不鼓励铜币在北方流通。难道是罗马吸取铜币铸造后出现财政麻烦的教训,决定暂时不在国内引进银币吗?这似乎不无可能,理由是我们无法将重大财政改革归因于禁止收取利息的立法者。

约公元前 312 年——如果罗马—坎佩尼亚铸币上的车轮意指阿庇亚大道的建造——在加普亚铸造的银德拉克姆的重量从 7.58克减至 6.82 克,鉴于该铸币在坎佩尼亚人之中流通,这一做法必然使他们怨声载道。除非在政治和经济上,罗马在坎佩尼亚的地位固若金汤,否则不可能如此为之。似是而非的是,据信如公元前 312 年一样,罗马只在加普亚背叛联盟,处于下风时,才反戈相击。罗马减少此种铸币的理由大概是确立一个与标准货币铜阿司的比率,银和铜之间为 120:1。

　　这一细微变化很有趣,它的影响不久就向罗马证明了"格雷沙姆法则(Gresham's law)"的效力,即在其他条件相同的情况下,低等硬币倾向于战胜价值更高的铸币。事实上,在漫长的萨谟奈战争中,罗马现在直接与路卡尼亚(Lucania)和阿普里亚(Apulia)发生贸易关系,那里希腊人迄今控制着南意大利的铸币,而其新德拉克姆,大约含量 15％,比通常使用的塔伦特铸币(Tarentine coin)更轻,大有使后者不再流通之势。同样,塔伦特铸币[4]本身贬值。这一事件显示罗马在南部是多么强大。

　　约公元前 300 年,仍为罗马标准铸币的铜阿司逐渐减至约半磅,硬币按此比例。蒙森认为这是试图将青铜变为代用货币的尝试。[5]可是,他的理论遇到几个难点。铜在罗马市场中依然是贸易金属,也没有证据表明罗马拥有足够白银,银并未占据支配地位。在整个共和国时期,罗马对纸币深恶痛绝,不时孤注一掷地试图保持复本位制[6]的完整,确保 2 个金属铸币价值旗鼓相当。最终粗制滥造的铜阿司,轻而易举地就被伪造,如果这一金属本身值市场价格的一半,那么情况无疑如此,原因在于阿司仍是贵重铸币,约合 1 双面德拉克姆的⅓,或一头绵羊价钱的 1/10。更为合理的解释是,鉴于亚历山大大帝最近在东方发现金银,并将之投入市场流通,所以如其他商品一样,铜在整个地中海世界的价格突飞猛进。公元前 4 世纪和公元前 3 世纪提洛岛神庙记录上[7]的价格表揭示,在亚历山大征服后的半个世纪,所有商品价格上涨了两倍多。尽管我们没有未加工的铜的价钱,但也没有理由认为情况截然不同。铜阿司重量的减少似乎缘于铜价上升。[8]

　　然而,约公元前 300 年出产的半磅阿司决非一成不变。公元前 3 世纪的前 30 年,罗马接连发行货币,铸币贬值,最后阿司减至 2 盎司,即 1/6 磅。再次,上述论据否定了这种设想,即铜币让位给银本位制。假定公元前 3 世纪前 30 年铜价上涨三倍,似乎言过其实,但由于不完全与那时类似,最近我们已经看到 2 年里铜价同样惊人地增长[9]。铜的市场确实不同寻常。在长期的萨谟奈战争期间,铜广泛用于马车、轮船、战争机械、甲胄、盾牌等等,于是对金属

76 的稳定需求无疑消耗了商品数量。到公元前296年萨谟奈获得高
卢和埃特鲁斯坎人的支持时，真正的危机浮现。那时罗马的供应
几乎完全来自北埃特鲁里亚，结果完全阻断。翌年，罗马清除了北
部敌人，但在公元前285和公元前280年之间商品来源再度掌握
在敌人手中，而此时因北部和南部战争延长，罗马对金属的需求与
日俱增。相比于公元1914—1916年的情况，在这样的条件下，价
钱上涨三倍不足为奇。

　　普林尼（Pliny）[10]偶然保存了古老资料，即公元前280年罗马人
攻陷埃特鲁斯坎的沃尔西尼（Voisina）城，之后掠夺战利品，运走了
2000座铜像，并援引一位希腊作家的记载，后者嘲笑罗马开战是缘
于爱好艺术。这一评论不仅仅是戏谑之词。无疑，大量肖像因年
久老旧，被扔进熔炉。公元前269年罗马采取新体制，改革铸币，
恢复旧比率120∶1，而在之前若干年中比率降为20∶1。大概通
过在整个意大利平抑价值，加之公元前280年攻占沃尔西尼和瓦
尔奇，获得大量金属，罗马如愿以偿。此外，希腊贸易和工业吸收
77 了上一世纪大量额外的货币，结果商品价格现在普遍回落到亚历
山大征服前的水平，这些也有助于旧比率的恢复。

　　公元前272年与萨谟奈和皮洛士的战争以罗马全胜告终，此后
罗马得以控制一个囊括整个意大利的联盟，但其铸币包括由一个
属国为之铸造的希腊银币及在国内发行的粗制滥造的铜币。显然
建立更为充分、合理的体系，时机已然成熟。公元前269年，罗马
进行了一次彻底改革，停止流通旧铸币，而罗马及意大利的几个分
支铸币厂采用戴纳里乌斯（denarius）体制。新铸币设计合理，管理
良好，结果不久风靡整个地中海盆地。首先，在中意大利获得支持
的新罗马磅（阿提卡的327克），现在被取而代之，作为1/6欧斯干
磅的重量标准。它通常被分为12盎司，或288微量。新体制固定
采用一个便利的重量，2盎司的铜阿司（48微量）。但因铜和银之
间的比率已恢复到1∶120，结果新铸币只值战时2盎司阿司的1/
6。对于一个标准的4微量银币，戴纳里乌斯被予以采用。这是雅
典的德拉克姆的重量，比罗马—坎佩尼亚的德拉克姆（4.45克，而

非 3.80 克)稍重一点。显然,采用如此重的铸币后,如果商人开始 78
按照市面价值交换希腊和罗马的银,罗马会在南意大利贸易中遭
受损失,因为南部更为廉价的钱币有将更重的钱币投入熔炉的危
险。为了保持一个合理且受重视的铸币,罗马显然决定铤而走险。
最多,罗马或许财力雄厚,能够在竞争中立于不败之地;[11] 在最坏的
情况下,她可能施加政治压力来压制南部的铸币厂。她是否使用
这种权力,我们不得而知;无论如何,南部的银币铸币厂在这一世
纪接连倒闭,大概缘于财政上无力抗衡。由于金属之间的交换比
率现在是 1∶120,4 微量银币现在相当于 10 个 48 微量的铜阿司,
由此银币被称为戴纳里乌斯,即 10 个硬币。一个微量的银币也获
准发行,因值 2½ 阿司,号称塞斯退斯。各种微量的铜阿司也被
铸造。

　　说来奇怪,后来生活在皇帝降低铸币成色和价值的时代的罗马
作家,如此误解这一伟大改革,以致认为采用 2 盎司的阿司是贸然 79
降低纯度之举。普林尼[12] 竟然说:"由此罗马获得 5/6 的利益,且债
务被一笔勾销。"当然,所言不谬。在新体制中,政府按照市场价值
发行银币和铜币,并通过采用比德拉克姆硬币更重的戴纳里乌斯,
使二者并驾齐驱,从而弥补了损失。至于债务,它们可能计入银币
之中,自然也算入这些铸币的固有价值中。新铜币阿司只值 1/6
磅,并未造成损害。词语阿司仅仅意味着一个单位,加上罗马法如
此重视财产权,以致不可能仅仅被一个词语误导,允许拒付债务。
对那些按照旧德拉克姆和阿司负债之人,罗马能够轻而易举地根
据新戴纳里乌斯和阿司进行换算;相比于我们的革命之后,采用英
镑体制的旧契约不得不按照美元和分币进行估算而言,这一过程
并不困难。

　　历史学家目睹了帝国货币的邪恶,自然指控货币贬值,以致几 80
乎用之来说明共和国铸币的一切变化。事实上,诸多希腊和罗马
的专制君主为了获利将铸币贬值,而希腊和拉丁共和国却从未如
此,除非迫于强大压力。此时,罗马人民几乎未从这种尝试中获取
任何利益。邻国会立刻察觉这种欺诈之举,并拒绝接受票面价值

的铸币;而在国内,从国家接受该铸币作为军饷的人民——大多数
公民——是支付战争物质的人民,是实现公共合同的人民,也是不
得不授权此行动的公民大会成员。对此,他们显然不可能投赞成
票。帝国时期,降低货币成色蔚然成风,形势则迥然不同。那时,
最大的债务人,不得不支付国家巨大预算数额之人,是一个专制君
主,他通过以减价钱币支付这些数额的方式,暂时获利。此外,自
从帝国涉足绝大多数商业世界,几乎所有贸易都是"国内贸易",结
果其余的世界是否接受帝国铸币,无关紧要。形势类似于中世纪
的英格兰,那里因其时贸易主要限于国内,银制英镑重量减少到四
分之一。随着伊丽莎白时代外贸的发展,铸币开始与外国货币竞
争,之后货币不再贬值。因此,研究这些指控共和国期间为了欺诈

81 性目的实行货币贬值的说法,大有裨益。其中绝大多数都是基于
对后来邪恶的张冠李戴。一个或最多两个这样的尝试现在似乎切
实可行,但因遭到反对,迅速受到遏制。

　　罗马在财政上最为有趣的尝试大概是公元前217年的举动,由
此阿司减值为1盎司,[13]银戴纳里乌斯号称值16阿司,而非10阿
司,而以硬币发行的黄金价值20、40和60塞斯退斯。普林尼[14]的
记载别有特色:"在法比乌斯·马克西姆斯(Fabius Maximus)专政
时,汉尼拔(Hannibal)对罗马人步步紧逼,阿司减少到1盎司,戴纳
里乌斯则交换16阿司,奎纳留斯(quinarius)换8阿司,塞斯退斯4

82 阿司。结果国家获得一半收益,但在支付军饷时,1戴纳里乌斯仍
换10阿司。"倘若如普林尼所说,这种做法意在通过减少一半的方
式拒付国家债务,那么此举令人吃惊,因为法比乌斯·马克西姆斯
偏偏是一个完全的专制者。费斯图斯(Festus)将该法归功于民主
派领袖弗拉米尼乌斯(Flaminius),暗示说此举当然有革命性,旨在
帮助私人债务人。显然权威的解释意见不一,可能各有千秋。

　　让我们考虑法律的影响。公元前217年,汉尼拔大军几乎全歼
罗马军队,于是罗马通过法律。罗马必须征募庞大军队,必须加强
防守,建造舰队,于是需要大量发行铸币,如入侵时经常发生的一
样,铸币消失得无影无踪。该法似乎并非旨在解救私人债务人,因

为国家最近分配了高卢土地,可能也并非为了拒付义务,因为此时罗马并未负债,相反它提高士兵的军饷,来弥补旧币和新币之间的差别,而在所有因战败被迫签定的契约中,无论如何它将按市场价支付。普林尼和费斯图斯再次拒绝了后来的理论。显然,法比乌斯竭尽所能来增加铸币数量。当然发行两个小硬币,以取代一个大铸币,物质利益不大,但新铸币的作用不止如此。它承认战时铜价上涨,从而为国库节省了增值的数量。交换比率现在是 112∶1,结果 1 盎司铜相当于 1 个 4 克银币的 1/16,戴纳里乌斯在重量上稍微减轻,并号称值 16 个阿司,事实也是如此。罗马在这 2 个铸币上没有欺骗行为,均是意在按照市场价格流通,而当国家提高士兵的军饷,以适应新铸币时,法庭关注所有旧契约同样进行相应换算。这对国家大有裨益。首先,罗马必须购买国外的战争供应品,所以它拥有一个重量上极为接近迦太基银币和更流行的希腊德拉克姆的银币,节省了开支;其次,如我们前文所见,此举利用了铜价的增值。最后通过发行更小的硬币,国家吸引不在市面上流通的旧铸币回流到铸币厂。除了消耗劳力外,唯一的弊端就是今后戴纳里乌斯不再等同于 10 阿司,而如名字所示,等于 16 阿司,结果破坏了以前便利的十进制。由此,商人或许以现在值 4 阿司的塞斯退斯估计账目。

与此同时发行的金币是罗马首次铸造的金币。鉴于 1 微量的硬币标有 XX(塞斯退斯),加上新银塞斯退斯重达 5/6 微量,交换比率一定是 1∶16 2/3。鉴于同时期希腊金一般是以 1∶12 的比率发行,比率似乎较高。然而,据信罗马缺金,面临危机时发行金币的目的是提供尽可能多的铸币,由此我们可以得出这样的结论,即比率适中。

十进制被予以取消当然不幸,但难以知道在这样的危机中,国家没有一个发展完备的存款体制的辅助,如何能够更明智地维持金属流通,增加铸币,以满足巨大需求,并在因战争一触即发铜价上升时,以市场比率维持 3 种金属硬币。

公元前 217 年采用的体制,后来到帝国时依然盛极一时,不同的是金币不久退出流通,而铜阿司的发行时常暂缓,且阿司的重量在同盟战争(Social war)【即意大利战争,公元前90—前88年。——中译者注】期间减至半磅。由于我们不知道此时铜的市场价,重量最后为何减轻,无从断定。[15]

85   罗马的铸币体制当然并不完全尽如人意。因铜价经常随市场波动,阿司的重量变幻莫测,给商业造成麻烦;只是在早期,黄金稀缺,无法作为本位,况且采用金本位可能使情况每况愈下。银本位本可能更好,但脚踏实地的罗马人能否一开始就接受虚构价值的铜币,值得怀疑。第二个不足是金钱流通的非常规方式。因随意且无限制地发行银币和铜币不切实际,铸币的数量由执政官和元老院决定,而在需要更多铸币时,这些几乎都没有合适的判断标准。无疑大量财政危机缘于铸币的不规律,尤其是银行业和贷款体制发展极其缓慢。像一些现代国家一样,如果罗马通过金矿的偶然产量来决定人均流量,那么本不可能变通的情况会有转机。

      无论如何,受惠于共和国的政治家,3个世纪中罗马试图结合两个如铜和银一样难以控制的金属,试图采用这种铸币,以适应极速扩张的帝国的需要,试图保持它的稳定,并使之引人关注。之后3个世纪,专断君主自私地操纵货币,结果铸币价值不足之前的1/

86 15,由此摧毁了所有信托资金的利润和慈善基金。

      尽管有益,但按照现代标准来评估古代罗马金钱的价值似乎不切实际。诚然,倘若纯粹进行统计计算,而不考虑哪些应计入生活开销,我们可以草拟一份简短但不全面的名单,以揭示罗马和现代商品的价格,由此可见较之现今而言,黄金可以购买更多穷人的日用品。西塞罗时代[16],黄金购买2倍小麦、黑麦和奶酪,数量大抵相同的咸鱼,3到5倍普通蔬菜,6倍干豆——这些是穷人的主要产品——就如在1910年一样——采用一年的标准价钱。廉价的葡萄酒和油,都是其饮食的必需品,大概是现代罗马的劳动者在战前不得不支付的数量的1/3;鞋和粗羊毛约值这一价钱的1/4。

      就金属而言,黄金购买稍少的银——交换比率在12：1到16：1之间变动——购买25％铜,但只有铁的1/5。富人雇佣普通

劳力的价格约合现代的 1/10,但需求人数更多。穷人无力支付的　　87
牛肉、猪肉、火腿、羊肉和家禽,以约 1910 年价格的一半出售。上
等的葡萄酒和油,进口的各种佳肴似乎价格昂贵。我们几乎没有
统计的房屋租金,与现今相同,那时根据其他因素,而非资金花费
浮动。在罗马的高级住宅区,西塞罗的住房陈旧,却价值 350 万塞
斯退斯(约 15 万美元);而苏拉是一个年轻且可敬的年轻人时,曾
以每年 150 美元出租了一座公寓,显然较差房间以每月 1 美元出
租给工人。

　　这些例证当然不会使我们误入歧途,但它概括了一些材料,据
此历史学家得出了一个实用且统计准确的结论,尽管是误导性的,
即在西塞罗时代黄金有相当于我们世纪初 3 倍的购买力。不经修
改,我们不能提出这样的说法。首先,罗马不是金本位;如果那时
可用的少量黄金充作铸币的基础,价钱当然迅猛上涨。因此对评
估铸币而言,有害无益。其次,在古代名单上指定的商品,并未拥
有与现代相同的地位。例如,与现代相比,铁在古代社会中的影响
微乎其微,且价格昂贵。对于那些有财力雇佣人力者而言,劳动力
是大宗开支,但价格极为便宜。最后,较之于现代,根据生产地距　　88
贸易中心的远近,价钱更不稳定,更为灵活多变,同时战争和饥荒
经常干扰价钱,而危机时的救济延缓。例如,波利比阿提到西班牙
和山南高卢的价钱极低。可是,这些无论如何也不代表正常水平,
而是边境农业地区的情况,那里原始的自给自足经济依然存在,那
里商业尚未经常收取剩余产品,那里鲜有铸币。

　　我们也要记得,奴隶制在罗马的上层和下层等级之间设置了巨
大鸿沟,以致富人的必需品中几乎未包括 1 个工人预算。甚至面
包不到西塞罗年花销的 0.5%,而这一定占一个劳动者薪水的
5‰,如果他要供养一个四口之家的话。在试图对比价格时,这是
最大的困难所在。确实,劳动者的戴纳里乌斯购买相当于 1910 年
2 倍或 3 倍的稀少必需品,主要缘于他不得不选择几个必备的廉价
物品,以维持生计。鉴于那时他会迅速购买与现在一样昂贵的物　　89
品,他不可能享受各种美食、衣服及现代人一定拥有的美事。就富

人而言,黄金购买力相当于现在的 2 倍或 3 倍,这种说法有待斟酌,理由是为了生活舒适,他需要大量物品和服务,由于交通不便,机械缺乏,耗资不菲。西塞罗出公差时,乘坐私人马车、游艇和人工轿子,信件由私人信使派送,需要若干速记员和操写员,需要私人随从,以在没有街道守卫时代行其职,这一切均花费不菲。在其必须居住的罗马城区,土地租金似乎对于现代的罗马人而言也不便宜。无疑,与今相同,他的家具、餐具和房屋装饰品都是重型物品,由于运用缓慢的人工劳动,尽管这种劳动价格不高,但总体开支浩大。为了让其子在雅典接受教育,他每年不得不花费 10 万塞斯退斯(约 4000 美元),这一数额并不代表现代约 12000 美元的舒适、便利和奢侈。在一个没有建立大学的时代,人们需要私人教师,要雇佣私人随从,要购买食物、衣服和与其地位相得益彰的公寓,要支付旅行的花费,要购买手稿书籍等等,这些需求使他脱离了出售廉价物品的市场。对于西塞罗来说,罗马的 1 磅黄金购买力很少,如果比现在的略多的话。

原注

1　Head,*Historia Numorum*[2];Hill,*Historical Roman Coins*;Grueber,*Coins of the Roman Republic*,巴勃隆和蒙森的作品进行了详细介绍。Haeberlin 的 *Systematik der ältesten röm. Münzwesens*,1906－1907 是对罗马铸币史的一个独创贡献,但它尤其是在历史事实上出现错误。关于这个罗马体制是复本位制的问题,我的看法表述在 *Classical Philology*,1919,314 中。

2　见第 3 章末。马丁利提议将这个罗马—坎佩尼亚的铸币归于皮洛士战争时期(*Numis. Chron.* 1924,181ff)。关于这个激进的提议,没有有力的争论出现。参见 Sydenham,*Aes Grave*。

3　见 *Roman Imperialism*,p. 41。海贝林赞同蒙森,认为加普亚是一个属国;Babelon,I,p. xxix,称它是一个军事铸币。

4　Haeberlin,*op. cit.* p. 24;Evans,*Horsemen of Tarentum*,p. 138;Regling,*Klio*,VI,p. 519.

5　Haeberlin, *op. cit.* p. 44,把它解释为救济债务人的一种尝试,于是将之归于公元前 286 年,此时平民撤离到雅尼库隆山。这种观点,我完全无法接受。鉴于公元前 4 世纪末商品价格的上涨,时间不应该置于公元前 300 年之后。

6　尤其,更重要的是在公元前 312 年、公元前 269 年和公元前 217 年的货币改革中。

7　Reinach, *L'histoire par les monnaies*；Glotz, *Le prix des denrées á Délos* in *Jour. des Savants*,1913 and *Ancient Greece at Work*,London,1926.

8　希腊经常通过改变这些铸币的重量来保持复本位制。叙拉古阿加托克利时代的铸币提供了关于同一时间的显例。为了使金价从 15∶1 降到 12∶1,他将银币从 10 里特减到 8 里特。现代国家的做法如出一辙。1864 年,因为加利福尼亚金矿黄金的流入,法国减少了部分铸币;3 年后,她将 2 法郎币降到代用货币的地位,现在完全放弃了复本位制。如果法国能够多等几年,等到内华达发现银的话,那么这一过程可能大相径庭。

9　在美国市场,铜价从 1914 年每奥波 12 分上升到 1916 年的 36 分。1919 年,它恢复战前的价格。

10　*Hist. Nat.* XXXIV,34.

11　为了度过这个混乱的季节,无疑也为了保持戴纳里乌斯的更高价值,罗马一直从加普亚和一些南部的分支铸币厂发行一些旧重量(3 和 6 微量)的银币,所谓的维多利亚提(victoriati)。他们或许按 4∶3 的比例和戴纳里乌斯交换,但没有价格标签,如普林尼所说被视为分配的报酬。

12　Pliny, XXXIII,44-45; cf. Festus(Lindsay),470,87,468.尤其,将这一变化归于第二次布匿战争的最后记述显示费斯图斯也许犯了严重错误。显然在普林尼和费斯图斯时代,没有可信的铸币史传世。

13　Pliny, XXXIII,45;Festus(Lindsay),470.似乎普林尼比费斯图斯更受偏爱,前者把该法归诸于法比乌斯担任独裁官职时,后者则归功于弗拉米尼乌斯。弗拉米尼乌斯在特拉西美尼战役中被杀,于是导致这场危机的产生。后来认为该法有民众目的的作家自然把弗拉米尼乌斯看作是创议者。Zonares, VIII,26,似乎也相信该法是为了救济债务人。

14　在戴纳里乌斯体制之前,罗马—坎佩尼亚铸币厂已发行金币。这也是一个关键举措,大概发生在公元前 279 年,皮洛士战争中与迦太基缔约之时。这一铸币代表了签定一个条约的行为。鉴于其价值（4 微量黄金＝30 阿司）似乎与阿司一致，历史学家通常认为该硬币是在约公元前300—前290 年发行的。如果我们认为铜价上涨，以致新的半磅阿司可交换大量旧阿司的想法正确的话，那么争论不复存在，金币可以轻易地归于皮洛士战争时期。

15 见 Grenfell and Hunt，*Tebtunis papyri*，I，Append. 2，and Mitteis-Wilcken，*Chrestomatie*，I，lxiv，关于这些矛盾的理论，参见 Segré，*Circolazione Monetaria*。

16 Schulz，*Sokrates*，1914，75，Glotz，*Ancient Greece at Work*，p. 357 ff.，Segré，*Circolazione Monetaria*. Cavaignac，*Population et Capital*，88 ff.，大胆的处理假定的统计。

第6章 种植园的建立

公元前 264 年,罗马历史出现转折,而且随着别有特色的事业的兴办,走进了无路标的密林深处,【摸索前行——中译者】。在与迦太基争夺西西里的斗争中,她第一次获得非意大利的领土。此举的真正意义在于她发现(未完全理解),西西里奉行一个非罗马的主权理论[1],从而及时改变政治想法,并渗透到法令之中,使之掌握帝国权力。过去,罗马建立了由自治国家组成的联盟,后者让出政治霸权,但未支付岁币。在西西里,她发现霸主迦太基自称主宰,向属民收取岁币。这个有利可图的理论,迦太基和叙拉古的僭主耶罗(Hiero)似乎取法于埃及和叙利亚国王,而二者则是步亚历山大后尘,亚历山大大帝将之与波斯(Persia)政权神圣权利的理论共同奉行。借此,迦太基人在西西里对粮食收取十一税,对其他土地产品收五分税。对于完全掌有的土地,他们以高价出租,或作为国有土地进行耕种。

罗马人多么重视这种接受有利可图的财产的思想,以致促使他们贸然与迦太基刀兵相见,我们不知就里。波利比阿声称,元老院踌躇不定,于是沙文主义者怂恿人民大会斟酌之后的物质利益,可能是他们已权衡的岁币。必须补充的是,元老院勉强为之,两年时间里仅将少量军队派往前线,显然他们并不打算立即征服一个新行省:对其而言,如果麦西拿受到保护,以便海峡不为迦太基掌控,似乎已然足够。

那些希冀从战争中获取物质利益之人,从来也未更多地受到鼓惑。之后 24 年战争连绵不断,罗马资源消耗殆尽。在冗长的战役

53

中,每个可用之人都被征召进行陆战或海战,结果土地荒废,而债务高于稀少庄稼的利润。为了保有大量军队,罗马在此次战争末授予萨宾和匹塞浓公民以公民权,使其城邦边界越出意大利,向亚德里亚海延伸。

92　　罗马最终大获全胜,接管了迦太基的西西里,获得其前主人的绝大多数盈利的部署,此时她并未驱逐任何土地所有者,也未在岛屿上建造任何殖民地。原因不言而喻,罗马人口损耗极为严重,以致为一个如此边远的殖民地招募志愿者,并非易事。国家也没有利用通常类型的军事殖民地。只有一个职业士兵的军团起到这样的目的,因为此地被征服者俯首听命,交纳供奉,不管他们是否心甘情愿。

每年罗马收取的岁币约为 100 万蒲式耳小麦,之后运到罗马,在市场上出售,以增加国库收入。这一数量当时大概足以供养罗马至少一半的人口,因而了解附近农民如何看待国家和市场的竞争,很有趣。遗憾的是,我们贫乏的史料中没有适当的评论。无法相信,如果土地所有者极力反对,那么在支持分发廉价粮食上,4 个城市部落得票本不可能超过乡村部落。鉴于罗马一直收取实物税,且就我们所知,它并未尝试将产品转移到其他市场,我们可以下断语,即罗马确实需要大量粮食。倘若果不其然的话,拉丁姆的

93　境况类似于加图时代,粮食主要让位于畜牧、葡萄和橄榄的种植。尽管这一进程并未完成,但一定因西西里小麦的泛滥而加速。从那时起,一个接一个的行省供养罗马与日俱增的人口,而中部意大利再未赢得谷类生产地区的地位。

公元前232 年,勇往直前的弗拉米尼乌斯,格拉古兄弟的先驱,重申维伊陷落后采用的法则,即公共土地应为社会和经济改善的目的而用,而非如元老院所想,用于出租,资助政府金库。争议的焦点是高卢公有地,此地乃公元前285 年罗马试图重演一个世纪之前令人难忘的劫掠时,夺于塞诺尼人之手的。那时,该地因无人购买,并未分配,可能以大块出租给食草者。伴随城市的发展,通常能够进行这种投资的等级构成的元老院,自然发现出租有利

可图,但他们反对弗拉米尼乌斯的主张并非完全基于个人考虑。作为经验丰富的管理者,他们当然看到此举对国家的好处,给国库提供了一个除不动产税之外的稳定且可靠的收入来源,他们也可能真诚地质疑该法则的宗旨,因为后者的含义不可避免地用这样的理论来表达,即国家承认所有公民的生存方式。我们无法猜测对于新分配的需求有多么急切,但在漫长的布匿战争后计算账目 94
的年头里,众多农民极有可能由于在国外服役时进行抵押,倾家荡产。无论如何,弗拉米尼乌斯最终在部落会议中以绝对多数通过提案时,怨声载道。如贵族作家法比乌斯对此法的解释相同,波利比阿[2]在该城陷入格拉古的大旋涡时,冷嘲热讽地评论说这是罗马垮台的开端,并补充说,这似为元老院抨击的回声,即之后波河流域高卢战争的起因。后来的作家一般采用了这一结论,因为曾将自己偏见的烙印刻在共和国历史上的著名史家,几乎全为贵族。缘何这个创议者——这个过激的领袖[3]的全部经历处处被污以异想天开的指控,原因即在于此。该法的一个重要的直接后果就是罗 95
马再次将剩余精力转向土地发展,尽管意大利富裕省的开辟本应引起对商业和工业利益的注意。[4]

　　在意大利土壤上进行的第二次布匿战争(Second Punic War)严重破坏了人民的主要工业,加速了我们已见的这一过程。在 12 年多的时间里,战线来来回回地席卷了中部和南部意大利的村庄和土地。城市为了自保,屈服于表面上占据上风的竞争者,结果当落入另一个之手时,遭到报复,受到洗劫。不管是哪个竞争者撤退,粮田因军事原因被焚毁,葡萄园和果园树木被砍伐,牲畜遭驱赶。居民四处逃散,许多人永久地离开意大利,移居希腊。大希腊(Magna Graecia)的诸多名城带着几百个饱受饥荒折磨的弱者,逃离这场战争,栖息于城墙的废墟之旁。

　　马赛在第二次布匿战争所起的积极作用昭示,在这场冲突的起因中,经济原因比李维所设想的更为重要。马赛已在西班牙海岸 96
建立众多贸易点,那里商人筹集了整个半岛的产品。显然,当哈米尔卡(Hamilcar)【汉尼拔之父。——中译者注】和汉尼拔由新迦太基（New Carthage）北进，横截所有旧贸易路线时，马赛发现西班牙产品开始南运至布匿港口，而非向东。迦太基竭尽所能垄断其所掌握的商业，它在西班牙的成功导致马赛被完全排除在外，大概正是马赛首先试图遏制迦太基人，结果徒劳无功，于是危言耸听，夸大布匿反罗马的预谋，竭尽全力煽动罗马元老院采取有利于之的行动。埃布罗条约（Ebro treaty）【公元前226年罗马和迦太基之间订立的条约。——中译者注】和萨贡托联盟（Saguntine alliance）或许就是马西利亚人合纵连横的结果。[5]

战后，重建问题出现，这当然非弱小且负债累累的国家资源力所能及。于是，国家积聚了少数愿意考虑殖民地的新份地之人，立刻派往亟须保卫的边境。新居民定居在克雷莫纳（Cremona）和普拉森舍（Placentia），以作为反高卢的堡垒，而几百个公民生活在几个南部海岸的被毁港口，那里正面临劫掠和入侵的风险。[6]甚至对于这些南部地方而言，所需的300个公民也无法总是得到满足，所以条立爱（Thurii）和维波（Vibo）成为拉丁殖民地，非罗马人也被包含其中。

在不甚重要的地点，大量被毁地区现在显然不受关注。这些地方由国家掌握，部分因为无人申领，部分根据最近在西西里采用的新主权理论，名义上没入征服者之手。如何处理这片共计约200万亩的广阔地域，[7]至少一半是可耕地吗？显然国家采取似乎合情合理的政策，以大块形式出租给罗马人，前提是后者有必备资金进行开发。通过此种方法，至少有赎回土地的希望，因为定居者人数较少，且无足够资金全部购买，另一个替代方法则是一直荒废，由此导致违法和强盗行为。根据该法，每人最多可以租赁500犹格公共土地，有2个子女的公民1000犹格。确实，因劳力缺乏，在这样的区域里密集耕作无法实现，加之那时可用的运输手段，粮食无法很好地投入市场，难以获利。但是，土地至少可以转化为农场，在几个奴隶的帮助之下，能够饲养牲畜，产品也可以轻松地运到市场。甚至在这种情况下，大量土地也无人承租，故而即便非明智之举，也情有可原，如果有经营头脑的租户极为渴望，监察官署似乎允许他们超过法定的 500 犹格份额,在很多情况下甚至纵容,允许他们的牲畜在周围未出租的劣等土地上吃草。于是,以前毫无用处的大片公共土地,目前名不正言不顺地包含于原来的土地之中。这样的程序与现代西方国家的土地登记机关大同小异。如那里相同,这种做法不但情有可原,甚至受到公共舆论的支持,因为附近人口仅仅看到从一般所谓"自然资源的发展"(development of natural resources)中所获的利益。后来由于人口增加,要求重新分配,一些人开始要求"保护自然资源"(conservation of natural resources),并把一些官员投入监狱,罪名是批准公共舆论曾热切赞成之事。

　　不必说,当罗马治愈了战争的累累伤痕,当人口再次增加及至人满为患时(尽管这需要几代人的努力),国家没有施加适当的限制,这种慷慨并非明智之举。农场扩展至适于农业的地区;由东方引进的奴隶数量繁多,而那里本应培养公民兵,以备不时之需;[8] 因罗马后代过盛,本应用于殖民的领土被占用,而甚至在正常条件下都盛过小农文化的资本主义农耕,现在则受到国家法律的限制。在此类租户进行诸多投资和改革,开发无人开垦的土地之后,一个部落会议要求重申弗拉米尼乌斯的提议,结果可能加速了一场危机四伏的革命的产生。格拉古兄弟骚乱的萌芽与生俱来,缘于布匿战争后所奉行的重建政策的缺失。

　　简述一个中等规模的种植园采用的农业方法,不但有助于描述罗马的主要工业,也有助于解释罗马处理实际问题的普通方法。加图[9]在公元前 2 世纪所写的开卷有益的论文(虽然有点含混不清),1 个世纪以后瓦罗(Varro)所创的鸿篇巨制,加之科路美拉(Columella)在公元 1 世纪所作的博大精深且妙趣横生的论文,向我们展现了罗马农业的实践。维吉尔(Vergil)的田园诗及普林尼的百科全书中也有珍贵数据。由于正统体制在加图时代盛极一时,后来的作品仅仅补述了几个适应新需要的变化,揭示了这一体制的发展,如果谨慎行事的话,我们可以用后两个作家的作品补充加图的著述。

在谈到意大利的种植园体制时,我们并非暗示它类似于现代西方国家小麦种植"热潮"中的资本主义方法,那里成功取决于大量使用可用于没有石头的沃土的机械,节省了劳力。鉴于显而易见的原因,甚至专攻谷类时,意大利农业也一直使用密集耕作的方法。首先,甚至在加图时代之前,中部意大利就必须施肥,肥料不会无限量获得,也不会轻易使用。其次,中部意大利几乎鲜有土地适合使用机械。今天拉丁姆的土地所有者雇佣大批男人、女人和孩子来铲地、锄地,手工给粮食做支架,并非全因缺乏才智和资金。木犁,维吉尔所描绘的农具,仍用于平原各地,倘若土壤稀薄的话,需要一个小工具,可以避开石头,沿表面滑过,而不造成损害。这样的犁不能突然翻转,从而需要交叉犁地,用鹤嘴锄进行手工劳动,重新耙地。所有这一切意味着在土壤备耕的几个过程中需要大量的劳动力,且因其近在咫尺,也用于收割和打谷,那里本可能发明机械,更迅速地完成这项工作。总之,粮食种植园里使用的方法与小块土地如出一辙;二者的区别主要在于对社会的影响,大庄园用一群奴隶取代自耕农。

典型住宅面积宽阔,结构不整齐,一边是粮仓、葡萄压榨机和大桶,另一边则是奴隶的工作区,而二楼舒适洁净,以款待主人,后者若时间充裕,离开国务,到乡村度过短暂休假。1 个由 100 至 300 亩的密集农场组成的地产,委托给可信的奴隶管家夫妻管理。如果要进行普通的耕种,40 或 50 个奴隶不算太多。农民通常专攻一种庄稼,以便从大部分产品中为主人获得丰厚利润,而余地用来种植各种副产品,以维持奴隶的生计,满足庄园的简单需要。

一个典型的小麦种植园要雇佣一大群奴隶。秋天,土地要进行犁地和翻犁,过程缓慢,因为牛行走极为迟缓,经常需要休息;然而,如同亨雷·瓦尔特(Walter of Henley),古代认为牛胜过马,理由是"死亡时牛肉是活肉,而马是腐肉。"确实牛除了能拉犁外,出产牛奶、奶酪和牛肉,它若行走缓慢,可使用奴隶,奴隶价钱低廉。由于工具质量低劣,进行第 2 次甚至第 3 次犁地在所难免,而若土壤是刚开掘的草地,则不得不使用鹤嘴锄,手工平整草皮。如今天一样,之后这块土地用约 12 英尺的沟渠隔开,划出轮廓,[10]以便确保在冬天的漫长雨季里根部不泡在水里,以免粮食腐烂。这一切均要求缓慢的人工劳动。到春天,当雨水停止,意大利灼热的太阳开始炙烤大地时,成群的奴隶出来除草,留出[11]植物之间的地面,以便打破表面附近的毛细管现象,并阻止根部所需的底层土湿气在收割季节之前的干旱日子里蒸发。与今相同,在收割季节,顶端用支架支住,起初拖到粮仓,之后砍掉余梗。麦秆可用做奴隶茅屋的屋顶,也可用作牲畜的草料(之后设想形成复合肥料),在某种程度上用做饲料。最后,打谷通过连枷和扬谷器完成。奴隶为了生计,生活繁忙。

103

给土地施肥[12]的工作当然不能忽视。此事至关重要,致使牲畜的饲养主要是取决于肥料的等级;一头牲畜提供了半亩地的肥料。共和国并不知道化学肥料,而帝国时从高卢引进白垩和石灰的使用方法。

为了提供庄园的运转费用,为了使奴隶忙于常规任务,为了利用废弃产品,可以种植一些辅助庄稼。沼泽中的一排柳树[13]提供了嫩枝,雨季奴隶们用之来编制篮子;榆树和白杨树的小树林给厨房提供了柴火,给制造葡萄酒罐和粮罐的陶器厂(火山的冲积层造就了优质的红土陶)及石灰窑供应木材,也给牲畜提供了叶子。奴隶当然也有园地,可种植卷心菜、芜菁和其他便宜的蔬菜。如果附近有橡树,他们可以养猪;仅仅依靠厨房的剩菜、野草和树根,猪长不肥。为了卖一个好价钱,他们需要少量橡子。绵羊在粗糙的土地上和橄榄园里吃草,这样就给因年老而无力从事繁重工作的女奴隶提供了织布工作。如果主人雄心勃勃,也可饲养家禽。瓦罗[14]记载一个农民出售家养的家禽和鱼,一年获利 25000 美元,而另一个农民饲养了近千只画眉,每只价值 50 分。雌孔雀每只值几美元,利润丰厚。总之,地主坚持为了适合的特别目的使用土地。一个自给自足的"家庭经济(home economy)"并未满足这些资本家,他们不将农场看作家园,而是收入的源泉。如果能增加收入,他甚至愿意将奴隶的衣食[15]从城市送到农场。

104

105

小麦当然不能连续几年种植，以避免耗尽土壤；当小麦为主要产品时，庄稼的轮作减少了损害。第一年种植小麦，翌年播种黑麦、大麦或燕麦，[16]每隔 3 年或 4 年，种植蚕豆、豌豆、苜蓿或一些其他豆科庄稼这类可以将氮带回土壤的品种。有时，这种绿色庄稼在下面犁耕，以丰富土壤，或相反土地休耕一年，充作粗糙的牧场（播种过于昂贵），以供绵羊吃草。

我们一定不能认为，公元 1 世纪之前西意大利斜坡的大部分土地通常种植谷类。显然当行省的赋税以粮食形式由海路运抵罗马时，甚至使用廉价奴隶劳动力，农民或许也经常入不敷出。奥古斯都（Augustus）时代，狄奥尼修斯（Dionysius）游历罗马，他称之为花
106 园；但其是一个习惯于石灰石土地的希腊人。狄奥尼修斯大概看到不计其数的葡萄园、橄榄、无花果、苹果、桃、李子、樱桃和杏树园，就如今天的坎佩尼亚一样，其中大量树木之间种植一些谷类和蔬菜。鉴于意大利阳光灿烂，这种果园和花园的结合不无可能，那里轻庄稼确实从树阴中受益匪浅。榆树、[17]白杨树和无花果树行列间隔约 40 英尺远，而上面栽种葡萄树。无花果树不仅自己产出果实，也促进葡萄树生长。白杨树和榆树受人喜欢，原因在于树阴范围不大，加之叶子修剪后可用做草料，由此通过在由榆树支撑的葡萄树行列之间种植粮食和蔬菜，农民发现小植物更为繁盛。他从多样化庄稼中获益，不必等到葡萄完全成熟，就能获得利润，也不会因冰雹摧毁了葡萄收成时，遭受全年的损失。

养羊和橄榄的生产经常融为一体，缘于能够在生长于树木中间的草地上放牧绵羊，同样也可能在橄榄树的小树林里种植谷类。
107 在土地肥沃和灌溉可行的地方，就如在坎佩尼亚，[18]每年葡萄树的行列中间生长三种作物，谷物、豆类和蔬菜。那里维苏威用大量富有火山碎石的雨水给土壤施肥，而亚平宁的溪流给平坦的平原提供了大量水源；拉丁姆和托斯坎尼的情况大相径庭。总的来说，罗马农民似乎精于使用肥料，精于种植含氮的豆类，并适当轮作庄稼；通过几个世纪，他也证明自己多才多艺，能够在谷类栽培、放牧和种植水果中转换重点，以便让疲劳的土地休养生息。尽管如后

来所见,意大利的农业最终未能满足罗马的需求,但当地农民是否
应负此咎,值得怀疑。

原注

1 在 *Cambridge Ancient History*,vol. Vii(即将出版)。我已经尝试概述罗马
征服西西里的政治。见 Carcopino, *La Loi de Hiéron* and Rostowzew,
Stud. Röm. Kol(但是我没有找到证据证明在共和国期间,罗马人认为交
贡金的土地是罗马的公共土地)。

2 Polybius, II, 21,7;该句可能是后来作者对其作品的修订。参见 Cicero,
Cato Maj, 11, and *Brut.* 57。这块地域有时被称为高卢和匹塞浓土地,
因为匹塞浓人似乎在高卢入侵前已拥有其所有权。在弗拉米尼乌斯法
中,见 Cardinali, *Studi Graccani* and Münzer *art. Flaminius in Pauly-
Wissowa*。

3 正是弗拉米尼乌斯建造了弗拉米尼亚大道,这既充当行经高卢的军事道
路,也用作到罗马殖民地的道路。鉴于他支持规范漂洗工协会的迈提利
亚法(Pliny, XXXV, 197),赞同限制元老从事外国商业的克劳狄亚法,他
非常关注工业问题。他建造了罗马的第二个大运动场,弗拉米尼乌斯竞
技场,这表明他重视城市民众。

4 由于克劳狄和弗拉米尼乌斯认为应该阻止元老从事商业,我们可以推断
至少一些元老此时涉足该领域。

5 Frank, *Roman Imperialism*, 121 ff.

6 显然为了防范安提奥库斯和汉尼拔的入侵,罗马建立了下列海上殖民地:
西彭敦、克罗吞、坦普萨、布克森敦、萨莱努姆、普特俄利、利特努姆、沃尔
图努姆、条立爱和维波。弗雷基利公民参与殖民。

7 Beloch, *Bevölkerung der Greich. Röm. Welt*.

8 Appian, Bell. Civ. I, 7 声称这些定居者偏爱奴隶,而非自由民,理由是奴
隶不会被征募参战,加上可以在他们的后代上获取利益。

9 这个正统的理论,即加图的著作是马哥大作的摘要,不太可能。阿非利加
要求"旱地耕作",而意大利情况不同。这里,我仅仅在沿用旧方法的技术
方面,引用帝国作家。加图创作于橄榄和葡萄种植兴起之时;瓦罗对果园
和牲畜饲养有极大兴趣;科路美拉在开始反对奴隶劳动力时脱颖而出,但

总的来说集中的资本主义农业方法仍然存在。见 Heitland, *Agricola* 中对罗马农业的卓越研究。

10 耕作：*Columella*，II，4，3；Fairfax Harrison，*The Crooked Plow*，*Class. Jour.* XI，323；轮廓：Varro，*R. R.* I，29（雨水流淌到何处）；Col. II，4，8；8，3。

11 锄草进行 2 次或 3 次：Cato，*R. R.* 37，5；Pliny，XVIII，184；Col. II，11，2 意大利人沿用这种做法，但我从未见过美国在小麦上如此。

12 施肥。见 *art. Düngung in Pauly-Wissowa*；希腊人和罗马人擅长使用富含氮的豆类和三叶草；Cato，37，2；Columella，II，15；XI，2，44；Pliny，XVIII，134；Varro，I，23，3；苜蓿在早期帝国极受重视。Vergil，*Georg.* I，215，and Varro，I，42，都有所提及，而 Columella，II，10，25，关注它提高土壤肥力的效力。塞尔维乌斯在评论维吉尔的这一段落时，声称在其时代，这包括整个维尼提亚。希姆柯维奇在文章 *Hay and History* 中并未认识到它作为肥料的作用（*Pol. Sc. Quart.*，1916）。

13 Cato，I，7 按如下顺序列出了他所偏爱的农场产品：(1)葡萄园(如果品质良好的话)，(2)花园(如果一个人能够灌溉)，(3)柳树——在生产水果的国家中显然用于编制篮筐，(4)橄榄树，(5)牧场，显然是为了获得草料，(6)粮食，(7)提供柴火的木材，(8)果树园——可能是果园和花园的结合，(9)橡树林，为了木材和养猪。然而，普林尼(18,29)引证加图，首先鼓吹牲畜饲养。然而，*Class. Rev.* 1920，178，暗示这里普林尼谈到了由 Cicero，*de Off.* II，89 记载的一个谈话。显然，加图在提倡放牧时，考虑的是拉提亚和萨宾的情况。

14 Varro，*R. R.* III，2，14-17.

15 Cato，135，奴隶能够在庄园中制造的大量东西，如耙子、鹤嘴锄、酒罐、篮子(Varro，I，22)，甚至奴隶的衣服，加图显然都带到城中。

16 Pliny，*H. N.* XVIII，187；Columella，II，9，4 and II，12，7-9.

17 见 *art. Arbustum* in *Pauly-Wissowa*；Varro，I，7，2；Pliny，XVII，202；Columella，II，9；V，9，11。

18 Strabo，IV，3.

第7章 工商业

公元前 5 世纪,罗马丧失政治权力,却仍能控制埃特鲁斯坎国王发展的工商业,出人意料。确实,那时工业等级可能人数减少,而非增加,理由是以公元前 339 年平民胜利而告终的动作迟缓的革命,不似城市无产者的社会主义革命。从塞尔维乌斯城墙包围的巨大空间,我们可以得出这样的推论,即城市人口众多,且诸多公民从事生产性职业。但是,城墙周边很长,部分缘于它能够利用某些便利的悬崖,部分缘于山上各种神圣的神殿需要保护。所以,它包括哪些无人居住的地方,我们无从而知。无论如何,由该城墙囊括的地区来估计人口,不太可靠。

后来,公元前 4 世纪,独树一帜的政治举措至少短暂展示了城市民主的影响。赫赫有名的阿庇乌斯·克劳狄(Appius Claudius),[1] 出于对城市穷人的同情,曾为工人区建造了一条水道,并支持一个被释奴弗拉维乌斯(Flavius)荣任要职,现在大概通过允许城市无产者在城市的任何一个街区登记,试图废除投票的财产资格,自罗马进行投票以来使工业等级主导大量街区之举,以旨在实现全体的个人投票。该提议遭下一任监察官否决,但克劳狄的尝试似乎证明在公元前 4 世纪末,诸多罗马人从事其他职业,而非农业。

然而,我们很难找到假定的工业产品。希腊作家并未提及购买罗马商品,而拉丁姆外也鲜有关于罗马物品的文章。例如,在陶器中,那一时期厄斯魁林(Esquiline)墓穴出土的当地器皿[2],质量低劣,当然不可能出口国外市场。品质上乘的器皿一般出产于坎佩尼亚和埃特鲁里亚。费利伊(Falerii)[3]所发现的一对带有拉丁铭文的花瓶迥然不同。它们品质优良,但考古学家坚持说如果产于罗马,也非当地人所造,这是对罗马工业恰如其分的评论。确实雕刻美轮美奂的铜盒,众所周知的费科罗尼亚盒(Ficoronian cista)即为明证:"努维乌斯·普劳提乌斯(Novios Plautios)造于罗马"。[4]显然艺术家在罗马工作,且在一些情况下制造了品质精良的陶器,但一如花瓶,主题和手艺是非罗马的。这种工业并非因罗马的需求而生,而是被移植过来的,显然也随着恰巧把它们带到罗马的这一代而销声匿迹。除上述两例之外,我们只能列举几个拉丁人所造的粗糙花瓶,公元前4世纪之后它们以某种方式卷入埃特鲁斯坎的贸易潮流。[5]鉴于证据寥寥无几,我们只能得出这样的结论,即事实上工业等级几乎没有提供广阔市场。罗马或许只需要若干人为庞大军队制作服装、鞋和武器,为农场制造马车、犁和锄头,为厨房打造陶器和平底锅。

确实,在公元前4世纪任何城市的工业均无进展。希腊城市在伯罗奔尼撒战争中损失惨重,战后工业停顿不前,随着亚历山大让渡亚细亚的资源,新的商业活动继起,但在雅典不甚显著。由于丧失南方的坎佩尼亚、拉丁姆及整个北意大利,埃特鲁里亚一蹶不振,无力再给希腊人提供丰裕的市场,加之因至少购买矿石和金属产品的希腊城市财政匮乏,遭受损失。

亚历山大征服后出现的商业复兴并未给地中海中部带来永久的价值。这主要是过量流通引发的狂热之举,如昙花一现,因为新财富的源泉不是永久的生产工业。在新发现的财富从商业的洪流中一点一点耗尽的世纪里,提洛(Delos)神庙[6]的详细记录,通过工资和劳动产品的削减,事无巨细地记载了每个收支的奥卜尔,用悲伤的音调记述了生活的黯淡无光。至于罗马,重要的是克劳狄改革化为泡影,且不会迅即再次提出。在这一世纪末和下一世纪初,军队和殖民地[7]对人力的巨大需求剥夺了罗马社会政治改革的需要。

在接下来的两个世纪,我们并未发现罗马的生产本质发生任何显著变化。无疑,随着该城的发展,国内生产的普通陶器数量增加——古代的运费极为高昂,以致廉价陶器的商业无利可图——而关于值得出口的商品,我们没有听说。现在,差别就在于以前由自由劳动力所做的工作到公元前 2 世纪由奴隶接手,这当然腐化了手工劳动,倘若贫民无法获得一块土地,一定迫不得已在国家的围栏里袖手旁观,以保住自尊。成为工业新人的奴隶别无选择,只能默默工作,结果自此之后政治集会中再无为城市工业等级代言的呼声。

在很长一段时期里,罗马的商业进展与工业不相上下。在西方,马赛、迦太基及未被希腊和叙拉古僭主严格保护的意大利—希腊城邦,保持了合法的商业地位,而诸如塞雷(Caere)和安提乌姆之类的小城市,丧失强大的政治当局,于是依靠私掠船只为生。由于缺乏寻求出路的积极生产的刺激,由于农业贵族蔑视商业,甚至在和商业国家签定条约时为了政治利益弃之不顾,结果罗马贸易受阻,并未取得长久的进展。根据公元前 348 年的条约,布匿商人可以自由进入拉丁姆市场,[8] 而他本应关注的竞争对手,罗马人则被排除于 3/4 的迦太基领域之外;此外,为了回报不为我们所知的某种特权,元老院订约放弃了罗马商人沿他林敦以东的意大利海岸航行的权利。正是在该条约签定时,罗马计划在台伯河河口兴建一座殖民地。[9] 迄今,成功越过河口障碍的海船,不得不停航,以对抗 15 里的台伯河洪流,但小船配备桨手不足,难以担此重任。一个港口在河口设立了一个中转站,那里吃水深的船只抑或通过驳船的方式卸货到仓库,抑或将部分货物转到轻船上面,[10] 之后带着桨手,继续向罗马行进。第一座殖民地确实面积不大,显然不超过 6 英亩,但似乎维持良久,直到格拉古时代才有扩大的迹象。之后,不畏惧家长式实验的保民官,在此地设置了国家粮仓,尽管他似乎并未加深这一港口。

在汉尼拔战争期间,国家需要将商品运送给西班牙、撒丁尼亚(Sardinia)和西西里的军队,[11] 为此要抽调大量罗马船只,政府为了确保船只和货物,于是按照这些条件和 3 个公司讨价还价。可是,

112

113

114

这些公司通过收取损毁废船的保险费,欺骗国家,结果投机并未取得完全成功。战后,罗马仍要为在希腊和亚细亚行军的部队运输粮食,我们可以设想这些交战有助于将罗马商人引入东部的商业区域。但该领域已被聪明的希腊和叙利亚商人占据,后者知晓东部消费者的语言、思想和需求,此乃罗马人力所不及。除国家合同外,罗马商人一无进展。

除了在补给部门所需的直接需要范围之内,国家似乎也不愿意资助或发展罗马商人的利益。在布匿战争前,一个公民大会禁止元老们[12]拥有可以出航的船只。此举的原因众说纷纭。是人民害怕元老们浪费港口改善中的公共资金吗?几年以后,一个监察官受到指控,理由是他在塔拉奇那码头附近拥有地产,于是为之签定契约。[13]抑或商业公司势力强大,足以要求和获得垄断性的特权吗?这样的假想没有旁证支持。李维的解释,即罗马人认为赢利职业损害元老的权威,无疑合情合理,而恺撒[14]重申此法,表明那时也未改变这种想法。在这种想法之下,大概也有实际的政治考虑,即在国内,国家需要元老们的服务:除了奉召参加库里亚大会外,确实需经政府正式批准,元老才能够出行。

当我们审查公元前 2 世纪,一般认为罗马的商业利益已在政治上发挥重大影响,由此导致迦太基和科林斯土崩瓦解的时期,[15]根据对史料的研究,我发现除了格拉古时代之外,罗马没有重要贸易,没有证据表明国家竭力鼓励罗马商人。在汉尼拔败北后,罗马依然允许迦太基关闭海域,[16]这说明罗马对商业漠不关心;当迦太基最终于公元前 146 年覆灭时,罗马没有在阿非利加为自己的行省提供港口,而允许 1 个自由城市乌提卡继承了这种贸易,甚至处理定居在新行省的罗马人的产品。在西西里行省,罗马没有建立免税港,也未支持自己人。[17]在按公元前 189 年条约组建的安布拉基亚[18]联盟城市中,罗马确实要求免除关税,但明确规定这适用于所有盟邦,其中包括罗马真正的商业对手,大希腊的贸易城,如果罗马此时确实存在任何商业的话。同样,尽管曾在公元前 135 年帮助盟邦马赛征服萨沃伊(Savoy)的山区部落,并通过联合签署条约，帮助马赛垄断该国的酒类贸易，[19]但在整个过程中，她没有施加同样的规定来支持自己的商业，不管在西班牙、阿非利加、亚细亚，抑或高卢行省。再次，在第三次马其顿战争（Macedonian war）【公元前 172—前 167 年。——中译者注】之后，罗马将提洛岛授予雅典人，与此同时将之充作所有民族的自由港。罗马的利益无疑在于获得这样的地方，那里陆军和海军在东方交战时可以按合理价钱获得供应。而商业利益落到诸多希腊、叙利亚和埃及商人手中，结果不久提洛就成为重要的贸易中心。在公元前 2 世纪不计其数的提洛铭文中，正是来自上述地区的商人占据最多篇幅。确实亚细亚行省设立多年之后，许多西方人的名字也出现了，经研究，他们是南意的希腊和坎佩尼亚商人。[20]在此之前，鲜有罗马商人从该岛屿的繁荣中获益。最后，我们可以追溯共和国期间，那时罗马的商业利益不太强大，无法获得必需的拨款，以在奥斯提亚建造能够容纳船只的中转站。

在皇帝克劳狄修缮奥斯提亚港之前，所有大型船只停靠于距罗马 150 里之遥的普特俄利。[21]确实在古代世界中，罗马共和国对商业的漠不关心独树一帜。

在前面的篇章中，我们一直做出这样的推论，即罗马经常获得新领土，之后将人力和资金从商业和工业中抽调出来，投入适宜土地之中，这是罗马限制经济兴趣的主因。这种限制如何以这样的方式对社会产生反作用，以致施加独特的道德限制，甚至创造社会分层，借此我们已述的自然经济发展证明自身合乎罗马的观念，值得细细推敲。这样的解释可能揭示了缘何以前用公认的经济学和心理学原理来阐释历史发展的方法不完全适用于罗马历史。应予以特别注意的是，在现代社会，一些人可以通过一致投票有效表达主张，可以通过便利的沟通方式获得倾听，而在那时他们甚至常常无法参与政府机构。在罗马共和国，推断某个等级或团体的重大需要或强烈愿望最终能在一个政府行为或法律中得到展现，并不可靠。

例如，现在劳工等级势力强大，可以为自身的利益修改由现代立法团体通过的任何财政、工业或商业法案,而在西塞罗时代仅仅对政府施加微乎其微的压力。那里劳动人民或者是一个呼声无人倾听的奴隶,或者是一个为了一己私利,对保护人言听计从的门客。与被释奴的后代别无二致,即使他选择独立投票,选票通常也是投在四个城市选区之一。尽管是自由民,但受制于奴隶的工资和生活条件,他无法提高自己的经济地位。在罗马上千年的历史中,没有关于劳工起义的记载。他只得到统治者认为应当赋予的东西,这至多算是恩惠。总之,他有极大需求,但无力对政府进行有效的施压,以满足自己所需。

从雇员转到雇主,我们再次发现罗马和现代社会的差异。尽管在一个现代工业国家里,商人不但在社会中有影响力,而且在政府中亦复如是,但罗马商人不会成为显赫公民,甚至西塞罗因其阶级和谐(concordia ordinum)需要商人,也探讨了他是否可敬。[22]西塞罗得出结论,他的确受人尊敬! 可是,他也确信,任何到行省经商之人缺乏一个真正罗马人的本能:一个可敬的公民不会仅仅因为财政原因离开文明中心。倘若罗马人能够通过财富赢得社会地位和政治名望,那么贵族不可能如恺撒时代一样,将资本家排除于元老院之外。新人(novus homo)鲜少出任执政官职,即便有这样的奇迹出现,非是因为财政力量,而是因为口才雄辩或立有赫赫战功。事实上,罗马共和国政府对以工业和商业为基础的政治价值熟视无睹,也漠视少数从事这些职业的罗马人。它本可以设计关税和补贴,资助面临外国竞争之人,但其无动于衷。对于深知罗马社会和方式之人而言,罗马元老院中制造业者和货主的接待厅令人不可思议。罗马存在大量经济冲突,但鲜少通过政治渠道施加压力:显然在这样的情况下,正是社会等级体制起到阻碍作用。

确实富人在一个有限的领域里得到认可,即民事服务需要他的地方。鉴于罗马共和国的行政反复无常,无法建立永久的机构和委员会来收取税收,管理公共工程,由此需要资本家来承揽合同,为了回报这种服务,也乐于赐予他们一个头衔、一枚戒指及戏院中的一个座位。有鉴于此,在共和国的末世,骑士(équités)成为一股组织完善的政治势力,而近代的扩张在某种程度上也归功于这一等级。有趣的是,在此例中,资本家通过对国家的半政治服务获得政治地位,当然地位与贵族不可同日而语。

另一方面,在共和国大多数时期,农业等级势力强大。农民和土地所有者可能控制所有乡村部落,且其利益经常与拥有大片土地的元老不谋而合。所以,我们从未听说保护罗马农业产品的法律,令人吃惊。即便在罗马的立法中并未发现任何支持农民的积极措施,但政府漠视工商业的需要,收入体制落后,财政政策棘手,122
漠视由经济冲突引发的复杂问题,可以说也是缘于他们的主导。

然而,农民鲜有共同行动。由于没有快速的运输方式,他们不得不考虑附近市场,从而容易受不同利益影响,分崩离析。或许这就是缘何带有农民烙印的积极立法数量如此之少。有地等级的影响早期表现在希望边界安全,由此导致部落间关系良好。如经常所说,在一个边界强盗横行的国家中,开阔平原上的富农将一无所有,一无所获,因此他信任既定利益的神圣性。之后他组织军事机器,打击抢劫者,直到后者俯首听命——索取赔偿,且在特别的情况中,奉行恐怖主义。经济因素在塑造拉丁联盟上意义重大,但这并不意味着罗马用之或能够用之达成直接的经济目的。

指导罗马政策的贵族当然通常在行动中表达自身的愿望,或许也没有忽视极为一致的经济利益。我们已经看到一方面他们极少123
关注工业和商业的需要,另一方面也极少关注劳动等级的需求。对于自己想要的东西,他们自然不会如此心不在焉,尽管我们不必认为这些愿望是物质性的。罗马贵族性格强硬、实事求是,处事谨慎,不感情用事,但整体上大公无私。物质利益对其而言至关重要,缘于他必须保存财产资格,否则达不到等级标准。为此,他需要管理好土地,接受门客的遗产。但是,可能影响一个元老的因素多种多样。似是而非的是,据说在绝大多数清醒的时间里人民忙于获得财产,所以他自然也为了同样目的运用所拥有的政治权力。如若把此实验运用到罗马元老身上,我们需要牢记他所受的绝大多数影响绝非经济性质的。他并非一个商人,鲜少在自己的物质事务上花费时间。吸引其注意的是国家事务，抑或司法或法律服务，结果相比于一般人而言，每天繁忙的事务使之鲜少关注经济主张，因为他终生拥有席位，不必为了拉选票，满足选民的物质需求。

鉴于经济学家了解环境，我们可以考虑环境如何影响罗马元老。从少年时代起，他就为了光宗耀祖而活。其中一些人战死沙场，一些凯旋，一些名垂千古，留名于法律、条约和神庙之中。其中有执政官、法官、演说家和行省总督——没有工业巨头。他们曾经赢得荣耀（memoria sempiterna），罗马历史中人民的最高目标。贵族之子每天从这些雕像前走过，自然激发了他们对荣誉的渴望？事实上，他关注的不是因辛劳工作和历经风险获得的报偿，而是赞美和荣耀（Nullam enim virtus aliam mercedem laborum periculorumque desiderat praeter hanc laudis et gloriae）——甚至在使圣人也愤世嫉俗的内战时代，此话仍有意义。无人比他们更重视祖先的荣誉和美德。贵族本身著述国家的历史：法比乌斯（Fabius）、琴奇乌斯（Cincius）、波斯图米乌斯（Postumius）、加图、皮索（Piso）、法尼乌斯（Fannius）、塞姆普罗尼乌斯（Sempronius）以及诸多其他人。他们珍视制度中的英勇业绩：奠基（laudatio junebris）、凯旋门、光荣的奉献、英雄葬礼、凯旋的盛况以及所有其他一切。要领会这些人心中的精神，一个人必须诵读维吉尔的"英雄的假面舞会（masque of heroes）"或李维所著的 7 个世纪的史诗。这种不可抵抗的决心，自我控制的能力，无动于衷的极端拘谨，加之古老的罗马人的冷酷无情和骄傲自满，都是种族特性，都是经过几个世纪的艰苦斗争清除了不胜任者后传乘下来的血统的一部分。在古老的罗马贵族中，这种遗产如此根深蒂固，以致他的美德会迅速回应祖先记忆的召唤。直到内战导致旧种族消亡，直到解放和移民导致民族融合，直到过度繁荣导致依附，历史悠久的理想才走向虚无。

就如我们所说，由于日常忙于国家的政治和外交问题，罗马贵族对经济主张有点熟视无睹。他处理与自由国家、盟国和交纳岁币国家签定的几百个复杂条约；他必须考虑与边境几十个处于不同文明或野蛮程度的部落之间的关系；他总有行省要去安抚，要任命和监督总督,征募、调动和指导军队。所有这些事务牵涉法律解释、礼节、地位和荣誉。忙于处理上述问题,他富有法律思想,华而不实,但他不可能喜欢"商业管理(business administration)"的理想。罗马元老院从未将一半的注意力放在经济问题上,主要缘于其对外交、政治和正式事务的关注。

最后,为了个人名望,也为了这一地位所需的物质利益,贵族如若想要保留自己的地位、权力及元老院的权威(auctoritas senatus),就要维持一个保守政权。例如,一些执政官提倡扩张战争,元老院大概会予以反对。事实上,贵族早就知道,当一个小城邦的边界广阔扩张时,罗马需要一支大军来保卫帝国,而军队中身孚众望的领袖对于贵族统治就是威胁。

罗马似乎是经济压力通常与强大的反作用力水乳交融的国家之一。劳动者没有引起统治阶级的注意,工业的利益弱小,价值受到低估。农民在地理上如此分散,以致利益不一,而贵族如此关注于纯粹的行政问题,如此重视自己的名望,以致鲜少考虑经济措施。总而言之,罗马的经济问题极其简单。由于逐渐征服意大利和行省,掌握大量资金,拥有诸多人口,结果罗马并不太需要工商业。土地投资和资本家事业所获利润足以使人民生活富裕。所以,我们经济体制的复杂性从未给罗马政府带来过度的压力;指控李维和塔西佗由于是"经济盲(economic-blind)"而撰写政治史,与事实不符:他们之所以如此创作,显然是因为看到了罗马社会的基本事实。

126

原注

1　阿庇乌斯·克劳狄乌斯的改革:Diod. XX, 36; Livy, IX, 46. 参见 E. Meyer, *Art. Plebs* in Conrad's *Handwörterbuch*。

2　Pinza. *Bull. Com.* 1912, p. 24.

3　Helbig, *Führer*[3], II, 1799b.

4　*Novios Plautios med Romai fecid*. Helbig 暗示说这个名字显然是坎佩尼

亚人的，而且如果该地是艺术家的常住地，它或许不会被予以提及，Helbig³，II，1972。

5 Helbig³，I，565：cf. *Mélanges d'arch et d'hist.* 1910，p. 99.

6 Glotz in *Jour. des Savants*，1913，p. 206.

7 见第 4 章。

8 Polybius，III，24.

9 见第 3 章末。

10 Dion. Halc. III，44；Strabo，III，5. 3000 塔兰特的船只（少于 10 吨）在其时代无法进入台伯河，而普通的地中海商船是前者规模的 3 到 5 倍；Torr，*Ancient Ships*。

11 Livy，XXIII，48，49；XXV，3，4；Polyb. I，83，7.

12 Livy，XXI，63 解释说它之所以获得通过，是因为元老从事赢利职业不甚体面。规定的最大量是 300 罐，约 225 蒲式耳小麦。克劳狄亚法得到了激进的民主党人弗拉明尼乌斯的强烈支持，后者似乎暗示这种限制并非完全出于对旧罗马道德的尊敬。

13 Livy，XI，51，2.

14 Digest，50，5，3.

15 Mommsen，*Röm. Hist.* III，238；Heitland，*The Roman Republic*，II，156。我的观点，详细地表述在 *Am. Hist. Rev.* 1912 - 1913，233 中，得到了 Holleaux，*Rome，La Grèce et les Mon. Hell.* 85ff 的认同。参见 Hatzfeld，*Les Trafiquants italiens dans l'Orient.* Rostovtzeff，*Soc. And Econ. Hist.* p. 21，反对这个旧理论，即罗马的葡萄和橄榄种植者鼓励摧毁迦太基，以消除在这些产品上的竞争。由于迦太基那时没有足够土地来供养自己（王国边界［fossa regia］距迦太基西仅 50 里），且进口酒，由于罗马人完整地保留了利比亚—腓尼基城市最好的橄榄地区，这种假设似乎并不成立。

16 Peter，*Hist. Rom. Frag.* p. 273，fr. 9.

17 罗德斯在公元前 169 年要求允许购买西西里粮，这似乎暗示罗马在西西里控制了这种贸易，Polyb. 28，2。然而，这一要求是在罗马交战并需要粮食的时候做出的。西塞罗（Verr. V，145 and 157）显示西西里基本上商业自由。

18 Livy，XXXVIII，44.

19　见 *Roman Imperialism*，p. 280. Cicero，*de Rep.* 3，9（日期为公元前 129
年）使得罗马的一个批评家把萨沃伊的一个葡萄种植的禁令看作是罗马
的。这种批评当然在已经遗失的下一本书中得到回答。战后，马赛在萨
沃伊接收和保留人质，这表明该条约仅仅是由罗马承保。根据这个含混
不清的证据，Rostovtzeff，op. cit. p. 22 竟然说"新增的罗马西部行省禁止
种植葡萄"。西班牙没有这样的禁令，见 Pol. 34，8；Varro. I，8，1；I，
31，1；Strabo 3，2，6；3，4，16。阿非利加行省气候过于干燥，无法种植大
量葡萄，因此我们很少听说，但 *Bell. Afri.* 43 and 67 证实葡萄栽培并未
受到禁止。至于高卢，Diodorus，V，26 坚持这样的观点，即马赛北部气
候过于寒冷，不适于种植葡萄，而 Varro，I，7，9 说进入莱茵河，他已经发
现没有种植葡萄的地方，这意味着葡萄确实种植于其他地方。似乎二者
都未意识到存在一个禁令。在斯特拉波时代，IV，1，2 塞文山有葡萄园。
事实上，没有证据表明罗马在共和国时期禁止任何地方种植葡萄或橄榄。
后来图密善限制意大利以及行省的葡萄栽培，但似乎做法温和。

20　Hatzfeld，*Bull. Corr. Hell.* 1912 and *Les Trafiquants italiens.* 1919。对
于来自所有希腊城市的朝拜者来说，这个神圣岛屿是一个麦加，同样也
有充分的理由说它是一个自由港。

21　西塞罗时代充当港口的普特俄利见 Cic. *Verr.* V，154；*In Vat.* 12；*Rob.
Post.* 40；*de Fin.* II，84，and Strabo，IV，6。甚至在去罗马的路上，圣保
罗在这里登陆，并穿行阿庇亚大道，完成其余的行程。

22　Cic. *Ad Quint.* I，1，16；*de Off.* I，151；*Pro Flacco*，91.

第8章 格拉古革命

公元前2世纪中期，罗马爆发骚乱。在亲希腊的贵族领导之下，国家致力于同全希腊和东方结盟，由此罗马不得不决定何去何从，是要每天忍受来自一个"朋友"的羞辱，还是加以控制。尽管疑虑重重，她仍选择了第二种方式，因为元老院害怕帝国带来的军事权力，而民主派领袖则担忧元老院从行省管理中积聚权力和名望。总之，外交政策的问题开始不可救药地和所有国内问题交织，以致最简单的改革也无法进行实质性的讨论。政府的棘手问题有可能导致罗马内部分帮结派，针锋相对。

此时，罗马的正统血统也开始改变，不是通过移民，而是因被释奴和战俘增加。埃米利亚努斯（Aemilianus）声称他已将大批支持格拉古革命法案之人绑赴罗马，言过其实。如果不是其中尚有诸多内容合乎事实，此话也许毫无意义。通过等级妥协实行的改革现在让位于流血革命，主要缘于真正的意大利人为东方人、布匿人和伊比利亚（Iberia）人取而代之。

现在，租赁体制的邪恶影响蔓延到全部土地。租赁人不久拥有所有空旷土地，结果妨碍了给新生一代分配土地。不仅如此，相比于用仅够糊口的方法耕种土地的居民而言，他们占据上风，甚至蚕食并攫取诸多此类土地。结果在格拉古改革之前的60年，在一段战争伤亡无足轻重的时期，罗马的公民人口毫无增长。显然农民丧失勇气，引退到行省，抑或成为诸多城市的乌合之众。

正是这个年轻贵族，提比略·格拉古（Tiberius Gracchus）[1]，一个在闲暇时阅读斯多噶哲学的温和派团体的朋友和伙伴，有勇气和信心尝试土地改革,目的似乎是为了改善社会和政治。在游历埃特鲁里亚时,他看到种植园奉行奴隶制,相比于同代人而言,提比略更为深切地认识到这种体制自身的邪恶。在其残存的竞选演说中,他认为该体制无法满足一支逐渐壮大的国家军队所需,无力提供强大的自耕农团体。接着更进一步,他提出人道主义理想,并根据广受希腊政论家追捧的社会理论,他认为作为忠诚服务的回报,国家应该向公民发放小块土地,以用于养家糊口。提比略建议收回违反李奇尼乌斯法(Licinian law)限额的公有土地,并以小块廉价租分给罗马公民,任何人不得剥夺。

元老们商讨这一法案,断然否决。他们认为收回土地不公平,这些土地几代以来一直为国家置之不理,而拥有者耗资不菲加以改善,在某种程度上已通过遗嘱和买卖转手于他人。他们也提醒承认此类土地的意大利人民,如果奉行格拉古之举,其财产可能归之于罗马公民,而一个罗马委员会也许不会给其分配土地。

受到元老院的阻止,提比略恢复了长期休止的公元前287年的政制,即允许平民大会对立法提案进行公投[2]。但当其要求表决时,同僚保民官屋大维(Octavius)行使合法权利,予以否决。不顾阻碍,之后提比略提出倡议,将罢免违反选民意愿的保民官合法化。在反对和指控的声浪之中,提案通过。由于政制理由不充分,提案被迫通过,结果几乎造成骚动,所以后来鲜有人步其后尘。不过,提比略的想法正确无误。保民官原来并非国家官员,而是一个等级或个人的支持者和保护人,同样迎合选民的需要。而且,保民官的人数增加到难以控制的10人,目的不是要在该团体中制造分裂,而是将其行动能力扩大到广大地区。故此,保民官出卖自己的服务,互相攻击,违背该团体设立的初衷,只有将其人数真正缩减到1人,才能恢复到它的高效。至少平民大会重掌大权将得以实现。无论如何,按照公元前287年的政制,大会有权进行任何立法试验,尽管方法较之提比略更为温和。

借助平民治权(popular sovereignty)的机器,提比略通过了激进的土地法。他任命一个司法委员会,授权其进行调查,裁定所有权

130

131

和分配土地。元老院依然试图阻止土地法的实施,确实在提比略死后也成功撤销了该委员会的权力,但由其奠基的一些界碑依然存在。如果蒙森的论点正确无误的话,即在公元前125年罗马人口调查名单上增加73000[3]人,预示了出现同等数量的新土地所有者,那么该委员会一定成绩斐然。命运慷慨地饶恕了由执政官波皮利乌斯(Popilius),提比略的劲敌树立的一座里程碑,[4]其中他留下了令人吃惊的话语:"我首先迫使牧人将公共土地归还给农民"。我们倾向于作出大胆臆测,即一些工人插入了这句话,以示娱乐。可是,波皮利乌斯毕竟是一个精明的政治家,知道何时用思想驾御。

132

提比略试图寻求连任,结果导致一场骚乱,他本人遇刺身亡,事业不久也付诸东流。之后,他的兄弟盖约(Gaius)在公元前124年担任同样的官职,步其后尘,实施了更为广泛的计划。他立刻重申其兄的土地法,并予以实施;他以半价向城市穷人发放粮食救济;他将亚细亚行省的征税拍卖给骑士公司;他颁布法案,剥夺了元老院任命司法委员会的权力,取消元老在法庭里充当陪审员或法官的权利,将之转交给骑士;最后他提出一个广泛的殖民计划,许诺授予罗马公民权以拉丁人,最终给所有意大利人。

对于我们而言,盖约·格拉古仍是一个谜,因为后来史料所依据的文献均带有严重的党派精神,不管是支持抑或反对他。从逐字引用的其演说[5]残片中(尽管经常以邪恶意图节选),显然他有时以一个党派领袖的身份行事,由此能够在需要之时,提出不具一般价值的措施,以便赢得支持者,巩固自己的集团。由其话中可见,他甚至纯粹抱着报复之姿,打击对手。但在判断其主要计划或释疑时,我们一定不能过于重视上述事实。在异教罗马,刚刚脱胎于家族世仇的时代,对于兄弟遭谋杀的切肤之痛,报复合情合理,事实上也是孝道使然。目前我们关注的唯一问题是在要完成改革的重大任务时,复仇是否模糊了他的视线,抑或误导了最后一击。必须承认的是,他的法案均未获得通过,这从其计划角度来讲理由并不充足。

133

　　至于党派政治的干涉，我们难说哪些措施仅仅意欲终结，在目标实现之后打算取消，抑或废除。关于每月以半价向穷人分配粮食，政敌认为是贿赂之举。此言不虚。但是，盖约也可能是先采取暂时救济的方式，之后到获得足够支持时，再以进一步殖民的方式分散乡村穷人。与此同时，廉价粮食可以充作许多事业中的工资，发给受雇的城市劳动者。这或许是其斯多噶老师布洛修斯（Blossius）所提议的国家社会主义的尝试。我们知道，公元前 3 世纪希腊逐渐湮没无闻，于是国家应该给穷人提供生计的理论在沉闷的日子里开始风靡。[6] 如果格拉古接触了这种人道主义想法，诱惑极大，因为罗马粮仓装满西西里小麦，这些均属人民。他们只是表决将财产分配给自己。当打开自己仓库的决定权掌握在自己手中时，为何他们仍要挨饿？

　　确实此次尝试导致灾难性的结果，不但抵消了格拉古殖民计划的成功，而且由于后来罗马人民一直缺衣少食，几无政治家敢于反对这种慈善。然而，第一个社会立法的实验者很容易误入歧途，最近的经验证明不得不承担紧张军事职责的国家，走捷径去赢得人民的支持，使之衣食无缺，生活如意，却未考虑将来对士气的影响。

　　盖约还采取了两项举措，一是将陪审义务从元老转到富人——骑士手中，一是在亚细亚行省不再任用当地征税员，而由罗马包税人通过合同收税，这也被归因于党派精神。格拉古的一段演说残片显然证明在前例中，他深知此举将导致贵族和骑士的分裂，[7] 果不其然。该法的重要政治影响，狄奥多鲁斯（Diodorus）[8] 和其他格拉古的批评家着重提及，即行省总督受制于包税人，在法案通过时未予考虑，也未曾预见，因为只有随着契约法渐渐发挥影响，才可能看到如此长远的结果。

　　盖约显然意欲削弱元老院的权力，倘若我们记得他尤其信任商人和商业方法，可以轻易相信盖约首先想要以官方承认的形式抬高这个受人尊敬的等级，谋取它的发展，使之参与公共服务，获得实际经验。记载虽是如此，但后来这个充当陪审员的等级大概未达其预期，但没有证据表明骑士不及元老忠诚和高效。

134

135

136

尽管采取政治契约的形式，容易滋生腐败，但通过契约收取亚细亚的十一税，收入更多，更为稳定，地方当局的代理无法与之相提并论，后者通常不太友好，加之天高皇帝远，无法进行监管。自然一个组织严密的民事服务局，比如帝国最终建立的部门，更能体谅纳税人。然而，由于共和国的制度奠基于这样的理论，即官员仅任职一年，且重要的国家部门对各自的管理无能为力，在这种体制下几乎无法持久，结果帝国的做法难以实现。政治批评家一直批判契约体制的邪恶，而现代的民主政治中依然大量使用。对于盖约而言，引进契约制当然是提高效率之举。他发现几年前确立的亚细亚税收减少，部分归因于一些地区财政管理混乱，部分归因于才能卓著之人千方百计逃避负担。如果他知道——就如任何有经验的罗马人从对意大利包税员的抱怨中所知——这些公司偶尔欺上罔下，抑或勒索金钱，那么他有理由相信代行执政官的监管，抑

137 或一些罗马保民官处罚罪犯的权力。无论如何，上述措施均说明格拉古信任富人，重视富人，这一点我们在阿皮乌斯·克劳狄和弗拉米尼乌斯身上也发现蛛丝马迹，但未见于它处。

也正是对商业等级的同情导致盖约设想建立新殖民地，[9]港口殖民地，此举不仅意在防止陆地遭到入侵，也为了鼓励地中海的商业。公元前146年迦太基的大港遭摧毁时，元老院极为漠视商业利益，以致让阿非利加的新行省出入如乌提卡（Utica）的非罗马港口。现在，格拉古提议在迦太基缔造一座公民殖民地，以弥补不足。他林敦，以前曾在布匿战争中部分被毁，现在将设立一座公民殖民地，其居民均是精挑细选出来的，能够复原该港，使之重现古时辉煌。由于大部分最近分配的土地位于南意大利，需求巨大。第三个公民殖民地选在西拉新（Scylacium），以对付维波，大概也为了满足商人的要求，他们偏爱在那里进行水陆联运，而不愿冒险费力地环航麦西拿（Messana）海峡。罗马发现从普特俄利（Puteoli）出

138 发，通过陆路运输大量商品，切实可行。在所有这些举措中，盖约采纳了富有商业才智的建议，因为在其恢宏大业中，他经常和做大事之人打交道。

　　这个年轻的狂热者还提出一项议案——一个仅仅提供正义，而未给选民提供任何物资利益的提议——即授予所有拉丁人以公民权，而其他意大利人则获得拉丁权（Latinitas）。政敌认为在此计划中，他企图培育只对其俯首听命的新选民，尽管我们不太清楚，如果他的目标是获得权力，为何他要为了新选民而将现在的支持置于危险境地。此举部分是为了在实行土地法时意大利人可以获得公平地位，部分是为了在拉丁人遭受不负责任的罗马官员虐待时，可以得到城市法庭的保护。他也重视一个合理的公民团体，以给军队提供兵员；他讨厌被释奴等级，因其可能掌控城市，上述均证明他认为此举可使罗马受益匪浅。[10] 可是，该法案向意大利人提出了无法实现的希望，结果它的失败加速了同盟战争的爆发。

　　格拉古改革并未使罗马脱罪，罗马因其不义之举罪有应得。最重要的措施受到阻碍，通过的法案抑或被元老院修改，抑或较少奉行盖约的意志，致使好处受制，而邪恶扩大。实际结果违背了所有的愿望和初衷。无疑，土地法改善了中部意大利，暂时解救了罗马，但它播下了同盟战争的种子，而粮食救济不久就使罗马的情况每况愈下。骑士获准参与国家事务，本应扩大罗马政治家的经济事业。不幸的是，经常面对旧贵族的嫉妒和阻碍，他们蜕化为一个自私自利的团体，乐于成为财政部门的寄生虫，借助新契约体制中的资本主义投资，过着养尊处优的生活。如果能如格拉古所想，增加选民，那么重新引进人民主权的原则，合情合理。不进行改革，罗马人民就逐渐无法自治，更不用说建立一个世界政府了。而一旦人民重新控制令自身至高无上的机器时，此次尝试所引发的政制分裂难以愈合。由此，平民会议的恢复直接导致内战和恺撒（Caesar）专制。

　　作为竞争的结果，经济学家直接关注要提高资本家——商人等级的地位，使之在国家和财政事业中大权在握，控制意大利土地，以用于殖民，于是资金转向其他渠道，加之奉行向罗马穷人发放国家救济的政策，结果城市工业一直不受重视。

139

140

原注

1 主要记述见 Appian，*B. C.* I，1‑26 及普鲁塔克的提比略和盖约·格拉古传。Greenidge and Clay，*Sources for Roman History*，已收集了其他古代的参考资料。在格林尼治的介绍篇章中，*A History of Rome*，详细回顾了社会和经济条件。他和海特兰所著的格拉古篇章，*The Roman Republic*，II，深入研究了格拉古改革。参见 E. Meyer，*Kleine Schriften*，p. 383；Cardinali，*Studi Graccani*，1912；De Sanctis，in *Atene e Roma*，1920‑1921；Von Stern，in *Hermes*，1921；Münzer，art. *Sempronius*，in Pauly‑Wissowa。格拉古演说的残篇收集在 Meyer，*Orat. Rom. Frag.* and Haepke，*C. Semproni Gracchi fragmenta*。

2 F. F. Abbott，*The Referendum and Recall among the Ancient Romans*，Sewanee，Review，1915。这一理论在西塞罗时代再次成功运用：Asconius，In Cornelianam，ed. Kiess. p. 64。

3 见 Mommsen，*Rom. Hist.* III，335。Beloch，Die Bevölk. p. 308 质疑这种解释，他相信公民名单只包括有产者，而这些分配实际上是租赁。不过，现在确实所有男性公民据信都被登记入册（*Roman Census Statistics*，*Class. Phil.* 1924，329）。鉴于在格拉古之前无产者鲜少被征募当兵，罗马并未积极尝试将之登记在人口普查名单中；新承租人当然适合参军，无疑列入人口调查名单。提比略推行改革，事实上部分是为了满足军事需要。

4 从加普亚通向西西里的军事道路上的卢卡尼亚里程碑。此句内容如下：曾属于牧羊人的土地现在归之于农民。C. I. L. I，551。

5 Meyer，*Orat. Rom. Frag.* pp. 224 ff.，Haepke，*C. Semproni Gracchi fragmenta*.

6 Ditt. Syll.³ 976；Rostowzew，art. *Frumentum* in Pauly‑Wissowa，VII，139。与一个世纪以前鼓励克雷奥美尼在斯巴达分配所有财产的斯菲鲁斯相似，斯多噶哲学家布洛修斯，格拉古兄弟的老师和同伴，似乎与其学生们如出一辙，发挥了社会改革者的作用。格拉古兄弟也许从与波利比阿的个人谈话中听说了希腊的运动，因为后者对这个奇特的斯巴达国王的经历极感兴趣。Cicero，*De Off.* II，80，暗示说格拉古兄弟仿效了这些斯巴达国王的先例。

7 Cic. *de Leg.* III. 9；Diodorus，XXXVII，9.

8 Diodorus，XXXV，25，狄奥多鲁斯听从波西多尼乌斯的意见，后者代表希腊行省人和与之关系友好的罗马贵族的观点。

9 Plut. *C, Gracc.* 6，8，10；App. *B. C.* I，23；Livy，*Epit.* 60；Vell. II，7，见 Hardy，*Six Roman Laws*，p. 73。

10 很难相信一个像盖约·格拉古一样有如此清楚的先见之明之人，打算将公民权扩大到整个意大利，而没有采取必要的步骤使之行之有效，在每个自治市设置投票箱。我们没有这种意图的直接证据，但是恺撒曾借鉴格拉古兄弟的诸多想法，在死前为此目标采取第一个步骤，命令罗马记载自治市的人口调查名单，由此我们推断，盖约·格拉古抱有一些类似的计划。对于整个意大利而言，单独的公民大会当然不切实际；人们不可能骑马 300 里去投票。当格拉古提议扩大公民权时，没有必要冒提案失败的危险，谈及下一步骤，尤其是因为这种投票方法随后或许会被一个监察官的决议改变。

第9章　新行省政策

在格拉古革命期间，罗马已拥有一个特别行省——亚细亚行省，并设立了全新模式的阿非利加行省。这些革新不久就将私人利益卷入政治的漩涡当中，很快这些利益又影响了地域扩张的进程。

阿塔利（Attalid）末王曾将其王国遗赠于罗马，鉴于迄今为止王国的大部分领土来自塞琉古（Seleucid）王国，是罗马惠赐攸美尼斯（Eumenes）的，此举无可厚非。这个面积约60000平方公里的新行省是一个复合体，对于其性质任何罗马总督均无法理解。大体上，我们可以将之划为两部分：一是沿海岸和河流的希腊自治市，一是诸多生活于村庄中的半自由的原住民的小封地。[1]国王当然要求拥有封地的最终所有权，抑或至少随心所欲分配的权利，但其从中获利不多，显然是庄稼价值的十一税。佃户通常保有世袭租约，大概向封建地主交纳一半庄稼，还要在一段时间里耕种地主的私人土地。地主通过购买，或通过在军队或法庭中服务的酬劳，维持利益。其封地世袭，可以转让，但需经国王同意。由此，这个原始国家实行发达完善的封建体制，之后在塞琉古·亚历山大和波斯国王时期亦复如是。

1个铭文——时间约在罗马人到来之前的一代——洞察了地产的情况。[2]这是一个抵押记录，其中摩涅西马库斯（Mnesimachus），大概身为国王宠臣，在封地中拥有土地，为了获得大约6000美元的贷款，以资产净值作为抵押，在阿尔忒弥斯神庙边订立。国王、地主及众多农民都要求获得不同程度的土地所有权。这片领土包括两块约 15 英亩的小土地,6 个奴隶,5 个村庄,作为王室半农奴的居民,加之两块向国王交税的土地。除了向国王交纳贡金外(可能约 1/10,可用钱支付),这块王室领土一定给 5 个村庄的农民提供了生计,结果地主的收益不超过收入的 1/3;但这笔收入丰厚,足以支付铭文中的抵押金额。该契约没有说明租金收入,大概是按这一地区习惯的百分比征收,其中只是随意提到"由农民以现金和劳动方式提供的税收"和"从村庄所得的其他收入"。换言之,庄园地主从土地上获得现金租金,加之农民还要为其封地上的私人地产进行一段时间的劳动,他似乎也有权出租村庄里的特许权。其他铭文[3]也证实王国非希腊地区的一般情况如出一辙。

至于希腊城市,几个自由市从亚历山大时代起不缴贡金,而一些城市从罗马将塞琉古王国赐给攸美尼斯时起亦复如是,但有证据表明阿塔利逐渐向一些城市收取贡赋,[4]以作为保护的回报,尽管税收不太繁重。显然城市通常包含沦为臣属的原住民村庄,后者向其支付税收,就如其他村庄向国王缴税一样。

此外有大量掌有地产的古老神庙[5],半自由的农民和神庙奴隶为之耕种土地,因为亚细亚神庙通常拥有财产,经手大量金钱。几个神庙不缴王室贡金,但非全部。对于一些城市,国王赐予缴贡税的土地,而其他一些城市,已通过购买方式获得,结果要缴纳贡金。最后国王借助奴隶,占有[6]和使用一些王室地产、公园、花园和矿山,加之在王室管理下出产地毯(安纳托利亚[Anatolia]的一个古老工业)、挂毯、羊皮纸等等的工厂。

上述就是这些与众不同的遗产。罗马的公共政府应如何应付亚细亚的混乱呢?它应当保持一个封建体制,承认自由市旁的封地和神权地产,继续拥有工厂,也成为最大的制造商吗?关于罗马程序的证据实在微不足道,而对我们所掌握的材料的主旨也莫衷一是。事实上,罗马党派对财产的规划争论不休,在这个混乱的过程中,他们越来越关注有利可图的剥削,而非合理发展亚细亚。

显而易见,提比略·格拉古意欲把该国王的动产和个人财产立刻变成现金,以支付一些昂贵改革的开销。[7]但在向公民大会提出

143

144

145

这一行政法案之前,他就出师未捷身先死。于是,元老院[8]行使其在行省事务上的古老职能,任命五名元老组成一个委员会,以分析形势,规划一个适当的政府形式。当他们抵达亚细亚时,攸美尼斯的一个私生子觊觎王位,并以自由和土地为回报,募集了由奴隶和半自由民组成的大军。重要的是,他得到部分不属于该王国的安纳托利亚野蛮山民的有力支持。经过几场连续鏖战,攸美尼斯沦为俘虏,阿奎留斯(Aquilius)和一个新委员会受命组织行省。就如阿塔拉斯(Attalus)在遗嘱中所说,该委员会似乎赐予希腊城市自由和免税。[9]显然神庙领土的税收也被豁免。[10]没有证据表明王室土

146 地发生任何变化,这里半自由农奴缴纳贡税,其中大部分人被富有地主束缚在古老封地之上。确实我们没有听说共和国期间罗马控制的土地上有封建义务,但似乎罗马人并未改变[11]当地习俗。贡金按以往方式收取,大概在地方长官监督之下,由一个财务官运抵罗马。国王的个人财产当然归公,而王室的农场和花园成为公有地。由于奴隶被输送到罗马,工厂和矿山[12]大概关门大吉。元老院对工业几乎漠不关心。委员会也提议削减行省的数量,以利于控制。[13]它提议将整个弗里吉亚(Phrygia)赐予本都国王,而卡瑞亚和皮西迪亚山区自行其是。显然元老院并不打算承担一个要求独立军队

147 的任务,对可能的商业开发也不感兴趣。它仅要求行省自食其力,而罗马在亚细亚政治中占据上风。

盖约·格拉古行事果断。担任保民官时,曾花费大量国库资金用于公路、街道、港口、粮仓的建设,他开始意识到由地方长官的财务官以仁慈方式收取的亚细亚贡金,大大低于预期标准。盖约是个极端的民主派,无法理解为何罗马很久以前从安条克(Antiochus)【即安条克三世,塞琉古王国国王,约生活于公元前241——前187年。——中译者注】手里夺取的亚细亚的希腊城市,应予免税,而农民则继续支付古老的贡赋。他也认为没有理由放弃弗里吉亚。在罗马,骑士作为承包人,行事高效,可用于经营亚细亚的税收。此举能够迅速提供所需资金,能够满足骑士,能够使行省总督摆脱财政责任,也能够使罗马设立实物税收,这样荒年时

就能够减轻农民负担。此外经人民大会表决，元老院对亚细亚的部署发生变化，城市在其拥有大片地产的地域里缴十一税（税额较少），且弗里吉亚重归该行省治下。[14]

目前普遍认为，在此安排之中，罗马政府接受法律观点，即亚细亚已缴贡金且被帕加马国王视作王室土地的广大乡村地区，现在变为罗马的公有地（ager publicus）。[15]这种理论令人难以接受。该理论大概是在恺撒独裁抑或奥古斯都执政时应运而生，此时罗马律师提出行省所有权（dominium in solo provinciali）设想。它确立的时间现在无从断定，但可以肯定的是，在共和国对亚细亚的安排中没有任何蛛丝马迹。确实公元前146年迦太基的领土成为公有地，但需加以注意的是，迦太基是在长期围攻之后陷落，并被视为战利品。甚至恺撒征服高卢时，也没有证据表明高卢被视为罗马私产。极有可能，就如未考虑东方皇室所有权的理论，在西西里征收耶罗的十一税一样，罗马继续在亚细亚收取阿塔利税收。这块土地只是地域广博，且上缴贡金，而非公有地。换言之，罗马在亚细亚仅仅将该国王以私人身份拥有并赠予罗马的地产及私产作为公有地。

尽管大量王室土地由此摆脱了政治煽动的诱惑，但对于税收合同使用的意见分歧，使得元老院和骑士牵连其中。似乎格拉古，曾经打算把弗里吉亚建为免税的保护国，但几年之内骑士进入此地，且未被叫停。他们也经常找希腊城市的麻烦，检查它们的账目，以勘查是否有任何土地漏网，同样也调查由国王授予土地的神庙地产。我们的记录显示罗马监察官为了当地人的利益，不得不介于其间，但莫名其妙地经常扩大活动领域。对于负债的纳税人，他们放出高利贷，且一有机会就取消抵押品赎回。于是生活窘迫的当地人经常向罗马地方长官请命，以反对不公正的估价（由于一丝不苟地关注西西里的耶罗法，并未起草法律）。倘若地方长官对骑士不甚友好，将会在罗马受到指控[16]，那里法院的陪审员现在全部由骑士组成。地方长官也并非总是无可责难。他们以这些城市为代价，逐渐攫取了在城市中驻扎部队分遣队的权利。地方长官为了

85

维持军队,以此种方式从元老院拨款中节省的金钱,他可以将之返回国库;但地方长官和财务官沆瀣一气,扣留这笔金钱以备自用,有例为证。正是剥削亚细亚的特权有利可图,致使元老院和骑士之间就控制罗马法庭争论不休。

公元前89—前88年罗马投身于同盟战争,雄心勃勃的本都国王米特里达提(Mithradates)趁机蹂躏和劫掠亚细亚行省。协同党羽,他将那里发现的约8万意大利人处死。其中多人当然是收税员,包税人服务中的会计员,加之征收、储存和处理大量因十一税产生的粮食和水果的代理人和劳动者。波西多尼乌斯做了一个评论,[17]大意是意大利人试图通过丢弃"最近所穿"的罗马外衣,逃过

151 调查,这表明其中绝大多数人在同盟战争末期获得公民权。他们大概是希腊人和欧斯干(Oscan)的意大利人,曾参与罗马公司的服务,因为他们长期从事东方贸易,熟悉其语言和习俗。同盟战争爆发时,一些南意大利人或许也来到行省,如多人充当海盗,以便避免参与一场胜负不明的争斗。到此时,罗马公民移民亚细亚到什么程度,我们无法说清:那里一些人当然是移民,但人数不可能太多。

此次米特里达提强迫希腊城市参与劫掠,由此之后罗马资本家和亚细亚遭受一系列灾难。苏拉(Sulla)并未改变现状,4年以后,为了供养军队——现在不再为罗马的民主政府所承认——他要求立即用现金向其支付十一税,以作为5年的欠款,并部分支付战争赔款,总计高达2万塔伦特。[18]为了获得这笔金钱,他并未雇佣罗马征税员,而是将行省分区,每区承担自己的份额。[19]于是每个城市不

152 得不尽其所能地募集金钱,为此抵押公共建筑、港口和公有地。毋庸置疑,开办广泛银行事务的神庙收取这样的抵押,只要他们有资金,但此时似乎意大利的银行家和罗马骑士也在亚细亚放款。我们也许会好奇古老封地上的乡村地区如何收取税收,那里佃农鲜有金钱,且在支付了国家的十一税及地主的租金后,粮食所剩无几。庄园地主一定不得不供养佃农。许多人一定将地产抵押给罗马资本家的代理人,由于米特里达提仍近在咫尺,苏拉正兵进罗马,风险很大,所以利率居高不下,甚至有时高达48%。在这样的

情况下,债务迅速增加,当债款到期时,不久之后罗马骑士的代理人投放新贷款。14 年中,2 万塔仑特的债务上涨[20]到 12 万。与此同时,每一次米特里达提侵扰罗马的银行区时,公元前 74 年入侵比提尼亚(Bithynia)时,人民惶惶不可终日。[21]他们对元老院保护罗马投资的信心不足。

元老院委派其爱将卢库鲁斯(Lucullus)来指挥战争,尽管他掌管西里西亚(Cilicia)行省。赶走敌人后,他调查了受难行省的事件,发布了一个总督饬令,为此长期遭到放款人的憎恨。他规定[22]最高利率为 12％,并取消所有超过本金的利息,此举——自从债务运转约 15 年以来——使得原来贷款的利润减少到约 6％。之后通过对奴隶和房屋征税,同时将年税限制为收成的 1/4,他计划在 4 年里将剩余债务一笔勾销。可是,计划被长期搁置,无疑大量抵押已被取消抵押品赎回权。在该世纪中期西塞罗十年的通信中,有大量证据表明诸多罗马人拥有亚细亚地产。[23]我们可以认为许多城市在危难时交出一些土地,自然不得不资助佃户的地主一定遭难最重,其中多人无疑将财产交给罗马债权人。这类土地当然一直要向罗马金库支付十一税,但收税员显然不能以对待当地人的方式剥削强大的罗马地主,由此一个敌视收税员的经济势力逐渐在罗马崭露头角。不同利益如何在国内政治中表现出来,如何对政府施压,以将帝国东扩,我们将在下一章中予以探讨。

阿非利加行省的建立始于公元前 146 年迦太基的覆灭。如我们最近所知,[24]该行省起初领土狭小,且一半领土让与古老的腓尼基城市,后者自治,并获准保有领土——事实上带有大量附加待遇。行省边界定在迦太基以西 50 里,行经瓦加(Vaga)和沙格(Thugga)东部。它东达距东部海岸仅 30 里之遥的阿普逊吉(Apthungi),由此南至特奈(Thenae),恰好环绕腓尼基(Phoenicia)的自由市哈德鲁密敦(Hadrumetum)、莱普提斯(Leptis)、塔普萨斯(Thapsus)和阿乔拉(Acholla)的领土。罗马确实不得不处理的只是迦太基附近约 2500 里的地域(约纽约地区的 1/20),在这里自由市乌提卡及其领土占据一席之地。

自从迦太基毁于一旦,未逃至努米底亚(Numidia)之人被视为战俘赶尽杀绝,罗马沿袭古代意大利关于战利品的习俗,把这块领土视为公共财产。罗马需要金钱,于是试图卖掉作为私产的土地,[25]但徒劳无功。当地的柏柏尔(Berber)农牧民,依然居住在北部山区、平原西部和南部地区,结果如同在迦太基治下,获准继续生活在原址,缴纳贡赋。我们后来发现几个当地的村庄依然存在,且繁荣昌盛。

公元前 122 年,因大量良田荒芜,格拉古[26]在此设立一个殖民地,安置约 6000 居民,不可思议地给每人分配了 200 犹格的广阔土地(约 130 亩)。而在意大利,通常分配仅仅 20 和 30 犹格;显然阿非利加对意大利人来说不太有吸引力。可能 4/5 的平原土地以赠予的方式分配出去。[27]这块土地现在完全成为私产,且如在意大利一样,无需缴税。格拉古去世时,元老院取消了他的殖民地组织,但授予居民权利,或许是有权继续保有广阔土地。

阿非利加仍有闲置土地,大概是山上较为贫瘠的地区。于是,公元前 115 年的监察官决定以能够得到的任何租金将土地出租,当然价钱依土地的品质而变,租期 5 年[28]。罗马人、拉丁人或者当地人均可投标,而阿非利加的财务官负责收取以前上缴包税人的税收。这或许是处理剩余土地,理由是公元前 111 年的土地法[29](原文大部分留存),证实了以前的分配,并派一个委员会到阿非利加来确认所有权,解决争端。该法谈到 4 类重要土地:战后出售而成为私人纳税财产的土地(份额较少),由缴贡金的当地人掌有的土地(山上的一些村庄),格拉古直接分配的大农场土地,加之由公元前 115 年的监察官以 5 年合同出租的土地。至于最后一类土地,条文补充说租金不能增加;由此租金事实上一成不变,承租人无疑也依然存在,只要他们能够证明自己令人满意。元老院显然厌烦从事错综复杂的不动产交易,希望政策简单、持久。

第三个等级——格拉古殖民者——最为重要,因为他们拥有大农场中的良田。这批人现在成为腰缠万贯的地主。在意大利,一个农民使用当时流行的工具和密集耕作方法,难以负担超过 10 或

15 犹格的耕地。在格拉古的大农场中，主人需要大量劳动力，因农业人口流失，导致土地休耕一代，结果一定转而使用奴隶。由于在该地几乎未见奢华的罗马庄园的蛛丝马迹，我们可以认为主人一般生活在乌提卡（就如后来在迦太基一样），借助一个奴隶总管的安排，使用奴隶管理农场。这是一个处于所谓意大利法（Jus Italicum）下的特别地区，那里与意大利如出一辙，免税的私人土地上出现大地产，而其他任何行省却鲜少如此。

旧格拉古殖民地以西的第二个地区[30]（大约 25 平方英里的地区）情况大同小异。此地位于巴格拉达河（Bagradas）两边的瓦加和沙格之间，属丘陵地带，包含大片无法耕种的岩石地层，且遭受腐蚀，但拥有比迦太基更好的降雨。鉴于公元前 146 年斯奇比奥（Scipio）所划定的王国沟渠（fossa regia）原属阿非利加的边界，而现在距沙格以东仅几里之遥，所以该地起初一定属于努米底亚的马西尼萨（Masinissa）王国。迦太基地主卓有成效地清理土地，筑成梯田，以进行耕种，此后马西尼萨的努米底亚人亦然。在公元前 109 至公元前 107 年朱古达战争（Jugurthine war）期间，梅特拉斯（Metellus）和马略（Marius）在此领兵打仗，他们发现此处经济繁荣。马略曾许诺给士兵分配土地，作此承诺时，无疑把该国列入考虑之中，因为他清除了几个村庄的居民，而在战役依赖政治党羽时，萨图尔尼努斯（Saturninus）[31]提出一项法案（公元前 100 年），将"阿非利加"的土地分配给马略士兵。这一地区至少囊括两个地方，后来得名马里亚纳殖民地（colonia Mariana）的大乌奇（Uchi Maius）和提巴里斯（Thibaris），证明该国情况如此。新发掘可能展示了其他地区的同类铭文。虽然我们贫乏的史料对此鲜有提及，但据信与此同时这个殖民化的地区立刻归入阿非利加省。鉴于新行省直接穿越塔布拉卡（Thabraca）以南，布拉（Bulla）王国及西卡（Sicca）以东，我们可以认为新旧边界之间的地区是马略殖民地。此地的政治组织别具特色，展现了马略老式的安排体制。居民并未按城市共同体进行组织——阿庇安（Appian）告诉我们他主要从意大利农场征募——而如同公元前 211 年后坎佩尼亚的殖民者，建

158

159　立乡镇（pagi）。随着罗马人的增加，随着旁边出现了一个更为重要的城镇，这一地区的几个城镇拥有当地村民的公民权（civitas），尤其是乌奇、沙格、提格尼卡（Thignica）、阿格比亚（Agbia）、努姆鲁利（Numluli）和亚文恩西（Avenensis）。[32] 根据山南高卢（Cisalpine Gaul）后来的用语，帕加尼（pagani）是蛮族人，所以该制度的真正意义并未受到关注。

　　对于此地——后来成为阿非利加帝国最负盛名的王室领地——的经济史来说，罗马人在利比亚村庄周围的广阔土地上的殖民最为重要。它使得居民能够雇佣技巧娴熟、适应水土、心甘情愿的佃户，结果免除了购买大量奴隶的花费和不便；这反过来促进了一个特别庄园体制的发展，与扩展到格拉古地区的渺无人烟的庄园截然不同。士兵如何接受这里的土地，不得而知，但可以设想士兵亲眼目睹该地的繁荣，于是诸多人自愿前来。由于每块土地为100犹格，我们可以估计在帝国著名的625英里地产中，耕地有5000亩或更

160　多。这块土地无疑全权分配，免租金、免税，与通常意大利的土地分配如出一辙。当地人当然上缴贡金，似乎缴纳收成的1/8。

　　铭文证实，此地在帝国中似乎是大地产地区。[33] 土地免税，加之劳动问题得到一劳永逸的解决，所以我们可以预料到大地产的发展。原来的土地幅员辽阔，从一开始就吸引了大量资本家进行投资。尽管马略主要利用农民，但气候和土壤的变化也许迅速导致经济差别，结果一些老兵一无所成，出卖土地，迁徙到更为舒适的环境，抑或在丧失财产的情况下，向成功者租赁土地。无论如何，大地产迅速蚕食这里的小土地。由于周围没有大城市，成功的种植者能够在其农场建造房屋，当然与他的成功和野心相得益彰。在房屋周围，他利用私人奴隶的空闲时间，耕种一块土地，以便供自己使用和娱乐，而大部分土地以小块出租给人数众多的当地人。财力充足时，他可以决定是住在迦太基还是罗马。他可以雇佣一

161　个管家来管理财产，或者该地拥有值得信赖的公民，可以任命其中之一为领头佃户，后者通过耕种家庭土地来获利，收取和销售主人的份额。正是这种使用佃户（conductores）的方法不为历史学家所

熟知,尽管后者熟悉罗马的农业条件,并长期探讨该体制的起源。然而,观察该体制所产生的环境,我们可以发现这种方法完全自然,合情合理。[34]

之后我们记述阿非利加的两个地区,格拉古和马略地区,那里与意大利大同小异,免税土地世袭继承,但鲜见于罗马世界的余地。自然在罗马投资者眼中,这些地区称心如意,结果不久之后"阿非利加地产"成为富有的代名词。[35]此外,这里出现了一个承租人体制,尤其是在马略地区,那里拥有当地的承租人,对此帝国铭文中有大量记载。[36]阿非利加行省的其他地方在共和国期间无足轻重,原因在于绝大多数耕地由布匿城市掌握,而在山国中交贡赋的村庄向政府交纳固定津贴,不受收税员的干预。在恺撒重建迦太基及吞并努米底亚之前,阿非利加一直被视为重要行省。

关于共和国期间西班牙行省的情况,我们后面再叙。西西里行省在公元前 2 世纪期间几乎鲜少牵涉罗马人,除了每年数量庞大的粮食,100 万蒲式耳,运抵罗马。由于其中大部分用于军队,加之拉丁土地的收成不足以供养这个蒸蒸日上的都市,进口的影响并不严重。由于骑士的常规协会不参与收取十一税,罗马的投资者长期不在意大利投资,也由于花钱即可拥有波河流域免十一税的土地,所以西西里交贡金的土地对来自意大利的移民没有吸引力。罗马仍然没有这样的法律观念,即行省土地是公共财产,[37]甚至格拉古也没有提出夺取土地,以用于殖民。当地的地主,大多数是希腊人和一些前迦太基人,继续集中其广阔地产,越来越多地使用奴隶劳动,直到后格拉古时期破坏性的奴隶战争导致诸多地主贫困,因为在战争中庄稼被毁,一些奴隶战死沙场。有迹象表明南意大利的希腊人移民西西里,且在某种程度上取代了倾家荡产的当地人,尤其是在同盟战争和内战蔓延到整个意大利的可怕年头里。罗马公民的名字及韦雷斯演说中带有希腊姓氏的"骑士"可以为证。公元前 70 年,西塞罗以西西里为例,指控韦雷斯(Verres),那里耕地依然以种植粮食为主,由于罗马购买第二和第三种十一税,结果余粮减少,价钱高昂。尽管要缴纳十一税,但罗马公民开始购

162

163

91

买或者出租岛上的土地,而其他人从事商业,抑或承揽税收契约。这一世纪中期,西塞罗的信件证明数目增加。可是,土地无法长期种植粮食。在恺撒和早期帝国时期,我们鲜少听说西西里的粮食。无疑,土壤表层腐蚀,于是开发更深的土壤层,转轨园艺,之后转向牧场,原因在于与其他地方相同,这基本上可以阻止土壤腐蚀,使之暂时休养生息——至少暂时如此。

原注

1 Ramsay, *Cities and Bishoprics*, 10ff; Cardinali, *Il Regno di Pergamo*, 96ff., 173ff.; Rostovtzeff, *Röm. Kol.* 253ff.

2 Buckler 和 Robinson 在 *Am. Jour. Arch.* 1912,12ff.;维拉莫维茨将铭文时间定在公元前 2 世纪(Gött. Gel. Anz. 1914,89)。编者对数据(p. 73)的解释需要修正。

3 Cardinali, *Il Regno di Pergamo*, 182ff.(混淆了王室地产)及 Rostovtzeff, *Röm. Kol.* 240ff.(此处 idia 应译为"特别"的,而非"私人的")参见 P. Meyer, *Jur. Papyri*, No. 93 中埃及个人理性的指时针。

4 Cardinali, op. cit. p.177.

5 Rostovtzeff, in *Anatolian Studies Presented to Sir Wim. Ramsay*, 370.

6 Cardinali, *Il Regno*, 188ff.; Rostovtzeff, in *Anatolian Studies*, 375.

7 Livy, *Ep.* 58; Plut. *Tib. Gracchus*, 14.

8 Greenidge, *A Hist. of Rome*, 175ff.; Chapot, *La province d'Asie*, 18ff.

9 Liv. Epit. 59; App. *B. C.* V, 4;但帕加美尼斯践越权威,打算将自由授予该国王的奴隶(Ditt. *Or. Inscr.* 338),这些委员也漠视他们的决议。因支持阿里托库斯,似乎几个城市立即成为缴贡金之城。

10 起初罗马人似乎一丝不苟地对待神庙财产。Strabo,14,1,26 谈到为这些国王所夺但被罗马人收复的领土。我们也有一个铭文,其中伊利昂人民感谢公元前 89 年的罗马监察官归还了神圣财产。Ditt. *Or. Inscr.* 440 及注释。

11 然而,我们只是认为罗马的地方总督会承认这种劳役制度,理由是希腊地主从中受益,而非国家。对于一个罗马人而言,这似乎是一个极不明智的做法。艾米利乌斯·保路斯担任西班牙(公元前 189 年)的地方长官时,似乎解放了迦太基哈斯塔的当地农奴,但这可能是兵役所需。另一方面,Varro, *R. R.* 17,似乎暗示说在其时代,这种被迫的劳动力在亚细细亚、埃及和伊利里库姆常有出现。

12　直至奥古斯都时代,西恩那达的弗里吉亚大理石才大量投入使用,Strobo, 12,8,14。

13　E. Meyer, *Die Grenzen Kleinasiens*,1925.

14　App. *B. C. V*, 4；Cic. *Verr.* 3,12；Diod. 35,25；C. Gracchus, apud Gell. 11,10.

15　这种观点已被 Rostovtzeff, *Röm. Kol.* p. 287ff 接受,但无确凿证据。例如,斯特拉波声称加图并未出售塞浦路斯的王室土地；西塞罗把克索尼斯的阿塔利土地(*Leg. Agr.* II, 51)归到国王的地产之中,而非王室领土；我们不了解元首奥古斯都在亚细亚的"几个代理人";最后安东尼将皮西迪亚地区的世袭地产归于公有地,没有证据支持。在我们能够追溯这种地产的地方,它们通过继承或者没收获得富有地主的地产。更为可能的是,就如在阿非利加一样,这些王室领土来自于克劳狄皇帝们的没收。Ramsay, *Cities and Bishoprics* 10ff. 的建议,得到了 Cardinali, *Il Regno*,182ff 的支持,即这些领地通过抢夺神圣土地获得发展,也不无可能。最后,西塞罗关于可能在东方出售的公共土地的名单(*Leg. Agr.* II, 49-51)证明,甚至恺撒党在公元前 63 年也没有采纳这一理论,即交贡金的土地或者分给 10 人区的领土是公有地。

16　就如在路提里乌斯·路福斯的例子中一样：Liv. *Epit.* 70；Vell. 2,13。

17　见 15 章注释 21。

18　Appian, *Mith.* 62, Plut. *Sulla*, 25.

19　Cic. *Ad Q. Fr.* 1,1,33；*pro Flacco*, 32；Plut. *Luc.* 4；Cassiod. *Chron.*：XLIV regiones。按照苏拉的安排,卢库鲁斯收取现金捐助及地区的分期付款。在此期间,为了收集五年的税收,契约体制中止,理由是苏拉废除了监察官权,目的也许正是要完全取消契约体制,就如我在 *Rom. Imperialism*, p. 326 中所暗示的那样。Holmes, *The Roman Republic*, I, p. 395 认为苏拉并未进行永久改变。无论如何,骑士在公元前 70 年返回亚细亚。

20　Plut. *Luc.* 20.

21　Cic. *Imp. Pomp.* 15-19.

22 Appian *Mith*. 83；Plut. *Luc*. 20 - 23，Cic. *Acad*. *Prior*. II，3；*Ad Att*.
V，21,11 - 13.

23 *Cic*. *Quint*. *Fr*，I，2,6 - 10；*Fam*. I,3,1；XIII 43；44,45；55；56；57；66；
72（Caerellia）；*pro Flacco*，31 and 70；*Verr*. II，1,69,73 - 74，etc. Cf.
Früchtl，*Geldgeschäfte bei Cicero*，1912.

24 边界和早期罗马对阿非利加的安排，我在 *Am*. *Jour*. *Phil*. 1926，55 - 73
中已做了探讨。

25 见 *Lex*. *Agr*. *C*. *I*. *L*. I，585,1.78。

26 Liv. *Epit*. 60；*Lex*. *Agr*. C. I. L. I，585,1.59；Oros. V. 12.

27 见 Barthels，*Bonn*. *Jahrb*. 1911，关于该殖民地的研究；Cichorius，*Röm*.
Studien，p. 113，关于该殖民地的任命。

28 *Lex*. *Agr*. op. cit. 1. 85.

29 C. I. L. I，585,45 - 96. 以及 Hardy，*Six Roman Laws*，p. 35.

30 见 *Am*. *Jour*. *Phil*. 1926，55ff。

31 *De Viris Illust*. 73；Sall. *Jug*. 87；C. I. L. VIII，p. 2590，and no. 2620.

32 见 C. I. L. VIII 中的这些铭文，以示上文所述地方中农民和公民的区别。

33 *A Commentary on the Inscription of Hr*. *Mettich*；in *Am*. *Jour*. *Phil*.
1926，p. 153.

34 通常认为该地的特别社会和经济制度是效法希腊的做法。更为可能的
是，如我在 *Am*. *Jour*. *Phil*. 1926，pp. 55—73 中所示，他们是在当地的
条件下发展起来的。

35 Horace，*Carm*. I，1,10；III，16；Sat. II，3,87；共和期间，罗马在阿非利
加的土地所有者出现在奈波斯，*Atticus* 12（朱利乌斯·卡利迪乌斯）；
Cic. *Pro Cael*. 30（凯里乌斯）；*ad Fam*. 12,29（拉米亚，拉米阿努斯地
产，后来归属于帝国），等等。乌提卡有 300 名罗马公民，他们资助元老
院的事业，反对恺撒。公元前 46 年恺撒向这个集团强征 1 亿塞斯退斯
（约 500 万美元）的罚款，表明此地拥有大量财产。Caes. *Bell*. *Afr*. 90；
cf. Plut. *Cato*. 30。

36 见 21 章。

37 公元前 63 年的鲁拉法案提议处理所有的公共土地。西塞罗，在 3 个演说
中探讨了此法，*de Lege Agr*.，认为人口调查的土地受到关注，而非交纳
十一税的地区。关于西西里的土地条件，见 Scalais in *Mus*. *Belge*，1922。

第 10 章　政治中的财政利益

　　格拉古死后，每当民主政策的问题出现时，内战的恐怖暂时使
两派头脑清醒。公民大会受到蛊惑，宣判欧比密阿斯（Opimius）无
罪，此人因违反禁止通过元老院终极决议（senatus consultum
ultimum）的塞姆普罗尼亚法（Sempronian law）而受审。作为回报，
元老院承认亚细亚的部署，包税体制、骑士组成陪审委员会、分配
土地和粮食救济。然而，在之后的调整时期，元老院对土地法进行
了诸多修改，在法律允许的范围内，每个法案承认了一些合意条
款，实现了格拉古人所期望的让步。第一个[1]法案的目标是允许土
地转让。对此格拉古的亲信并无异议。许多人发现其所分土地位
于原始山区，距意气相投的社会几十里之遥。对于粮食、蔬菜或者
水果的种植而言，土地离市场太远；倘若种植葡萄树或橄榄，手头
掌握的资金不足，而若作为大农场，地域又过于狭小。自然他们要
求拥有出售土地的权利，土地若能永久继承，且价钱低廉，附近拥
有农场的元老也愿意出资购买。
　　第二个法律，归功于公元前 118 年的一个保民官，也带有妥协
性。它废除了土地委员会，并承认公民所保有的法定面积内的公
共土地为私产，但要缴税（大概是十一税）。税收用于公共救济，显
然资助粮食救济。现在，可能公共土地的拥有者乐于继续支付十
一税，以换取如下承诺的实现，即讨厌的委员会将永远不复存在，
而新保民官也不会提议分配他们的土地。关于土地边界的诉讼或
许时有出现，但这类审判由罗马的地方长官主持，而非公民大会选
出的人员。

之后在公元前 111 年,元老院自认掌控局势时,我们前述的大量土地法通过,以处理所有因以往法律模棱两可而造成的财产权纠纷,并明确那时生效的所有法律的含义。其中有一条重要条款,即由托里阿斯法(Thorian law)批准的财产税应予废除。由此,此举确认格拉古分配的法定面积内的所有土地拥有合法及免税的所有权,公共土地亦然。它认为格拉古未曾触动的坎佩尼亚土地仍是公共财产,它证实格拉古要求订约接受土地之人进行公路建设,它承认第二次布匿战争期间签订的契约拥有合法地位,最后它就共同体牧地的使用订立了严格规则。

所有争论也许到此尘埃落定;但在法案通过以后,地主飞扬跋扈,结果两年后朱古达战争的处理失当导致民怨沸腾,于是五位保民官提出一项新法案[2](现存 53—55 条),其中规定了委员会的各种官方调查,规定地主可以组织自治市,有权解决各自公共边界内的疆界问题。大概地主从属于这些自治市,听从城市会议的决定。意大利的土地骚动暂时偃旗息鼓。甚至马略许诺分配土地给志愿者时,一定也是考虑高卢、撒丁尼亚或阿非利加的土地,而非意大利。

此后派系争论时断时续,只是在每个党派都有机会得到似是而非的好处时,才得以爆发。人民党利用保守党领袖在朱古达战争(公元前 111—前 107 年)中的败绩,任命马略为统帅,[3] 而全然不顾元老院历史悠久的特权——通过抽签选举统帅。马略自己征募志愿者,[4] 而非由监察官征兵组建军队,显然公元前 108 年建立了两个有损旧政制的先例。

公元前 106 年,元老院鼓起勇气攻击法庭陪审员。对于试图遏制收税员在其行省强取豪夺的行省总督,骑士陪审团可以进行压制。不甚友好的总督经常被控管理不善,且在法庭受审时,无法和骑士陪审员分庭抗礼。元老院告诉人民,正义遭到破坏,法律遭到修改,以便允许元老和骑士同样担任陪审员。[5] 遗憾的是,翌年提议取消的卡埃皮奥(Caepio)在辛布里(Cimbria)战争中臭名远扬,结果令人深恶痛绝,于是骑士得以恢复塞姆普罗尼亚(Sempronia)陪审团。[6]在这样的风云变幻中,大局已定。

　　无疑对于和亚细亚利益攸关的商业等级而言,我们必须将公元前 103 年所做的努力归因于清除了海上的海盗,[7]因为民主派赢得了那一年的选举。海盗主要来自西西里亚,罗马从吞并亚细亚起,没有承担起管理南部的责任,缺乏对海盗的监管。罗德斯(Rhodes)无法限制这些危险的海上漫游者;罗马长期投入到朱古达战争和辛布里战争之中,而米特里达提不时雇佣海盗在黑海进行私掠巡航。至今几乎未有罗马人在海上从事商业,但因罗马包税人接受亚细亚的农产品税收,并不得不拿到市场上销售,从而关注货物安全,甚至在外国船只运送之时。于是,安东尼(Antonius)奉命率一支舰队,来清理东部海洋,马到成功。之后,西西里亚(Cilicia)设为一个行省,即一个永久处于军事监督下的地区,而在同盟战争爆发,罗马军队集结在意大利之前,东部海洋一直安全无虞。

　　这个支持萨图尔尼努斯(Saturninus)和格劳西亚(Glaucia)的集团在公元前 103—前 101 年引发的骚乱没有真正的经济意义。他们效法格拉古的先例,以实现个人的政治野心;甚至马略,为了回报政治支持,也无法容忍对公共财产所做出的不合理许诺,为此创造了另一个先例,通过承认元老院终极决议的合法性,来遏制公民大权独揽。[8]

　　公元前 90 年,由于 50 年中争取罗马公民权的努力付诸流水,意大利的塞贝里部落发表独立宣言,建立共和国政府,[9]武装起来,保护自己的自由,并号召其他意大利人民步其后尘,但徒劳无功。他们的处境不尽相同。当一个国家的下级盟邦现在发展壮大时,他们经常奉召参加并非其引发的战争,显然也不是为了他们的利益;他们的士兵必须忍受严厉军纪,却不受公民权提供的保护。他们不分享由被征服人民那里流入罗马金库的贡金,不分享分给首都人民的粮食或官职、薪水和统治人民所拥有的荣耀。在所有粮食法中,他们对意大利的公共土地的权利被漠然视之,最糟糕的是,对于敏感且爱好自由的人民来说,他们在个人关系中不再被平等相待。

170　　　他们争取公民权的要求不时得到民主派领袖的支持,格拉古和德鲁苏斯(Drusus)均冒着生命危险,致力于解决这一问题;可是,罗马的诸多投票者,知道自己的权力将因公民权的扩大而相形缩小,从来也不会投赞成票。不时地,许多元老个人支持,认为这是一项公正之举。事实上,授予公民权以前就是贵族的政策。但因该政策与受人憎恨的格拉古的名字息息相关,于是保护元老院不受玷污的本能在党派忠诚的要求中找到了借口,且绝大多数元老反对授予公民权。骑士也分崩离析,绝大多数反对。其中多数人大概不愿和家资雄厚足以要求骑士身份的意大利人分享国家承包的利益,对此我们没有证据。

同盟战争(公元前90—前89年)并未直接对我们产生影响。通过许诺授予整个意大利公民权,罗马在2年之内瓦解了代价高昂的叛乱。然而,这一后果牵涉经济意义重大的举措。许诺将公民权授予远达波河流域的意大利人后,元老院对新公民轻慢无礼,将之总共分在10个新选区里,结果他们的影响在选举中荡然无

171　存。[10]确实意大利人鲜少愿意费时费力到罗马参加投票,且已赢得其所期望的军队和法庭中的地位,但此背信弃义之举激起了公愤。保民官苏尔比基乌斯(Sulpicius)成为他们的代言人,呼吁人民,支持一个将意大利人——及所有被释奴进行同样分配的法案[11]——分在全部35个选区之中。罗马人民(除了被释奴)对于这一提议都置之不理,直到马略许诺支持,以作为此前获得米特里达提战争最高统帅权的回报。人民通过该法。执政官和抽签产生的军队统帅苏拉,宣布统帅权的改变非法,事实也的确如此,于是以"保护政制"为名,进军罗马,命令元老院放逐苏尔比基乌斯、马略及其党羽,之后向行省进发。当然,意大利人现在彻底相信罗马元老院是其根深蒂固的敌人。此时,已经逃跑的马略返国,号召意大利人支持他,之后攻占罗马,并大肆剥夺公权,以发泄怒火。虽然人民党承认意大利人是公民,但并未加速他们的登记。[12]4年之后,苏拉带兵从东方奏凯而回。随后他剥夺政敌的公权,导致几千人命丧黄

泉,并没收了有叛意的城市土地,结果意大利的大片地区陷入混 172
乱。因公元前 88 年的阴险欺骗,意大利人将怒火集中在他身上,
于是苏拉发起平定意大利的战争,致使萨谟奈和埃特鲁里亚多地
被毁。现在苏拉推行贵族政治,故意忽视监察官职,以便新公民没
有登记参加选举的途径。此时意大利 200 万公民有权投票,但公
元前 85 年的人口调查登记只有 39 万,且一直没有进行新登记,直
至公元前 70 年苏拉政权倒台。据信,马略和苏拉的内战事实上是
"同盟战争"的延续。同盟战争源于国内仇视所致的政治机器的阻
碍,且这种仇视现在将整个意大利拖入到漫长的党派斗争中,这种
说法更合乎事实。

　　同盟战争和内战有害无利。不屈不挠的萨谟奈和马尔西
(Marsia)农民生灵涂炭,且农场现在扩展到山上精细的梯田耕作曾
供养健康人口的地区。苏拉将其士兵安置在没收土地之上,这并
未深刻改变埃特鲁斯坎和坎佩尼亚城市的外观,原因在于其士兵
是公民兵;在意大利和亚细亚的 10 年恶战期间,士兵并未从事农
业。确实在一些情况中,大地产再次被分成小块土地,这本身并非 173
邪恶,但若从普赖尼斯特的经验来判断,[13]那里 20 年中地主返回家
园,施加控制,由此土地分配并未造成永久影响。坎佩尼亚的诸多
无依无靠之人开始抢劫,充当海盗,且多人流窜到阿非利加和西班
牙,加入庞培(Pompey)后来征服的叛军。这些仍然在意大利的不
满民众构成了乌合之众的主力,后来归附到卡提林那(Catiline)旗
下。最后,财产和政治影响从一个家庭转移到另一个家庭,尤其是
在苏拉政权中,因为他不但摧毁敌人,而且没收和出卖他们的财
产,以便使其家庭穷困潦倒。

　　苏拉的保守政制在其死后仅仅持续了 8 年,若非剥夺公权瓦解
了骑士权力的话,也不会残存如此之久。在公元前 71 年,均与有
产者密切相关的庞培和克拉苏(Crassus),竞选执政官职,以限制贵
族当家作主。他们许诺恢复保民官权,以抗衡元老院的管理,允许
骑士和元老担任陪审员,限制元老在行省中胡作非为,并重建监察
官职。最后一项举措的目的似乎部分是为了重新进行一次人口调

174　查，以便大量未被列入公民名单的意大利人，可以最终得到承认，并部分解放行省征税体制。赢得选举之后，庞培和克拉苏兑现承诺，确实恢复了旧民主政制。可是，他们并未在自治市引进投票箱，让市民参加国家选举，以使意大利成为高效的投票者团体。直到恺撒时代，自治市的地方监察官利用部分监察机器[14]，登记居民，甚至那时他们也仅仅获准登记公民，而无权引导整个意大利的选175　举。罗马人坚韧不拔——甚至民主党派领袖——以至于不可能将决定权置于居于首都附近之人手中。

　　现在，财政利益强大，足以发挥作用。东方受米特里达提怂恿的海盗，加之同盟战争和内战期间因坎佩尼亚和希腊冒险者增加而扩散到西方的海盗，已部分受到塞维利乌斯（Servilius）的压制，后者在公元前76—前75年摧毁了海盗在西里西亚的一些桥头堡。对于那些在东方做买卖的人来讲，海洋仍不太平。对此，元老院没有排忧解难，于是盖比尼乌斯（Gabinius）向公民大会提出议案，提议授权庞培组建一支庞大舰队，清理海洋。元老院以政制理由提出反对，并利用一个保民官否决了这项提案，但骑士态度坚决，奉行格拉古的策略，召集公民大会罢黜了该保民官。法案予以通过。庞培以迅雷不及掩耳之势完成任务，认为海盗的过错并不比忽视管辖海洋的政府大，于是他将俘虏安置在殖民地，将之变为有用农民。

　　此事的成功鼓舞了骑士，他们提议应由庞培指挥反米特里达提的战争。卢库鲁斯被召回罗马，部分缘于他冷酷无情的对待亚细亚的债权人，部分缘于其军纪严格，几乎导致士兵哗变。凭借公元176　前70年的执政官业绩，加之在清理海洋中的赫赫战功，庞培赢得骑士支持。他已经建立一个西西里亚行省，这表明他赞成扩张——意味着新契约。这样的人值得信赖，以期开辟比提尼亚和叙利亚，或许也开拓所有米特里达提的庞大版图。当然，他不会效法苏拉的先例，通过元老院的财务官施加国家勒索，或采取卢库鲁斯的激进方式，通过取消亏欠罗马资本家的债务，来保护当地人。无疑，倘若元老院获准完成战争，倘若新行省建立（至少包括比提尼亚，因为它曾被遗赠给罗马），那么根据原来元老院对亚细亚的部署，行省税收将会限于合理的贡金，由财务官收取。事实若是如此的话，亚细亚行省也许在原来的基础之上得到永久安置。该法案是由一个保民官向公民大会提出的，对此同时代最雄辩的演说家西塞罗予以坚决支持。[15]西塞罗从与庞培一道为后者的父亲效力时，就对庞培钦佩不已。西塞罗太过年轻，不了解包税体制的邪恶，因为其在苏拉政权下长大成人，而且苏拉时代的经历使他有理由支持民主派的管理。

庞培获得统帅权，实现了其支持者的愿望。如亚细亚一样，比提尼亚、西西里亚和叙利亚设为行省，上缴赋税；本都归于比提尼亚；盖拉提亚（Galatia）和卡帕多奇亚（Cappadocia）成为交贡金的王国，而亚美尼亚（Armenia）虽保持独立，免缴赋税，但也沦为属国。在所有这些领土中，许多小王公和神庙国家的高级祭司，留任其职，听命于行省总督，并奉命向罗马缴税。每年这些新属国上交的金钱几乎是罗马公共收入的两倍。

庞培对新行省采取的行政举措主要显示了其对所收取的收入的兴趣。在凯旋式中，他让人举着一个牌子，上面列举了 39 个其所创建的城市[16]的名字。他的"城市化政策（policy of urbanization）"的目的广经研究。然而，我们应该在此处谈及一个政策，还是认为庞培认同城市文化，仍有疑问。如果重新审视庞培在新行省各地建城的条件，我们会发现其建城因地制宜。我们没有听说他在亚细亚行省缔造城市，相反那里建立起最大的乡村地区；盖拉提亚也未建城，而是由四分之一地区的长官精心治理，吕西亚亦复如是，归一个负责的联盟治下。在夺于米特里达提之手且归于比提尼亚行省的本都，他将全部领土划分成十一个地区。如果没有适合的城市充当中枢及行政地区中心，他自然创建一座新城，或适当提高一些村庄的尊严。在这种情况下，市场和公共建筑数量缩减，而临近的人民会受邀来到新中心，以确保城市拥有一些权力、收入和持久活力。[17]庞培的真正目的无疑是建立桥头堡、贸易中心，首先是收税单位，借此骑士协会能够在收税上群策群力。对于税收的征集，

177

178

骑士获益减少，而当地人得到更多公正。那里这些城市归比提尼亚行省管辖，那里城市中心已经存在，一般实行地方自治。

在卡帕多奇亚，建城的目的略有不同。该王国遭米特里达提破坏，30万公民被俘至亚美尼亚。庞培不得不将俘虏带回，让其安家立业，而对破产的国王阿里奥巴尔赞（Ariobarzanes），要把他培育成一个交税的属王，就必须给其提供一个组织完善的王国。难题是把属民安置在合适的地方：安全不受攻击，且能吸引贸易和农业。似乎庞培本人借给该国王大量金钱——利息高昂——以使其王国得以运转。[18]

最后，叙利亚出现大量特别问题。[19]更早的塞琉古人很久以前偏爱建城，并向他们收取固定税收，而非从分散的王室领地收取少量租金。后来，塞琉古失权，王国四分五裂，于是非法的浩兰（Hauran）和叙利亚腹地（Coele-Syria）的阿拉伯部落蹂躏了诸多古老的共同体，结果马克比（Maccabea）政府掌握了十城区（Decapolis）和巴勒斯坦海岸的希腊城市，沙漠边缘的人民开始过上游牧生活。对于罗马人而言，唯一英明的做法就是步之前的国王后尘，抑制分裂倾向，并建立强大且负责的城市中心线。罗马立刻受益，因为现在收入不会用于支持酋长和小国王，税收更易于收取。在所有这一切中，庞培是考虑城市生活的文化优势，还是意在通过建城达到系统的罗马化，悬而未定。[20]他的目的更为直接，更为实际。尽管他未将收税员排除出新行省，但当履行这一任务时，他如此组织城市，以致相比亚细亚行省而言，事实上包税人团体权力削弱，对这些城市的侵害减少。

庞培认为遭罢黜的国王们的交贡金的"王室土地（crown-lands）"为公共土地，这一假说无法证明，也并非似是而非。他在比提尼亚、本都和叙利亚夺取了国王们的个人财产和不动产，将之转交给罗马人民的金库，[21]但对乡村的广大地区，按照东部习俗归为王室土地，且要交王室税收，他显然将之划为私人交贡金的土地，显然也未触动土地上的农民。至少西塞罗对鲁拉斯法案（Rullan bill）（公元前63年）的讨论寓意于此，该法提议卖掉行省的所有公

共土地,以获得资金,用于为意大利有需求的公民购买土地。在所181
列举的公共土地中,[22]他提到了大量以前属于罗马人民的土地,即
西西里的一些公共土地,公元前 75 年塞维利乌斯在西里西亚攫取
的私人部落的土地,阿塔利在克索尼斯(Chersonese)的地产,腓力
(Philip)在马其顿的王室财产,公元前 146 年覆灭的科林斯和迦太
基的土地,塞勒尼(Cyrene)国王的私人地产,加之曾为布匿公共土
地的西班牙新迦太基(New Carthage)附近的公共土地。在这些新
行省,他仅仅提到帕夫拉戈尼亚(Paphlagonia)的米特里达提地产、
本都和卡帕多奇亚的王室土地及比提尼亚的尼科梅德(Nicomedes)
土地。名单仅仅囊括阿非利加的迦太基和几个西西里亚的被毁城
市,足以证明此时术语 regios agros(王室土地)并不包含缴贡金的
土地。再次,如果东方国家所有权的理论已被采纳,那么我们可以
推断鲁拉斯(Rullus)与其支持者恺撒和克拉苏(Crassus)提议出售
的大量行省土地,面积显然超过意大利的所有领土。有鉴于此,我
们必须认为术语 agri regii 并不等同于 chora basilike(王室土地),
而仅指国王的个人财产。由此,我们能够理解缘何鲁拉斯法案根
本未提及叙利亚土地。事实上塞琉古经常采取如下政策,分配私182
人和王室土地给共同体,并向其收取贡赋,但在塞琉古家族最后 10
年风雨飘摇的无政府时期,他们已保有的小地产无疑遭城市或农
民抢夺。在叙利亚,显然罗马未给城市分配大量王室土地及交贡
金的土地。在塑造东方新行省时,显然庞培和罗马政府承认农民
和私人地主拥有所耕土地,让其自行其是,尽管向他们收税。显而
易见,只有事实上属于国王私人地产的土地由罗马人的监察官掌控。

　　庞培对骑士团体的重大帮助最终使他付出了惨重代价,不合常
理。几个行省的包税公司势力强大,公元前 61 年,他们齐心协力,
以亚细亚收成不好强迫元老院免除他们承诺的 1/3 税收。元老院
断然拒绝,恺撒许诺倘若出任执政官职,将支持他们达成所愿,结
果赢得骑士的支持。恺撒兑现承诺,并允许资本家联合剥削亚细
亚行省 10 年;[23]内战时期,庞培与恺撒刀兵相见,元老院站在庞培
一边,而恺撒则因为此举,得到诸多骑士的效忠。

183　　　庞培仍在东方时，罗马爆发危险的卡提林那阴谋，扬言要推翻当权政府。尽管其领袖希望被视为仁慈的改革者，但起因并非全因经济困难而起。确实，不满等级人数众多，酝酿革命，但卡提林那提出的补救措施——重新分配财产——才是导致他假装哀叹的绝大多数困苦的主因。卡提林那在北埃特鲁里亚和皮塞努姆（Picenum）找到许多支持者，那里苏拉已夺取马略支持者的城市，并将之降至拉丁地位。这些无疑是萨鲁斯特（Sallust）所提丧失公民权之人。诸多苏拉的殖民者，虽分得没收土地，但未能成为农民，现在准备趁机进行重新分配。然而，意大利的古老战争创伤不应归咎于现任政府，无论如何也无法通过更多内战治愈。罗马处理这些邪恶的标准方法是向行省移民、城市粮食救济及靠时间慢慢抚平伤痛，可能这种方法已然足够。卡提林那也指望所有土地已分给苏拉党人的普赖尼斯特的无依无靠的马略人，指望放牧于南意大利广阔农场的大群奴隶，指望仅靠公共救济过活的破产者

184　组成的城市乌合之众。可是，其中鲜有人为了改朝换代而战。大敌当前时，卡提林那的队伍只有3000多人。

　　事实上罗马没有严重的经济危机，相比于20年前苏拉劫掠意大利末期时，情况相形有利。这种冲突是政治性的，而非经济性的。元老院和人民每天日益意识到他们的要求不相一致，且是民主政治还是寡头政治来控制共和国，不得不用武力决定。他们也害怕班师回朝的庞培会像苏拉之前一样，用武力决定这一问题。因担忧庞培的决定会倾向于民主政治，元老院迅速掌权；而年轻的民主派领袖克拉苏和恺撒则希望在庞培攫取领导权之前，完全控制他们的党派。在所有焦虑、慌乱和恐惧背后，人们记得马略和苏拉如何使用军队，随心所欲重塑罗马。拒不变革政制，拒不达成任何合理的妥协，加之苏拉建立的危险先例均是战争的主因，而非任何物质的压力。卡提林那起初并非一个改革者，而是领袖的愚蠢棋子，后者希望利用他，之后杀之而后快。他不够聪明，难以完成

185　交托给他的任务，这从其写给卡图鲁斯的一封信中表露自私动机的方式一目了然："由于我的劳动未获回报，且未担任高官显职，结

果因饱受羞辱和伤害而怒发冲冠,所以一如往常,我支持不幸者的事业——并非因为我不能用自己的财产来清偿债务,而是因为我看到不称职之人荣任高官。"由其话中,我们可以推断他支持不幸者的事业,缘于如西塞罗之类的新贵赢得执政官职,而身为贵族的他却不然。在伴随声势浩大的革命而来的贵族的反对声中,元老们高估了自身的名望,且滥用权力。利用他们的愚蠢,朱利乌斯·恺撒赢得军事统帅权,借此最终成为罗马的主宰。

原注

1　Appian, *B. C.* I, 27; Cic. *Brut.* 136,和公元前 111 年的土地法(C. I. L. I, 585)告诉我们这些法律的一知半解。哈迪在 *Six Roman Laws* 中关于土地法的评论合情合理。参见 Vancura in Pauly-Wissowa 中的文章 *Leges Agrariae*。

2　Bruns Fontes[7], p.95 中 *Lex Mamilia Roscia Peducaea Alliena Fabia*. Fabricius in *Sitz. Akad. Heidelb.* 1924 - 1925,1,已经证明这并非一个朱里亚法,而是属于马米利阿斯,公元前 109 年的著名保民官。我们只有土地测量员保存的三个条款。鉴于条款的编号为 53 - 6,整个文件一定卷帙浩繁。马米利阿斯的名字足以证明它的民主意图。

3　Sall. *Jug.* 73.

4　Sall. *Jug.* 86; Val. *Max.* 2,3; Gell. 16,0,10.

5　*Obsequens* 101; Cic. *pro Cluent.* 140; Brut. 164.

6　Cic. *Verr.* I, 38.

7　Livy, *Epit.* 68; Obsequens, 104.

8　Livy, *Epit.* 69; Cic. *pro Rabir.* 20.

9　见 Domaszewski, *Bellum Marsicum*, Sitz. Akad. Wien, 1924。

10　*Schol. Bob. On pro Archia* 7; Vell. 2,20; Appian, *B. C.* 1,49.

11　Livy, *Epit.* 77; Appian, *B. C.* I, 55; Plut. *Sulla*, 8.

12　见 *Roman Census Statistics from 225 to 28 B. C.* , in *Classical Phil.* 1924, 335。

13　Cic. *Leg. Agr.* II, 78.

14　V. Premerstein (*Die Tafel von Heraclea*, in *Zeit. Sav. -Stift*, 43) 显示朱

里亚自治市法是恺撒去世时所留的不完全草稿之一,也是后来安东尼经元老院批准而发布的"恺撒法案"之一。该法的一个重要条款（11.142 - 156）规定罗马监察官应将那年自治市官员所做的公民名单登记在国家记录上。因为直至那时,公民们不得不到罗马去登记,因为废除意大利的税收和常规的征召之后,国家对这种登记没有太大的兴趣,所以一度人口调查并不完全。如果恺撒试图保存共和政制,他将在此时采取下一个合理步骤,并授权自治市官员来记载地方选举中投给罗马官员的选票,由此在整个意大利展现罗马公民权的一般价值。如果盖约·格拉古能够完成改革,那么这个阶段在其时代本可能达成,共和国或许也会得到拯救。

15　Cic. *pro Imp. Pomp.* T. Rice Holmes, *The Roman Republic*, vol. I. 中详细描述了庞培的战役。

16　Plut. *Pomp.* 45；App. *Mith.* 115。

17　Strabo,12,3,1；Cumont, Studia Pontica 关于本都的新城；斯特拉波记载了一些庞培的方法：11,1,4(泽拉)；12,3,30(马格诺玻里)；12,3,38(那波利)；13,2,28(尼科玻里)；App. Mith. 115 提到马萨卡·卡帕多奇亚城。

18　至少,公元前 50 年西塞罗为庞培向阿里奥巴尔赞的儿子收款,*Ad Att.* 6,3,5。

19　关于在叙利亚的庞培见 Plut. *Pomp.* 39 - 41；Appian, *Mith.* 106；Strabo,16,2；Josephus, *Antiq.* 14,3 - 4。

20　T. Rice Holmes, *The Roman Republic*, I, 211, and Rostovtzeff, *A Social and Economic Hist.*,似乎过分强调文化动机。

21　变成现钱的财富和战利品数量丰富；罗马金库接收了 2 万塔兰特(Plut. *Pomp.* 45),且 16000 塔兰特赏给士兵和官员(App. *Mith.* 116)。关于个人财产的一些想法载于 Appian, *Mith.* 115 中。

22　*Lex Agr.* II, 48 - 50。

23　Laurent-Vibert, in Mélanges, *École de Rome*, 1908,172。

第 11 章　公共财政

罗马人在管理私人事务时，实事求是，有条不紊，但在公共财政的管理中，效率则大打折扣，因为就如在所有的民主政治中那样，索要特权的朋友施压，因为更迭频繁的政府缺乏稳定和持久的政策，因为监督不力，因为民众渴盼和蔼可亲的官员，而非专横跋扈之人。有鉴于此，东方的专制君主，比其继任者罗马总督更为励精图治。他们的王国曾是其私产：他们选贤任能来管理总督辖地，罢免不称职者，而胜任者留任，直到其术业有专攻。相反，罗马的民主奠基于这样的理论，即出身名门望族的公民能够以任何资格为国家效力。一个具备资格的年轻人以担任金库官员一年踏入政坛，之后经一年间歇，如果得到选民支持，他得以荣任营造官，负责一些公共工程的分配，由此获得终生入主元老院的资格。在一年的间歇之后，不管是否学习法律，他受命担任一个重要行政长官法庭的法官。确实，为何罗马的市民法如此轻易地独立于过去的法律概念之外，且立足于平等立场，原因之一就在于一般人担任同类人的陪审员，主持法庭。显然，这种体制未能创设充分的刑法。之后，该官员受命管理一个小行省，为期一年。如果深受人民拥戴的话，他得以荣任罗马的最高官员一年，随后治理一个重要行省一年。尔后他返回罗马，成为一名德高望重的元老，指导罗马的帝国政策，以此度过余生。显然这样的人经历丰富，但并非术业有专攻，而且其所获经验常常源自于任职期间所犯的错误，直至离职，他们才胜任其职。这一体制有利于培养出类拔萃的元老，却不足以造就高效的政府。在早期，罗马只是一个小国寡民，且纳税人知晓国家钱财用于何处,故而没有出现重大的邪恶。后来,远离罗马的行省因势单力孤而归于这类人治下时,情况发生变化,使韦雷斯之名成为谚语的故事即为明证。

188　　在早期共和国时期,国家的花销微不足道。官员为数不多,且不拿薪俸,受人民拥戴足以激发他们的热情,免费担任公职一年。士兵也不拿军饷;只有有产者奉召参军,他们大概有充足利益来保护自己的家园和财产,以致不为军饷而战。至于第一排的重装步兵和骑兵来自富人,能够自备资金,武装自己。作为部分职责,诸如城墙建造[1]的公共工程由公民兵完成,而道路和街道则由担任公职的有产者负责。早期的神庙似乎主要通过出售战利品进行修建。这个简单的列表涉及早期国家的全部需求。罗马依然没有脱离部落生活的环境,原因在于共同行动难以达成,仅局限于团体的肉体保护,而所有道德、精神和社会福利问题由家庭和相关个人自行应付。罗马政府履行新职能极其缓慢,也极其勉强。例如,直到国家认为自己有义务监督或鼓励教育的专制年代,情况才有所变

189　化。甚至就如现代,欧洲最自由的政府从容地承担这种非专制性的重任一样。

　　随着维伊战争的长期进行,罗马首次需要一个储藏丰富的金库。军队中的长期服役,加之随之而来的对农业和商业的漠然视之,使得罗马有必要引进常规津贴。起初,这笔开支只是九牛一毛,事实上只足以支付士兵的给养,但它意味着罗马不得不开始征收财产税。对于现代人而言,年税收[2]似乎并不繁重,一般不超过1‰密尔。如果战争赔偿和战利品足够丰富的话,有时税收返还给[3]纳税者。这种税收是统一的财产税。罗马公共土地交纳不动产税,[4]即行政区划所覆盖的城市边界之内的全部土地,即便一个非罗马人获得这样的财产亦然。除此之外,所有罗马公民,不管住在国内抑或国外,在其他财产上都要交税,如现金、奴隶、牲畜、工具

190　和家具。寡妇和孤儿的财产,起初未列入因军事目的所作的公民人口调查名单,后来也要交税,以购买骑兵装备。

　　由于战线延伸到不毛之地,萨谟奈战争久拖不决,结果罗马需

要补给配备新装备的军队,并建造大量公路,为此需长期征收重
税。第一次布匿战争也耗资不菲,尤其是海军损失惨重。700 艘战
舰在战争或者风暴中全军覆没。不奇怪,最后罗马不但向迦太基
索赔——虽只是代价的一部分——而且她奉行这样的新理论,即属
民要和公民一道承担政府的损失。西西里的十一税当然大大缓解
了金库的压力。可是,在第二次布匿战争中,十一税甚至无法供养
战场中的军队。税收加倍,甚至是三倍。罗马增收额外的所得税,
索要大量捐款,公共工程赊账,并以罗马公有地为抵押发行贷款。
确实,那时罗马国库的管理采取了现代国库的形式。然而,罗马元
老院并不喜欢欠款和复杂财政。战后,它将抵押土地交给债权人,
尽快清偿了所有悬而未决的贷款,起初保留了在重新评价基础上
收回它们的权利,后来甚至默许了这种特权。于是,金库偿清贷
款,之后相当成功地保持盈余。最后在公元前 167 年,凭借从国家
矿山、赔偿、战利品及西班牙税收所得,凭借坎佩尼亚和其他意大
利公共土地的租金,金库大为丰盈,结果罗马取消了公民的直
接税。

　　在西塞罗担任执政官时,在庞培新设东方行省——叙利亚、比
提尼亚和本都前夕,我们获知罗马的公共收入约为 5000 万戴纳里
乌斯,[5] 或约 1000 万美元,其中大部分来自于行省税收,小部分源
自坎佩尼亚公共土地的租金,西班牙和山南高卢公共矿山的租金,
江河湖海的钓鱼权,盐的垄断权,5% 的释奴税,5% 的继承税,加之
通常为 2%—5% 的港口关税。这些关税不是保护性的关税,因为
税额太低,起不到这样的作用,事实上是在出口和进口上常规征收
的。帝国确实发展了一个关税地区的体制,以便远距离船运来的
商品能够不只一次支付税收。

　　在西塞罗时代获得的 1000 万美元中,大部分来自行省税收,
根据所签定的条约或者征服时的要求,征收的数额和方法迥然不
同。西西里上缴十一税,还要缴纳公共土地的租金,共计提供约十
分之一,仅此一项就达约 100 万蒲式耳小麦。在哈德良(Hadrian)
时代,亚细亚提供了 150 万美元,而恺撒时代负担更重,由此我们

191

192

估计西塞罗时代约为 200 万美元。鉴于扩大的高卢在奥古斯都时期提供了 200 万美元，估计小纳尔波行省至少上缴 50 万美元。与上述行省相比，倘若考虑规模、生产力和征服条件，我们可以贸然认为西班牙除矿山收入外，大约上缴 100 万美元，撒丁尼亚和科西嘉（Corsica）缴 50 万，拥有罗马公共土地的阿非利加 100 万，马其顿 100 万，西里西亚 50 万。其他收入约 300 万美元。

除此之外，庞培新设了叙利亚、比提尼亚和本都行省，收入总计约 600 万美元；恺撒征服了高卢，至少获益 250 万美元，而奥古斯都吞并了主要为王室财产的埃及，将其置于国库治下，带来 1000 万美元。[6] 如果算上由奥古斯都设立的税收，我们发现公元 1 世纪的帝国每年约有 3000 万美元或少于纽约城 8% 的年预算。

193   因罗马经常试图入乡随俗，上述行省的税收在性质和收取的方式上不尽相同。例如，在西班牙，迦太基征收轻税，以使征服畅通无阻，此前在布匿战争期间，罗马为了促使人民忠心耿耿，已经减税，而非加税。每个城市收取明确数额，且城市收取税收不受罗马收税员的干预。西班牙城市的贡金约为 1/20 税。[7] 在西西里，[8] 除了几个免税的友好城市及罗马从前任君主那里继承或征服时夺取的公共土地外，粮田要缴十一税，水果地缴双倍十一税，牧场土地按牲畜头数缴税。这些十一税由城市和罗马官员联合进行评估，并按此订约。但因该法规定契约应在西西里执行，城市可以通过投标契约，保护公民的利益，事实也经常如此。确实，经常收取港口税及出租西西里公共土地的罗马和意大利商人，或许也参与投标。

194 由于手头握有现成资金，他们逐渐掌握大量契约，并设法从中赢利。在韦雷斯时代，这些人深受西西里的罗马财务官偏爱，以致西塞罗在收集告发证据时发现罗马骑士在几个城市强取豪夺。

在盖约·格拉古的契约法公布之后，亚细亚每况愈下。这里，人民有理由反对每年缴纳固定数额，因为干旱和来自东方的入侵使得这种支付有时难以实现。就实际收成征收十一税，双方同样存在不确定因素，理论上更为公平。但诸多内地城市[9] 由于没有管理经验，没有赚到他们的配额。产品在罗马不受欢迎，运输和处理也令人厌烦。于是,为了确保国库获得可靠收入,格拉古决定将投机风险转嫁给资本家公司,由其征收[10]和处理十一税事宜。监察官将预期的十一税拍卖给出价最高的竞标者。获得契约的公司发行股票,因其中存在风险,以诱人的利率放出,以此集中所需资金。在罗马的市场交易所,股票广泛出售,结果亚细亚人的勒索控诉更乏人同情。掠夺该行省之后,苏拉代之以固定税额,稍微改善了它的处境,但庞培在政治上支持他的骑士压力之下,重新采用修正后的格拉古体制,[11]这一直持续到恺撒废除了包税体制的不良因素。在帝国时期,建立永久的民事服务局成为可能,于是各处包税体制逐渐被元首委任的官员取而代之。

　　与此收入相对应的是国家公署、公共工程、祭祀、粮食救济、军队和行省政府的开销。由于官员任职不拿薪水,行政花销依然很低,但官员队伍和公共奴隶的团体规模日益扩大。在恺撒时代之前,警察和防火部门几乎没有资金投入。我们会奇怪,在西塞罗时代所拥有的警察保护之下,一个现代城市能够维持多久。国库支付一些比赛的开支。监察官分配年收入的 1/5 或 1/10[12],用于公共工程的建造和修复,如公路、水道、城墙和公共建筑。一如以往,得胜回朝的将军经常用战利品建造神庙,有时予以资助,或由其后代修复。国家有时自己建造神庙,并支付祭司所需的特别捐款。由盖约·格拉古建立的粮食救济在西塞罗时代每年约需 100 万美元。[13]其中每个希望分到面包之人获得 15 蒲式耳小麦,这也耗费一部分开销。为了赢得声名,克洛狄乌斯(Clodius)通过了这条几乎使花销加倍的法律。

　　然而,在这段令人厌烦的日子里,军队和行省挥霍了更大部分的国家收入,一些行省的开支甚至比他们上交给国家的赋税有过之而无不及。元老院从来也不承认罗马需要一支独立军队,唯恐其被马略和苏拉之流滥用,但西班牙、阿非利加和东方战争连绵不绝,元老院被迫将独立军队从一个代行执政官授命给另一个。由于每个士兵的年军饷为 120 戴纳里乌斯,一个军团的薪水超过 10万美元,而一个军团的年开销无疑是这一数目的两倍。从西塞罗

195

196

信件的闲谈中,我们发现叙利亚、亚细亚、比提尼亚、阿非利加、西班牙和山南高卢一般至少各有 3 个军团。总之,罗马至少有 20 个现役军团。战争要求新兵员和额外征兵,尽管罗马可以征召邻近兵团,以解燃眉之急。公元前 67 年,庞培获得 600 万美元——超过年收入的一半——进行反海盗的战争,而在公元前 55 年一年得到 100 万美元,以保西班牙的安全,主要是为了使其兵力可以与恺撒的高卢兵团旗鼓相当。公元前 58 年,恺撒的岳父皮索接受了同样的拨款,以维护马其顿省的安宁,但元老院期望恺撒的亲属带大量余款回国,对此他不需要说明。确实此时元老院奉行这一理论,即为国家免费服务终生的贵族应该在最后任行省总督期间,获得大量拨款,以部分抵偿过去的开销。在担任一个中等行省西里西亚总督末期,西塞罗的元老院拨款仍有 10 万美元,行省的税收也有相同数目的盈余。他没有将钱揣到自己的腰包里,结果招致一些流言蜚语。相比于一般的统计数字而言,奥古斯都对其统治的一段记载[14]更好地洞察了新帝国为尽力满足人民而付出的特别开销。

"第五次担任执政官时,我用战利品分给每个罗马平民 400 塞斯退斯(大约 20 美元);在我再次任执政官时,我自己出资,特赐每人 400 塞斯退斯;在我第十一任执政官职时,我自己出资购买粮食,12 次分发粮食;在我获得保民官权第 12 年,我再次分给每人 400 塞斯退斯。捐助对象从未少于 25 万人。在我第十二任执政官职中,我赏给 32 万城市平民每人 60 戴纳里乌斯(大约 12 美元)。在第五任执政官时,我用战利品分给军队的每个殖民者 1000 塞斯退斯(50 美元)。大约 12 万人获得这次凯旋的金钱。在第十三任执政官时,我分给接受公共粮食的平民每人 60 戴纳里乌斯;人数多于 20 万。"

"为了获得土地,筹建士兵殖民地,我给意大利农场支付了 6 亿塞斯退斯(3000 万美元),为行省土地支付了 2 亿 6000 万塞斯退斯……我遣返故乡的士兵,给予总计 4 亿塞斯退斯的赏赐,等等。"

罗马为充盈国库而利用珍贵金属和有用矿石的方法,对国家收入来源的一般评论不足以明确说明。古代国家为了铸币需要贵金属,故此早期或多或少产生了这种理论,即作为被发现的财富,银和金矿是公共财产。为了国家的利益,腓力开发富有的色雷斯金矿、雅典的劳立温银矿、迦太基和西班牙的银矿。自然,罗马的共和国政府从未一致要求拥有这样的地下财富:克拉苏[15]和其他腰缠万贯的罗马人在西班牙拥有储量丰富的矿山,而国家甚至将各种无法再进行有利开发的财产卖给私人。但当需求很大,或者有机可乘时,元老院对矿山产生强烈兴趣,进行开发,以充盈金库。西班牙的金砂矿,曾在公元前 2 世纪每年给国家带来几乎 200 万美元[16],大概是从迦太基继承来的,位于公共土地之上。可是,当罗马建立一个新行省时,似乎倾向于为了公共目的,接管不论是在公共还是私人土地上的矿山。[17]如果矿山是后来被发现的,国家也许并不要求拥有其所有权,至少在元老院执政时如此。

　　这些规章的残片现存,据此元首将一些西班牙的银矿和铜矿进行出租。由于这里适用契约体制,且之后矿山长期开采,我们可以将绝大多数规范适用于共和国时代。[18]我们发现整个采矿地区,包括城市本身,均为国家财产,归于一个元首代理人治下。期望采矿之人首先要交规定的职业价钱,之后必须在 25 天之内开始工作。一开始工作,他必须向国家交钱,或者提供适当抵押,以确保代理人所规定的矿山价钱,约为矿石的半价。交钱之后,承包人获得这座矿山,只要他认真进行开发,不超过六个月的暂缓期。废弃矿山亦复如是。除了开矿权之外,罗马也设立和出租诸多城市中的特许权。它控制一个公共浴池,其开发权被拍卖给出价最高的竞标者,前提是遵守严格的管理规则:受让人必须订约,保持浴盆全年每天充满热水,必须每个月给金属物品抛光,必须允许妇女每天以 1 分钱的价格从黎明一直洗到下午 1 点,而男子以 0.5 分钱从下午 2 点到 8 点。

　　国家也控制一个公共鞋店、一个理发店、一个洗衣店和一个拍卖房,而垄断城市中的此类工作的特许权获得者,必须提供由国家代理人所规定的价钱。学校的老师独自拥有城市的免费牧场,不用交钱。矿山主要采用奴隶劳动;但对矿工偷窃矿石的处罚规则,

199

200

201

适用于自由民，也适用于奴隶。

原注

1 例如，李维（VII，20）声称士兵们在退役后靠修补城墙度过余年。

2 Livy，XXXIX，44：他们以更宽松的条款为每件事情签订了契约；Livy，XXIII，31：那一年的战争税应该加倍。

3 Livy，X，46；Pliny，*N. H.* XXXIV，23.

4 见 Marquardt，*Staatsverwaltung*，II，167，168；Lecrivain，art，*Tributum*，Daremberg-Saglio。

5 Plut. *Pompey*，45.

6 Strabo，II，118，and XVII，798.

7 Livy，XLIII，2，12.

8 Rostowzew，*Art. Frumentum*，Pauly-Wissowa，VII，152.

9 Cic. *Ad Quint.* I，33；qui pendere ipsi vectigal sine publicano non potuerint.

10 Rostowzew，*Geschichte der Staatspacht*，*Phil. Supp.* IX.

11 Rostowzew，同上。p. 357；参见 Josephus，*Antiq.* XIV，10，6；Cic. *Prov. Cons.* 10；*Ad Att.* V，13；V，16；VI，1，16；*Ad Fam.* XIII，65；*Ad Quint.* I，35；*Pro Flacco*，32。恺撒免除约 1/3，将其余税赋变为固定数额的金钱，今后由城市收取：Plut，*Caes.* 48，1；Dio，XLII，6；App. *B. C.* V，4。

12 Livy，VI，32；XL，46，16；XLIV，16，9.

13 见 Marquardt，*Staatsverwaltung*，II，116 - 118。

14 *Res Gestae Divi Augusti*，15 - 17.

15 Plut. *Crass.* 2；Diod. V，36；Digest，27，9，3.

16 根据斯特拉波，Polybius，III，2，10。

17 Strabo，IV，6，7 and 12.

18 在 Aljustrel，*Lex Metalli vipascensis*，C. I. L. II，5181 和另一个规章的残片中，这从 *Rev. Arch.* 1906，p. 480 中可见。见 Bruns，Fontes[7]，pp. 289 - 295。鉴于 Strabo，III，2，10 记载私人订约人在其时代经营这些矿山，我们可以认为该计划发生在共和时期。

第 12 章 城市平民

工业发展的方向在很大程度上取决于可用劳动力的数量、性质及从中产生的社会条件。我们南部州雇佣黑人奴隶,因为用之在烟草和棉花土地工作,有利可图,但大多数奴隶聚集于此,事实上决定着南部未来几十年的经济发展。

要深入研究西塞罗时期的工业革新,我们可以试图分析罗马下层中出现的一些社会变化。一般认为,第二次布匿战争后独立的拉丁房主人数锐减,奴隶及其后代取而代之。在共和国时期这一进程走了多远,我们将努力探索。

公元前 64 年西塞罗竞选执政官时,他的兄弟就实际的竞选方式给其写了一个耐心寻味的小册子,提醒他"罗马是一个实行公民政制的城邦,[1]此外候选人也必须关注奴隶和被释奴",因为这些人在影响公民投票时举足轻重。鉴于这些闲言碎语,一个人可以理解耳熟能详的共和国末期的激烈暴乱和流血冲突,可以理解如克洛狄乌斯之流的人民党领袖的权力,此人通过其劳工协会积聚雄厚势力,致使恺撒和庞培都不敢与之争锋。可是,毕竟公民权仍未赋予意大利之外的任何人,罗马的公民团体如何"聚合所有民族",不易解释。我们现有的证据似乎表明移民在这种变化中作用微乎其微,但该民族的变化归因于一个脱胎于奴隶制中的等级的发展。

罗马的战争当然主要摧毁了意大利的当地人民。[2]第二次布匿战争及如特拉西美尼湖(Trasimene)和坎奈(Cannae)的灾难导致约 1/3 罗马公民命丧黄泉。之后在希腊、亚细亚、西班牙与反辛布里和联盟的战争中,人员伤亡惨重,意大利人口骤减。在这一时期,

除实际的伤亡之外,更大的代价是 20%适婚青年参军,致使家庭生
204 活的机会大大减少。另一方面,最好的当地人服兵役,而奴隶和被
释奴生活在国内,平安无事,与日俱增。

布匿战争之后,空地充作农场和种植园,由奴隶管理,也造成
同样结果。确实就如阿庇安[3]枯淡无味的评论所说,地主偏爱奴
隶,而非自由民,缘于自由民肩负军事义务,而奴隶不然,值得依
靠。他说:"地主使用奴隶充当劳动者和牧人,是担心如果雇佣自
由人,后者将被征募当兵。奴隶的所有权归属本身获益丰厚,由于
不服兵役,子嗣众多,且数目不断增加。有鉴于此,有权有势之人
家资雄厚,奴隶人数增加,而意大利人民由于贫困、税收和兵役,数
量减少,实力减弱。如果这些弊端暂缓,那么他们无所事事地消磨
时光,因为土地掌于富人之手,而后者使用奴隶,而非自由民。"阿
庇安的长篇大论恰如其分地描述了这些邪恶。

新生一代,没有获得意大利土地的机会,抑或成为城市贫民,
抑或移民到新开辟的行省,[4]由此大多不再是罗马公民团体中的一
205 员。在第二次布匿战争之后的 40 年之间,[5]尽管罗马经常释放奴
隶,但每年公民的名单中只略增 1.3%,之后从罗马吞并了马其顿、
阿非利加和亚细亚到帝国的 30 年中,每年减少 0.25%。

要完整说明人口减少的原因,需要讨论马尔萨斯法
(Malthusian law)、社会弊病、人口控制及诸多其他问题,而对此我
们几无数据。然而,我们可以顺便提及一些事项。一个明显的事
实是,所有罗马文学的读者会发现大量文学中明确记载的家庭鲜
206 少拥有超过两个或三个孩子。这一事实与数千墓碑铭文所提供的
证据不谋而合,后者记载了父母及其子女的名字。如猛烈抨击种
族自杀的梅特拉斯(Metellus)的演说,诸多试图通过免税抑或监察
官的高压手段利诱或威逼公民来考虑健康且越来越多后裔的政治
需要的皇帝立法,记载了"穷人的哀悼,声称他们因家贫如洗无力
养育孩子而将无子嗣"的历史学家的评论,[6]也均可以证明。对于
拥有显贵家族详细记载的帝国,我们甚至能够明确统计出一个古
老民族的人数锐减[7]。例如,在恺撒时代元老院的 45 名贵族之中,

到哈德良时代只有一个有子孙承袭。除了科尔涅利乌斯
(Cornelius)之外,著名的爱米利乌斯(Aemilius)、法比乌斯(Fabius)、
克劳狄、曼利阿斯(Manlius)、瓦莱里乌斯(Valerius)和所有其他家
族,已经销声匿迹。奥古斯都和克劳狄将 25 个家族提升为贵族,
但到涅尔瓦(Nerva)统治时期除了 6 个之外,所有家族不复存在。
公元前 65 年尼禄统治时期约 400 个元老家族中,一代以后一半家
族消失,且诸多家族只通过收养孩子苟延残喘。当然贵族成员在
这一世纪的政治暴政中遭难最重,但这一结果大多可缘于自愿无　207
子无女。

　　我们不应轻易将之归因于古老印欧语系的遗弃(expositio)习
俗。在罗马,这种习俗不像普劳图斯推断的那样盛行,后者的情节
几乎完全源自希腊。在早期拉丁姆,人口过盛的时期经济极为困
难,以致重新引进和借用了许多刚刚脱胎于野蛮时代的民族分支
曾经摆脱的做法。但是,罗马的法律从未允许抛弃正常男孩,墓碑
石上记载的孩子,男孩和女孩,也昭示男女性别比例几乎相同,可
见女孩如男孩一样得到抚育。[8]然而,这种习俗并未完全受限的事
实,有助于我们理解早期的公共舆论如何无视这样的现实,即罗马
家庭不愿肩负父母的重担。

　　比遗弃更重要的是该时代的社会条件。布匿战争之后,古老宗
教在上层阶级中无足轻重,而以前它通过强调祖先崇拜在来世父
母的持久幸福中的重要地位,鼓励大家庭;且这样的社会,一个年
轻人在军队中度过壮年,回来时成为世界上擅长家庭生活之人的　208
社会,有无限的耐心处理卖淫的弊端。最后必须铭记,19 世纪之
前,唯有罗马和希腊两个民族如此:诸多人尽情享受,理性地进行
自我控制,且巧妙地摆脱固有的社会习俗,后者如现在一样,损害
自然进化的方法。

　　所有证据都表明当地民族减少。究竟发生了什么,成为一个流
行问题。移民是一小部分原因。西塞罗时代,奴隶是主要的劳动
力,结果今天能够自由迎合经济需要的因素,那时发生变化,并受
制于奴隶形式的资金。自由民一般穷困潦倒,而无法自己移民。

而且,需要资金发展的意大利人的土地无法吸引外来工人,拥有全部使用奴隶劳动的工业的罗马城也如此。要想在罗马无所事事地生活,获得国家提供的粮食,需要公民权身份;而外国人鲜少获得。同盟战争后南希腊人获得公民权,事实上只是能够利用这一点的非罗马人,如我们将要看到的,他们显然分散到行省里,充当罗马资本家和讲希腊语的东方人之间的中间人。在早期帝国,对此铭

209 文提供了大量信息,我们发现在罗马极少名字带有常规的非罗马人的命名形式。罗马的小店主[9]和商人主要是意大利人,但对其名字的研究显示他们是被释奴,而非自由移民。只有在一些学术性职业[10]和艺术中——例如在医学、教学、绘画和建筑——及一些需要才艺和技巧的职业中,如下层的喜剧家和杂技演员,铭文和信件记载了几个外国人;甚至他们也不得不和聪明的被释奴抢饭碗,后者为了盈利由主人给予专业训练。

210 当然,奴隶多如牛毛。更驯服的奴隶是由希腊市场提供的,那里希腊人因经济衰退,卖掉无利可图的奴隶,之后他们发现西方的需求值得满足,于是开始养育和训练新一代奴隶。在小王国混战不休的广大小亚细亚地区,成群的俘虏和各种被拐卖的东方民族的儿童由商人和海盗带到该地。斯特拉波(Strabo)[11]评论说在提洛岛的奴隶市场中,每天卖掉约 1 万名奴隶。罗马将军也带来源源不断的战俘,其中多人是残忍的战士,在严密的监视之下,或带着镣铐,进行沉重的劳动。撒丁尼亚战俘[12]的过剩众所周知。罗马一次就劫掠 150000 名伊庇鲁斯(Epirotes)人。在苏拉、卢库鲁斯和庞培的战役中,本都提供了大量战俘。迦太基土崩瓦解时,大部分人口沦为俘虏。马略攻占的辛布里,自然负责种植园的沉重劳动,几年后构成了斯巴达库斯(Spartacus)军队的核心。这种凄凉故事一再延续。西塞罗时代土地和工业的劳动者同病相怜。由于罗马

211 政策宽松,极其自由地释放奴隶,授予其公民权,结果使得奴隶得以轻易解放自己,并融入罗马的公民团体,由此这些是恒定的增长。奴隶不但满足了劳动力的需求,而且奴隶之子从事要求公民身份的贸易和手工艺,在西塞罗时代,正是这些人构成了平民等级

的主体。[13]鉴于鲜有古代作家提供其时的完整人口调查数字,要明确统计出这个新血统占罗马人口的比例,并非易事。现在最好利用源自罗马铭文中的事实,牢记这些铭文主要来自帝国,而一小部分适用于共和晚期的任何推论。

众所周知,卷帙浩繁的六卷本拉丁铭文集包含了所有罗马墓碑铭文,数量超过 2 万,尽管数量繁多,但它们或许记载帝国前三个世纪一般罗马名字的典型名单。现在一个罗马墓碑石也许揭示了大量秘密。名字本身就极有说服力。从官方形式上,它显示了墓主为奴隶、被释奴抑或生就为公民。就天生的公民而言,倘若为外来移民,姓氏似乎表明其出身卑贱,至少源自非罗马的世系。若记载父母、孩子或亲属的名字时,墓碑也揭示了关于家庭地位的有用信息,进而通过推论,揭示个人的地位。 212

以所担任的任何低级官职引以为豪的罗马人,确实记载自己的荣誉,这些官职和官衔在某种程度上展示了其等级和地位。总之,认真研究大量碑铭,我们能够获得重要数据,来评估罗马人的性格。

关于外国姓氏是否为判断墓主出身的可靠依据,值得商榷。倘若考虑含有父母和孩子名字的铭文,我们会发现第二代乐于改变一个听起来像外国人的姓氏,而代之以通俗的本地姓名。[14]当然一如以往,马提雅尔(Martial)对此进行了评论,且其警句记载了一个叙利亚理发师辛纳穆斯(Cinnamus),此人改称秦那(Cinna),一个无疑纯正的名字,而在其近来的《潘趣酒和生活》(punch and life)中,也提及许多诸如此类之人。将名字罗马化和为孩子选择独特罗马姓氏的过程如此显著,以致我们可以确信外国名字甚至也不受下层等级欢迎。第二种情形证明祖先的世系已扎根在外国土壤之上。就如大部分奴隶和被释奴的名字所示,当名字是希腊名 213
时,我们也可以推断此人来自或至少途经出产奴隶的国度,其中希腊语是商业语言,也就是小亚和叙利亚。[15]

通过采用前文刚刚列举的所有标准,并将其适用于确实与家人居住[16]于罗马之人,而非仅仅的过客,通过将自由民规避的拉丁奴隶名字列入名单,如萨尔维乌斯(Salvius)、希拉鲁斯(Hilarus)和阿帕拉图斯(Apparatus),我们可以得出一个令人吃惊的结论,即帝国时期定居于罗马的 90％人口几乎均带有外族血统。

外国和奴隶人口是否能够繁衍,并融入罗马的公民人口,那时成为一个新问题。鉴于缺乏证据,普遍认为至少在城市中,贵族家庭中的工作极为艰苦,结果奴隶鲜少能够获得家庭生活的特权,主人也不会提供养育孩子的开销,或浪费服务。可是,此说证明言之

214 无据。幸运的是,铭文集第 6 卷记载了从大量的埋葬地和几个贵族家庭的骨灰盒存放处获取的名字,表明甚至组织严密的公司里的奴隶也通常结婚,且几乎与一般的罗马公民一样子嗣兴旺[17]。李维亚(Livia)的裁缝与其男管家喜结连理,屋大维亚(Octavia)的理发师嫁给其餐具的保管者,斯塔提里乌斯(Statilius)的信使娶了纺纱的少女,诸如此类等等。确实后代的比例不似一般的罗马家庭那样大,但若考虑因开销之故,奴隶的子女经常无法得到一个铭文的荣誉,而且他们经常与父母分开,没有和父母记载在一起,那么这个冒险的结论似乎是言过其词。

如瓦罗和阿庇安[18]所说,显然那时不但乡村奴隶通常结婚,且家庭人丁兴旺,而且城市家庭中的奴隶也如此。对我们的主旨而

215 言,一个重要事实是罗马人在释奴的做法上极为开明,结果被释奴不久就成为公民权不可或缺的部分。弗里德兰德(Friedländer)、迪尔(Dill)和其他人的作品中详述了释奴的事实,我们无需在此赘述。省吃俭用和野心勃勃的奴隶,尤其是机敏的东方人,能够在几年里积攒充足金钱,来赎买自由。许多人由于工作出色,获得自由,许多人从事一些小生意,从中获得利润分成,并由此赎买自由;许多人通过主人的遗嘱获释。如果妻子儿女未获自由,这些被释奴通常辛勤劳动以达成目的,于是罗马有诸多此类被释奴,其孩子拥有完全的公民权,采用罗马姓名,穿罗马服饰,采用罗马方式,并愿意建造某一天可以和古代贵族的辉煌争奇斗艳的房屋。

我们所描述的关于一个完全改变的民族的图景是否为罗马城独有,无法推断。塔西佗(Tacitus)仅仅谈到首都是世界的渊薮,确

实罗马自然比意大利其余地方受到的影响更深,但西方地区无不卷入这一变化的进程。不但意大利的其他重要城市,如贝内温敦(Beneventum)、米兰(Milan)和帕塔维乌姆(Patavium)【帕多瓦的旧称。——中译者注】,公墓上显示了大量非意大利的名字,而且中意大利的核心,曾经由此招募精兵的地方,似乎也主要是外来人;对马尔西(Marsi)和维斯提努斯(Vestini)铭文的认真研究可以减少对此问题的根深蒂固的怀疑。总之,在帝国期间,整个意大利、高卢和西班牙罗马化的地区在血统上主要是东方人。 216

　　说"东方"比较确切。对罗马一些指定的奴隶和被释奴的名字的分析表明其中70%是希腊人;罗马之外,拉丁姆同一等级的比例是60%来自希腊。甚至山南高卢,一个预想鲜有东方奴隶,而北方奴隶数量繁多的地区,希腊姓名占46%的比例。千万不要忘怀,诸多东方血统的被释奴自尊心强,由此改掉希腊姓名,代之以拉丁姓氏,以隐瞒自己的情况,所以我们的百分比无论如何都未言过其词。

　　为何高卢人、日耳曼人和达西亚(Dacia)战争给罗马街区提供大量战俘时,东方人仍居于主导,仍不得其解。在某种程度上,这一解释无疑包含罗马谙熟却未载于史册的做法。帝国期间,也许东方捕获和诱拐奴隶的做法达到了无法臆测的程度,也许西方扩大的经济繁荣吸引了衰退东方的过剩奴隶,也许东方贸易支持为西方市场培育奴隶,以作为出口的常规商品之一。至于北方的战 217 俘,我们可以设想缘何这一种族迅速销声匿迹。例如恺撒的一个随意评论[19]揭示了这样的事实,即辛布里战争中的俘虏是斯巴达库斯所领导的奴隶暴乱的主力。当然,在前途无望的斗争中,这些叛变者被扫除殆尽。这为我们提供了进一步思考的线索。高卢和日耳曼战争俘虏不能胜任提供最佳生存机会的家庭职责。由于他们言行粗鲁、身强力壮,大概被委派到矿山和战舰,从事最艰苦的工作。那里他们早亡,无妻无子,一无所求,除了要去报复,或是痴心妄想逃跑。[20]他们的人生历程如此。铭文很少谈及他们,不足为怪。我们必须认为这部分就是排除北方战俘和促进东方人增加的条件和做法。无论如何，后者征服罗马的铭文证据，无可辩驳。

要了解我们试图追溯的社会变化在何种程度上说明了帝国的基本变化，令人关注。难道同样将自由和法律相结合的意大利人让位于对自治政府一无所知的冲动又热情的民族，[21]专制主义就不可避免了吗？难道依靠信任和直觉生活的东方人取代纯理论的西方人，东方感情和神秘宗教向西传播，并攻占罗马帝国了吗？难道由于一支新人民逐渐模仿其形，而未得其神，后来时代的文学失去其原创性了吗？难道由于缔造国家的罗马人，具有钢铁意志、持之以恒的目标和谨慎先见之明的人民，将政权遗留给积弱不振的政府，所以罗马统治才失灵了吗？这样的问题离题太远，但问题本身显示了历史学家为了说明帝国的一些经济变化，可能期望采取的方向。

原注

1 *De Petitione Cons.* 54 and 29.

2 见 Park, *The Plebs in Cicero's Day*。

3 *Bell. Civ.* I, 7.

4 罗马总督发现数目繁多的罗马公民居住在西班牙、亚细亚和阿非利加等行省，以致能够在需要时募集，以组建一个军团：例如见 Cic. *Ad. Att.* V, 18, 2；Caesar, *Bell. Civ.* III, 4, 3；*Bell. Alex.* XXXIV, 5. Cf. Kornemann, art. *Conventus*, Pauly-Wissowa。

5 Beloch, *Bevölkerung de Griech. Röm. Welt*, 347 列出了人口调查名单，其中有一些修正如下：

公元前 203 年⋯⋯⋯⋯ 214000

公元前 193 年⋯⋯⋯⋯ 243000

公元前 173 年⋯⋯⋯⋯ 269000

公元前 168 年⋯⋯⋯⋯ 312000

公元前 163 年⋯⋯⋯⋯ 337000

公元前 153 年⋯⋯⋯⋯ 324000

公元前 141 年⋯⋯⋯⋯ 327000

公元前 131 年·············· 318000

公元前 125 年·············· 394000

见 Frank，*Census Statistics*，*Class. Phil.* 1924 329。

6 Appian，*B. C.* I，10，应用于提比略·格拉古时期。

7 Stech，*Klio*，*Beiheft* X。

8 对这里使用的铭文的详细研究可能见于 *American Historical Review*，1916，689 - 708。M. L. Gordon 在 *Jour. Rom. Studies*，1924，93 中已经讨论了这一研究。参见 Nilsson，*The Roman Empire*，1926。

9 Parvan，*Die Nationalität der Kaufleute*。

10 Juvenal，III，76："当每块土地——每天大量消耗匮乏资源时，他们来到这里充实罗马的适宜土壤，宠臣，之后每个皇室穹顶的主人，文法家、画家、占星士、修辞家、走钢丝者、魔术师、小提琴家及医生。"

朱文纳尔的诗行揭示这些人是自由移民，当然非正式的观察者无从知道，但铭文证明该等级多是奴隶和被释奴。在罗马，奴隶得不到同样承认。一个元老曾经提议让奴隶穿独特的服装，结果遭元老院否决，他们唯恐奴隶们逐渐意识到自己人数众多，造成危险，Seneca，*de Clem.* 1，24. Cf. Tac. *Ann.* 4，27；Ibid. 13，27："绝大多数骑士和诸多元老是奴隶的后代"。

11 Strabo，XIV，3，2；Diod. 36，3.

12 战俘。见 Koeser，*De Captivis rom.* ，Livy，XLI，28；XLV，34；Appian，*Lib.* 130；*Mithrad.* 61 and 78，Livy，*Per.* 68。

13 见 17 章。甚至早期帝国计划限制释奴的法律鲜少实行。确实无人对于它们的执行感兴趣。萨尔彭撒那法证明主人实际上能够合法释放奴隶，没有限制，C. I. L. II，1963，28。

14 Am. Hist. Rev. 1916，p. 693，关于详细证据。

15 证据收集在 Bang，Die Herkunft der Röm. Sklaven，Röm. Mitt，1910 and 1912。

16 见 Am Hist. Rev. Loc. cit. 我已经包括了大概出生于罗马的 10 岁或更小的孩子，但对于其他奴隶和被释奴的子女，只有一些罗马居民的近亲。

17 Am. Hist. Rev. 1916，697 - 698.

18 Varro，R. R. I，17，5；II，1，26；II，10，6；Appian，*B. C.* I，7；Columella，I，8，18；Hor. Epode，II，65；Livy，XXII，11，8；Nepos，

Atticus，13,4。稍令我们吃惊的是，这些意在鼓励大家庭的法律偏爱被释奴和当地人。根据埃里亚和森迪亚法，一个"朱尼亚"身份的女被释奴因生育一个孩子成为全权公民，一个有四名子女的女被释奴摆脱其保护人的监管，Gaius，I，29 and III，44。

19 Bell. Gall. I, 40.5.

20 Strack，Hist. Zeitschrift，CXII，9.

21 In Pro Flacco，17,西塞罗以引人发笑的夸张笔触塑造亚细亚希腊人的浮躁秉性及浮夸技巧，做出了引人注目的评论，即"每当我们的政治大会一团混乱时，通常正是这个种族人民的杰作。"

第13章 工 业

最近研究罗马工业的学生对其范围、目的与过程意见不一,一些[1]人将之与一个不发达的乡村社会的原始方法相提并论,其他人则将现代工业体制的复杂语言适用于它。这种分歧当然主要缘于古代作家提供的信息不足,后者绝大部分是政治家,热衷于政治史,鲜少关注奴隶和被释奴的职业。除了一些农业论文、福隆提努斯关于罗马供水的著述及几本普林尼记述生产的技术方法的著作之外,罗马作家让经济学家受制于插入语、附带说明及由开凿者的铁锹挖掘出来重见天日的静物。如果要在这个模糊主题上取得进展,首要的是要对考古证据详加推论。

在这一章中,我意图探究几个典型工业,尤其是那些以商标和制造者的签名形式提供资料的工业,[2]以便获得关于生产规模、集中化程度、市场程度及参与生产的人民等级的明确数据。在下一章中,我将试图通过一个矫正物和附录,调查唯一保存完整而能进行可靠重建的罗马城市庞贝(Pompeii)的经济结构,并综述似乎正确的结论。

总的来说,罗马生产者比今天更接近消费者,在小工艺店出售自己手工产品的工匠是典型的制造者和商人,而一个发育完全的工厂生产体制仅仅在某种有利的条件下应运而生。从对下面工厂的研究中,我们可以发现条件为何。

奥古斯都时代,最为流行的餐具是雕着浅浮雕的红釉陶器,因模仿这一最重要的生产城市,定名为沙玛音陶器。[3]它不但常带有生产者的标记,而且有设计该产品的特别工匠的图章,抑或物品制作的模型；它采用工厂里大规模生产的工艺，而非个人工匠店的。例如，设计者大概用黏土制作了大量模板，样式有树叶、几何图案或人形姿势等等，借此印制连续的檐壁，不是印在每个碗中，而是用于一个可以生产几百个碗的模板。设计者是熟练工匠，能够制造黏土模型，且喜好设计图案，但我们不必认为如经常按著名希腊花瓶制作精巧器皿之人一样，他是独具匠心的艺术家，理由是沙玛音陶器的样式通常借用银盘。

由这些我们可以考察签名形式的例子推断，[4]设计者通常为奴隶或被释奴。倘若设计者是奴隶，我们确信普通劳动者亦为奴隶。这些工厂的主人当然是罗马公民，但令人奇怪的是他们常带有外国姓氏，这表明他们或其近来的祖先出身于奴隶。确实一些主人正是早期样式的设计者，表明奴隶艺术家有时获得自由，有足够能力持有主人的工厂。

一些工厂的面积之大无疑就是明证。例如，确实一些公司的陶器并非遍布整个罗马世界——理由是每个公司似乎供给由自然贸易要道开辟的地区——而是至少半个地中海盆地以上。确实在一段时期里，例如普特俄利附近、阿雷佐（Arretium）及波河流域三个地区的陶器满足了整个帝国对优质餐具的需求，仅仅东南部除外。任职于某些公司的工人数量之多显示了生产的规模。[5]例如，科尔涅利乌斯的公司提供了大约 40 个设计者的名字。诚然，其中并非所有人均属同一时代，但无论如何，仅仅一个设计者就需要大量的搅拌工、陶工与炉工，他大概仅仅制造模板，并修改样式。卡利迪乌斯·斯特里戈（Calidius Strigo）至少有 20 个设计者，佩伦尼乌斯（Perennius）及许多人亦复如是，阿雷佐有 12 个规模较大的公司。最后，高卢和其他地方的分厂展现了以广博贸易为目的的大规模生产，当然是为了节省其时代的大宗货物。国内工厂败于新工厂之手，缘于高卢黏土更为优良，制造者事业心更强，抑或缘于意大利的样式改变，而行省市场更为保守。火山喷发之前运抵庞贝的一个红陶寄售品即是例证——盒子尚未打开——尽管盒子在罗马打包，但包含比意大利更多的高卢产品。[6]

那时,在这一工业中,我们发现应用一个广泛的工厂生产机制,用于进行广泛分配。当然,在此例中,研究罗马社会的学生发现了一个常规的例外,而非范例,但显然这里的条件有利于大规模生产的发展。两个因素至关重要:一是湿黏土制作中涉及的准商业秘密,尽管没有版权,尽管这种特别黏土事实上能够在几个地方生产,但最基本的是要确切掌握复杂程序;二是具有某种技巧、训练和兴趣的设计者必不可少;结果竞争不可能迅速出现,而维持一个娴熟设计者的开销不菲,自然其手下应配备足够生手,以打发他的时间。由此,工业正是以罗马世界中某种不同寻常的方式得以发展。　224

通过技术水平和生产条件的对照,去比较另一个陶器物品普通陶灯的生产,很有趣,[7] 每年一定生产几百万件,且每件只卖几分。许多灯略作装饰,但图案鲜少能展示任何真正的艺术价值。它们由一个普通陶工制成模型,黏土也并未比屋瓦上所用的更好。价格如此低廉,几乎不值得运送到远方。确实,某些带有著名公司名称的灯在世界各地重现,直至最近一直成功地误导了考古学家,使他们认为某些公司控制广大地区的贸易。可是,现在测量证明[8] 其中大量灯主要是当地出产,它们仅仅使用流行于如罗马之类的一些生产中心的各种形状,进口真品,并使用公司名字及整个产品作为模型。由于那时缺乏保护性的版权,没有复杂程序或贸易秘密用以排除竞争,也没有大的经济动因来集中大量的劳动力,所以工　225 业以此种方式散布,致使当地陶器通常满足了每个城市的需要。关于劳动力的等级,我们有一些迹象。这些公司的名字通常采取最简单的形式,只有一个姓氏,尽管在早期的例子中出现了上层罗马异教徒的名字。希腊姓氏的经常出现表明,至少在早期帝国,制作廉价器皿的黏土通常掌于管理罗马工业的等级被释奴之手。

奥古斯都时代[9],玻璃工业的某些发展使我们忆起与红釉陶器大同小异的条件。在早期,玻璃制造显然脱胎于埃及的表面上光艺术,且在罗马时代亚历山大里亚的玻璃器皿被运送到世界各地,其中主要是五颜六色的玻璃马赛克。大概埃及有大型工厂,但由于这些陶器没有商标,由于它们在罗马和其他地方被成功仿制,我们不能断定这种工厂的比例。但一种罗马的透明玻璃提供了少许有价值的信息,它们通常带有花纹和符号,显然是用吹风管制造的。斯特拉波声称在其时代,罗马的某些新发明大大促进了玻璃

226 的生产,使价钱降至每件1分或2分,他或许指的是借助吹风管操控玻璃材料气泡的工序的发明。为何这种方法使得透明玻璃的生产革命化,不言而喻。迄今,对于瓶子的生产和大量烧杯的形状,每个单独的物件需要一个新模型,费时费力,加之因模型的沙子和粘土,产品并不透明。随着吹风管的应用,一个永久外层模型投入使用,可能饰以图案——图案采用奥古斯都时代所有器皿的样式,且玻璃风箱和导管能够使湿黏土装满模型,并随心所欲选择样式。较之旧方法而言,新产品更为透明,更为光滑,工时也更短。不足为怪,虽欠缺艺术性,但新玻璃的制造者如此热衷于新工序,以致将名字以显著的字母形式印在图案上。这个声名鹊起的器皿不但广泛分布,而且制造者的名字以希腊语和拉丁语印刷出来,显然物品大概数量繁多。

再次,就如沙玛音陶器的例子一样,条件有利于独占生产。不管现代方法能否轻而易举将玻璃粘土从意大利其他地方的沙子和火山灰中提取出来,从斯特拉波和普林尼的记述中,古代的玻璃制

227 造者显然难以找到易于处理的沙子。这本身消除了大量竞争。而且,这一新发明使得专家的特别分配成为必须。至今,在熔炉处理热玻璃黏土的工人一定也精于迅速将之塑造成想要的样式。仅仅获得玻璃吹风中的特别技艺,设计者就能通过新工序塑造诸多外部模型,且大量玻璃风箱都可以用这些模型制造陶器。于是,将劳动力集中于一个地方,集中于一个设计者周围,经济实惠。

还有一个有趣事实值得提及。玻璃的生产者带有希腊名字,并自称是腓尼基西顿(Sidon)人。或许一些工厂位于西顿;至少恩尼恩(Ennion)的工作是在该地。另一方面,阿塔斯(Artas)、奈肯(Neikon)和阿里斯顿(Ariston)的绝大多数作品现于罗马。或者我们论及一个抢夺罗马贸易的东方产品,或者更为可能的是,我们论

及熟练的工匠和制造者,后者意识到罗马提供了最好的市场,于是在意大利建立主要工厂。这些也许就是普林尼提到的福图努斯河(Volturnus)的工厂。

由于一系列截然不同的原因,制砖[10]工业是另一个趋向于在罗马建厂和采用垄断方法的工业。在共和国期间,罗马几乎不鼓励工业。公共建筑主要用凝灰岩砖制成,而当罗马引进混凝土时,逐渐将之与石头一同使用,于是大街区或小广场用水泥浇铸。屋瓦主要用烧制的黏土制成。在直至克劳狄时代的早期帝国,虽然混凝土的墙面开始用破碎屋瓦装饰,但石头饰面和网形作品依然盛极一时。到克劳狄统治时期,砖面比比皆是,结果除屋瓦之外,砖厂不得不提供新形状。正是在尼禄(Nero)时期,尤其在大火之后城市大部必须重建之时,制砖工业开始发展壮大。显然,那时存在的砖窑为了装饰混凝土墙的饰面不得不供应不计其数的材料,且此后砖面的混凝土仍然是标准材料。

就如在其他地方一样,罗马工业中当然有离心力和向心力。配方存在几个世纪之久,绝非秘密。而且,制砖的优质黏土多如牛毛。确实,梵蒂冈后面供给罗马炉窑的上新世泥板岩似乎在古代并未大量开采,但结合亚平宁的石灰石淤沙和拉丁姆的火山灰的阿尼奥河和台伯河的冲积层,仍然出产罗马最好的红砖,由旧砖的纹理和砖的印记来判断,这里是古代罗马主要的工场。供应量无穷无尽,结果无法很好地由一个公司控制。

由于产品太重,难以迅速运输,故此一个公司不易控制广大地区的贸易。确实,仅仅在极少的例子中,砖的印记似乎广泛分布。罗马工场的砖当然用船运至奥斯提亚,而一些坎佩尼亚,甚至利古纳(Liguna)和高卢海岸的器皿从海路被运送到罗马海港,反之亦然,大概作为压舱物返程。甚至几百里远的罗马上游台伯河的工场,获得河岸沿线的市场。当一个贵族搜罗奇珍异宝装饰其阿尔班别墅时,他乐于支付由首都始航的高昂运费;但此名单恰如其分地证明了转运的例子。

大概由于生产量和善于把握时机的能力,罗马的一些制砖公司

229

228

规模壮大。在此方面,令人关注的是闻名遐迩的高卢演说家多米提乌斯·埃菲尔(Domitius Afer)财产的增长。提比略时期,他刚到罗马时,只是一个穷光蛋,之后凭借雄辩口才、才智出众及对提比略的深谋远虑的效忠,他赢得财富和政治地位。就如任何雄心勃勃要赢得社会地位的罗马人一样,多米提乌斯·埃菲尔投资地产,或许以此种方式成为一个砖厂的主人,因为烧砖仍然是农业的一

230　个合法分支产业,故而在普通生意的管理之外令人尊重。这是一个幸运的时代,砖逐渐流行。埃菲尔的养子和继承人,图鲁斯(Tullus)和路卡努斯(Lucanus),无疑从这场摧毁罗马大部的毁灭性大火中受益匪浅,可能也为商业目的熟练利用地位尊贵的父亲传承下来的政治势力,大大壮大家族企业,就如其商标所示,获得几个最终由诸多管理者经营的不同地产的工场。他们的时代几乎没有重要的公共或私人建筑——一个大兴土木的时代——那里他们的商标在所发现的砖的印记中并不突出,若非占支配地位的话。顺便说一下,这些构成后来时代帝国工场的主体,通过继承,经由路卡努斯的姐妹路奇拉(Lucilla),传给了她的孙子,后来的皇帝马可·奥里略(Marcus Aurelius)。确实,马可·奥里略时代,罗马砖厂已主要成为皇帝的财产,几乎由皇帝垄断,主要缘于与公元2世纪初拥有主要工场的家族之间的偶然通婚,加之通过正当的继承方式由安尼乌斯(Annius)家族接管。

　　值得注意的是,事实上制砖是罗马唯一一个贵族毫不犹豫表明
231　其与工厂盈利相关的工业。原因也许在于上文提到的它与农业的联系。罗马贵族可谓是一个地主,对其而言,密切熟悉所有农业的工艺,开发土地的所有资源,合乎体统,他们种植粮食或蓄养牲畜,或将一个粘土堆开发为瓦厂。诚然,罗马贵族阿西尼乌斯·波利奥(Asinius Pollio)较早将名字印在其于阿尔班别墅制造的瓦上,而图斯库鲁姆(Tusculum)周边带有图利(Tuli)名字的瓦造于西塞罗最喜欢的图斯库鲁姆别墅,毋庸置疑。

　　上述事实再次揭示了这些工厂里主人和奴隶管理者协会中的一个特别商业惯例,因为砖的印记通常揭示了工厂主人和监督者

的名字,后者一如既往是奴隶或被释奴。当然,这一惯例仅仅延续了不动产的一般条件。此时地主鲜少出租土地;他宁可自己耕种,让一个可信的奴隶或者被释奴掌管财产,这些奴隶具有相当责任和尊严的地位。显然,获准将名字与主人一同印在砖上的监督者,完全适合当地产的管家。

关于金属器皿的制造,古代作家提供了几个明确事实,而就铜和铅制器皿的制造而言,则是得自于生产者的签名。优质铸铁和锻钢出产,用于制作武器和农具,但由于有阀风箱尚未发明,彻底融化铁矿石仍不可行。故此,罗马生产者[11]并不了解铸铁,最便宜且最耐用的金属。因无法完全精炼,他不得不耐心地在铁砧上反复铸造这种昂贵产品。提洛人的价格表中每一百砝码铁开价约 6 美元,如果我们考虑罗马人以略高于现代一点的价钱获取铜的话,价格似乎极为昂贵。

在西塞罗时代,铁的生产似乎大多集中于普特俄利。如同现在,意大利的铁矿石那时来自托斯坎(Tuscan)海滨之外的埃尔巴(Elba)岛。那里开掘的矿石运至大陆,并用低压熔炉能够产生的热量加以焙烧,直至烧成"类似海绵"的大块。在第二次布匿战争时期,[12]埃特鲁斯坎城依旧掌握意大利的铁工业,生产大量武器和工具;但到公元 2 世纪,普特俄利接管了这一贸易和工业。这里,根据狄奥多鲁斯的记载,[13]生产者集合诸多铁匠,让其将粗糙金属铸造成"武器、鹤嘴锄、镰刀和其他工具",之后由商人购买,运送到世界各地。鉴于普特俄利拥有火山区燃料的财富,优良港口,毗邻意大利特别使用铁器的肥沃耕地,加之作为罗马军队和海军分配中心的地位,所以托斯坎[14]被普特俄利取而代之,不足为奇。

确实我们将资本家工业和国家商业的术语应用于它,正确无误,因而狄奥多鲁斯的语言可能会误使人以为这个工业中存在一个真正的工厂体制。可是,我们千万不能进行过多推断。因熔炉无法铸造大量完全熔化的矿石,本可能一同生产的铸铁工具毫无可能,结果每个铁制和钢制工具是在单个铁砧上重复加热和锻造的结果。故此,大概鲜有劳力的分配,也鲜少使用任何单个铁匠所用的省劳力的机器。如狄奥多鲁斯所示,倘若一些生产者利用普特俄利的优越位置,将诸多熟练铁匠、奴隶或自由民,集中到一个房屋中,他们可以被恰如其分地称作资本家生产者,但如在陶器和玻璃工业中所见,我们没有进一步的证据推断一个工厂体制的基本因素。

235　　在这样的情况下,不足为怪铭文昭示单个铁具的生产者在所有大城市处处兴旺。[15]他们作为工匠,保有小商店和一个冶炼厂,在冶炼厂里,借助一两个奴隶学徒,制造铁制品,予以销售。在梵蒂冈的画廊里,一个墓碑石上所绘的商店即为代表。[16]其中一边描绘着一个铸造刀刃的铁匠,另一边是他站在一个刀和镰刀架旁边,向顾客进行销售。任何事情都无法更好地解释罗马工业的一般条件。诸多罗马工匠的墓碑石揭示了铁贸易中流行的相同体制,其中提到特别的制盾者、制剑者、镰刀制造者、盾牌制造者及诸如此类人的工艺。

　　在武器和装甲的生产中,政府的参与改变了贸易条件,但在晚期帝国之前,它并未严重干预私人企业。每个军队[17]在战线后方拥有铁匠团体,制造军队的大炮,修补盾牌、剑和头盔,提供大量矛尖。可是,至少共和国期间,国内工匠做了大量工作,以满足武器需要,原因在于每个军团士兵[18]在开拨之前,不得不自己准备一个头盔、胸甲或者盔甲,一支标准的剑及钢头的长矛。为了应付突如其来的暴乱或入侵,任何规模的城市或许都保有储备丰富的军械
236　库[19],于是向私人商店或大生产者购买武器。无论如何,最近发现的庞贝的全部设备[20]并非产于周边地区。众所周知,在晚期帝国,政府承担了生产部队所需的所有武器和装甲的任务,为此帝国的几个城市建立大型国家工厂。

　　另一方面,至少在加普亚,青铜和铜[21]的生产者似乎已经发展了一个真正的工厂体制。共和国末期和早期帝国,大量青铜器具出产,样式适宜,装饰富有艺术性,如酒壶、大浅盘、长柄勺、碗,更不用说厨房的锅盘了,上述全都带有频繁出现的生产者的名字。这种工艺如出一辙的器皿不但在意大利大量出现,[22]而且在日耳曼

各地亦复如是,甚至远达苏格兰、瑞士和芬兰。或许我们应该到加普亚探寻这些物品的来源。那里,埃特鲁斯坎人在最早期创造了青铜工业;那里加图[23]建议读者购买"青铜桶、酒罐、油桶和水罐与其他铜器";那里普林尼声称其时代最好的青铜制品仍然出产,也正是在那里中世纪的教堂制作了他们的钟。加普亚的墓碑石上经常出现这些物品所带有的家族名字:西皮乌斯(Cipius)、奥皮乌斯(Oppius)、纳塞尼乌斯(Nasennius)和其他人,事实上证实了这样的设想,即加普亚是分布广泛的器具的生产中心。

研究该器具的维勒斯(Willers)相信生产规模宏大,雇佣几千名工人。鉴于在中世纪期间每当发现铜具时会重新融化,欧洲诸多样本的残余物可能证实了他的结论。他使用"工厂"术语,似乎也恰如其分。相比上述的冶铁工业,制造这些器具的生产过程更为错综复杂,需要数目更多的专门工匠。金属熔化,与适当比例的锡和锌混合,在只有熟练工匠能够制造的模型中铸造,之后交由训练有素的抛光工匠,进行雕刻和铸造。这里具有现代工厂的特征,确实不但投入大量资金,而且劳力分配影响深远。

合理的设想是加普亚铸造厂的存在使得赫库兰尼姆(Herculaneum)和庞贝大量出土的雕像、胸像及艺术品中大量使用青铜成为可能。确实,考古学家[24]依然倾向于将大量产品归功于雅典的画室,但诸如庞贝银行家凯基利乌斯·尤昆杜斯(Caecilius Jucundus)之人的胸像,证明当地品质上乘的作品能够在周边生产。在西塞罗时代及之后的一个世纪,加普亚铸造厂大概为居住在那不勒斯的希腊和坎佩尼亚艺术家铸造了大量雕像,而诸多通常认为源自进口的产品大概不久视为当地出产。确实,由于加普亚的青铜工业高度发展,诸多对后来的装饰艺术影响至深的庞贝的精致金属家具、青铜灯台、桌子、火盆以及三脚架成为可能。[25]

尽管需要无数标准尺寸的产品,但在水管生产中——通常是铅制的——工厂体制并未出现。这里,福隆提努斯(Frontinus)关于罗马供水的事务性记述告诉我们部分信息,但主要揭示了主人和制造者的水管的印记。[26]总之,帝国的供水局供应罗马主要的水道,给所有公共地方分配水源,即皇室宫殿、公共浴池、花园及众多穷人取水的免费公共喷泉。在福隆提努斯时代,供水局大约拥有 700 个奴隶来承担所需工作,其中包括制造和安放公共服务的铅管;确定这种管子除了带有供水专员和皇帝的姓名之外,还包括制造者的名字。有趣的是,就如福隆提努斯在其著述中所示,供水局为了部分工作被迫订立合同,经常不得不雇佣独立的水管工。[27]

240　但在罗马,更多水管由私人承包,后者购买开发公共总水管的权利,其中包括城市中的绝大多数豪商巨贾。这样的水管经常印有主人的名字,以便在修补时能够迅速辨认——因为街道下几个水管常常纵横交错。通常制造者也利用这样的场合标明自己的名字。现在名字揭示了一些奇异情况。由发现的大量材料和所载的无数名字来看,似乎任何一个公司都没有获得大合同,或者试图为了大宗定单积累材料,尽管福隆提努斯显示某些标准尺寸大量需要。事实上,一个生产者的名字鲜少在城市两个分隔较远的地区出现,而且当一个合同较大时,显然分配给几个水管工[28]完成。显而易见,出现在水管上的名字总是构成原型的一部分,这表明水管按订单而作,且没有积攒库存。故而,这个流行的体制如此:拥有几个奴隶、少量资金和几个设备的小店主,承接定单,购买金属,[29]将之熔化,轧成被切割成所需长片的板块,焊接成水管,最后进行

241　安放和连接。也就是说,水管工即是水管的制造者。为何要维持这一耗时的体制,难以理解。当然,由于该城鲜少安放主管,加之需要供水的私人公民经常制造长距离的水管,于是以持久形式将主人的名字印在其上尤为重要,这当然体现了该体制的特点。可是,其他方式也可以获得同样结果。似乎这种工业的惯性仅仅说明了小商店体系如何顽强地独善其身,以对抗趋向于集中的明显经济诱因——这种现象众所周知,需要进一步加以说明。

　　希腊姓氏的频繁出现表明从事此类贸易的人民,如若是独立的店主,通常是被释奴,或是与被释奴大同小异的一般等级。确实,他们通常仅仅从事其作为奴隶时在帝国或自治市官署所学习的贸易。有鉴于此,给阿庇亚大道上[30]的豪华别墅铺设水管的水管工是

皇帝的一个被释奴,而在奥斯提亚,几个水管工带有描述性的奥斯蒂亚(Ostiensis)之名,而非家族姓名。

最后,珠宝商和金匠的活动说明了工业的不同倾向。没有证据表明大规模生产在此贸易中发挥任何作用。尽管我们有时听说显然并非工匠的商人(negotiantes),但戒指、项饰和珍贵宝石[31]的饰物一般在小商店制作和出售。由于原材料昂贵,定制生产的体制广泛流行,我们经常听说私人将旧黄金或未经切割的宝石带给金匠,以制成首饰。[32]这绝非唯一的做法。法学家[33]提到的诉讼案件也暗示金匠有时是自己拥有原材料的手艺人;诸多珠宝商的墓碑石证明其拥有大量财富,其上记录了诸多遗产,[34]或是列举了许多长期为其服务的被释奴。如同其他工业,在该工业中,富有的保护人经常给一个工匠的商店配备一个熟练奴隶或被释奴,以作为一种有利可图的投资方式。这种保护人为纪念被释奴所作的铭文[35],部分内容如下:

"献给 M. 卡努勒乌斯·佐西莫斯(Canuleius Zosimus)——保护人致其被释奴。他从不违背保护人的意愿行事。尽管他总是持有金银,但不图一文。他擅长雕刻克洛狄亚(Clodia)陶器。"

与珠宝商密切相关的是琢玉石者,凹雕玉石和浮雕宝石的切割者,有时二者被视为一体。[36]在古代,这种工艺的地位举足轻重,原因就在于最微不足道之人都有自己的图章戒指,且在共和国后期,罗马贵族为制作印章控制了最好的宝石雕刻师的服务,其中多件仍被珍视为高雅艺术品。当然所有等级的作品一应俱全。奉召从东方前来制作皇帝印章的狄俄斯库里德,被视为上等艺术家,无疑不需要开店。他即是一个典型例子,作为一个希腊和东方工匠,在财富大潮的推动下,移居罗马。另一方面粗陋的墓碑石铭文所示的工匠,自称宝石雕刻师,[37]来自珠宝商之街"神圣大道"。这里显然有一排商店,那里工匠接收定单,进行工作。他们的名字似乎表明其为被释奴。他们或许已经作为奴隶学徒受到训练,并通过特别劳动积攒了充足金钱,来赎买自由,并开设自己的商店。最后有一个以希腊语签名的特别团体,尽管第一个名字是拉丁姓氏。大概指定的这些人也是移民艺术家,但可能出于对他们工作的赏识,由国家直接赐予公民权——使用罗马名字的权利。换言之,他们使用罗马的前名,以此与被释奴相区别,但用希腊语写名字,以此方式说他们的工作不是普通且粗糙的当地切割加工。签名似乎表明对于一个精良工艺而言,至少罗马不得不主要利用希腊和东方的工匠。更为普通的工作由奴隶学徒完成,就如在其他贸易中一样,这里小商店的生意也由被释奴等级经营。资本主义生产线的生产自然是绝无可能,不仅因为顾客要求一些公认艺术家的特别制作,而且因为绝大多数工作不得不按定单来完成。

原注

1 Cf. Rodbertus, *Jahrb. F. Nationalök.* IV, 341; Bücher, *Entstehung d. Volkswirtschaft*⁴, 1904, p. 117. E. Meyer, *Kleine Schriften*, pp. 79ff. and 169 ff 持相反观点。两种观点的支持者已经站不住脚。Gummerus, art, *Handel und Industrie* in Pauly-Wissowa 言之凿凿。在下面的 5 章中,材料主要来自意大利最伟大的工业活动时期,即共和国最后半世纪与帝国的头一个世纪。资料只引用了早期法学家。

2 Corpus Inscriptionum Latinarum 第 15 卷收集此类铭文。

3 见 *C. I. L.* XV, 702 and XI, 1081; Chase. *Catalogue of Arretine Pottery* (with bibliography), 1916。

4 见 *Am. Hist. Review*, 1916, p. 693,关于标准;参见 Oxé, *Rhein. Mus.* 1904, 108。两个世纪以前产于卡莱斯的陶器几乎完全是身为自由民的店主所设计的,见 Pagenstecher, *Die calen, Reliefkeramik*, p. 148ff。

5 *Notizie degli Scavi*, 1896, p. 455,描绘了一个巨大陶器。这个混合大桶有 1 万加仑的容量。高卢陶器也大量出产:Déchelette, *Les vases céramiques de la Gaule*, p. 91; Hermet, *Les graffites de la Graufesenque*。

6 Atkinson, *Jour. Of Roman Studies*, IV. 27.

7 *C. I. L.* XV, 784; Fink, *Sitzungsb. Akad. München*, 1900; Loeschcke, *Keramische Funde in Haltern*, p. 210.

8 Loeschcke, op. cit. p. 210.

9　Kisa, *Das Glas im Altertum*, pp. 261, 702; Eisen, *Am. Jour. Arch.*
1916, p. 143; Morin, *La Verrerie in Gaule*, 1913; *C. I. L.* XV, 871.

10　*C. I. L.* XV, 1.

11　Jullian, Art. *Fabri*, Daremberg-Saglio; Blümner, *Technologie*, IV; Cou,
Antiquities from Boscoreale, Chicaco, 1912, 描述了赫利俄斯·弗洛鲁斯
别墅的农具。

12　Livy, XXVIII, 45。该城在斯特拉波时代废弃:5,2,6,大堆炉渣现在被
重新冶炼。

13　Diodorus, V, 13。在加图时代,坎佩尼亚边境上的卡莱斯生产优质铁器。
工业可能已经由那里转到普特俄利。当然在罗马人大量进口的物品中,
西班牙、诺里库姆和安纳托利亚也制造优质钢铁。

14　普林尼偶尔提及元老院的一个古代决议禁止开矿,这引出大量无益的猜
测(Pliny, *N. H.* III, 138; XXXVII, 201)。在斯特拉波时代,埃尔巴铁
矿仍在运转,无疑只要有利可图,将一直如此。公元前 3 世纪,高卢人入
侵意大利,并在北埃特鲁里亚发现武器,此时元老院大概曾下令关闭矿
山。不要忘记,波尔杉纳以前禁止使用拉丁姆的铁,除了制造农具之外。
不必说,罗马联盟完全控制意大利时,这个元老院决议一定已成一纸空
文。限制维尔塞莱黄金输出的法律 (*N. H.* XXXIII, 78),普林尼也予以
引用,大概意图阻止价钱的忽然波动,就如阿奎莱亚发现黄金时那样
(Pol. XXXIV, 10)。黄金砂矿未能良久出产,于是该法的废除并无必要,
这似乎使普林尼误信这些法律在其时代依然生效。

15　*C. I. L.* VI, 9886, 2196, 1952, 9442, 9260; II, 3357; X, 3984, 3987;
Cic. Cat. I, 8 提到罗马造镰刀匠人的一个房屋。*C. I. L.* VI, 1892 中提
到罗马的工匠行会。庞贝似乎拥有没有冶炼厂的五金店;或许该城的绝
大多数铁器是普特俄利的工厂供应。瓦罗也提到从一个农场流动到另
一个农场的铁匠,而且一些地主发现应将奴隶训练为铁匠,见 *C. I. L.*
VI, 6283 - 6285, and Cic. *Pro Plancio*, 62。

16　Amelung, I, 275.

17　Vegetius, II, 11; Livy, XXVI, 51; XXIX, 35; Polyb. X, 17.

18　Tac. Ann. I, 17.

19　Cic. *Pro Rab.* 20; Tac. *Hist.* I, 38.

20　Notizie degli Scavi, 1916, p. 432. Della Corte, *Juventus*, p. 60,认为它是

一个青年人讲堂(scola juventutis)。

21 见 Willers, *Bronzeeimer von Hemmoor*, p. 213; *Neue Untersuchungen*; *Studien z. Griechische Kunst*, p. 156; Mau-Kelsey, *Pompeii*, pp. 369 – 379,关于例证。参见 Pliny, *N. H.* XXXIII, 130. Winter, *Die Hell. Kunst in Pomp.* IV,29 认为最好的器皿来自亚历山大里亚和南意大利的希腊城市。

22 *C. I. L.* XV,记载了这些罗马铭文。

23 Cato, *R. R.* 135; Pliny, *N. H.* XXXIV, 95; cf. Horace, *Serm.* I, 6,116.

24 Deonna, *Statuaria* in Daremb-Saglio; *Jour. Hell. Stud.* 1903, p. 217.

25 遗憾的是,我们无法断定这种加普亚工业中使用哪个等级的劳动力,因为我不知道这些签名属于工厂的主人、设计者抑或是工人。尤因苏拉和三头的经常征用剥夺了诸多当地人的土地,所以在主要盛行希腊思想的坎佩尼亚,许多自由工人很可能在商店里面劳动。

26 *C. I. L.* XV, 906 ff.

27 *C. I. L.* XV, 7279 – 7283,7289,7309. 将 7325 和 7523 进行比较,7333 和 7409 一同比较。

28 *C. I. L.* XV, 7369 – 7373.

29 铅极为便宜,因为绝大多数银矿出产了作为副产品的铅,供大于求。Pliny, XXXIV, 161 提到铅管的价钱是每磅 1 分。

30 *C. I. L.* XV, 7799.

31 古梅鲁斯最近在 *Klio*, vol. XIV and XV 中讨论了这一问题。

32 Plautus, *Men.* 525; *Digest*, 19,2,31;34,2,34;41,1,77;19,22,1。戴克里先饬令认为习俗在此工业中发生作用,但是在自由劳动力受到限制的晚期。

33 *Digest*, 19,5,20,2.

34 *C. I. L.* VI, 2226,9433,9544 – 9545,9547,9950,30973.

35 *C. I. L.* VI,9222.

36 Furtwängler, *Antike Gemmen.* p. 300, and plates 49 and 50。参见 *Arch. Jahrb.* 1888。

37 *C. I. L.* VI, 9433 – 9436,9545 – 9549,33872.

第 14 章　工业（续）

仅从大工业中得出的推论必然导致结论部分谬误。幸运的是，我们能够通过庞贝城废墟的遗迹，详细考察一个古代城市的经济结构，丰富关于工业条件的设想。庞贝城在各方面均非一个典型的罗马城市。无疑一个小港城有利于商业，而非工业。生活在一个西塞罗时代仍然半希腊化的地区，较之罗马守旧贵族，居民以更为和善的眼光来看待公共劳动。但我们不应过分强调差异。主导庞贝政治和社会的等级是富有地主，是苏拉的罗马老兵的后裔，身上自然带有罗马的社会习俗。规模的不同并未导致他们的经济政权出现天壤之别：较之今天而言，在公平分配产品的时代，一个拥有 25000 灵魂的城市更为重要。若能复原尼禄时期罗马典型街道的几个街区，我们会发现其商店和货摊难与庞贝城相提并论。勤勉的意大利发掘者所揭示的庞贝城的图景，可以谨慎地用来说明罗马经济。[1]

就如必须仔细节省空间的古代筑有城墙的城市一样，庞贝的商店排列在热闹的大街之上，而居民房屋建于街区中心。[2]鉴于整个城市均采用这种体制，我们可以考察一个典型的建筑群，[3]七区 2 号，以追溯工业和社会等级之间的一些联系。该建筑群包括 40 个主要沿热闹街道——斯塔比亚（Stabiana）大街和奥古斯塔利（Augustali）大街——排列的商店和货摊，此外还有约 10 个通常面向安静街道的住处，它们向中心集中，带有走廊。斯塔比亚大街的第一个大房子（6 号）属于深受欢迎的面包师帕奎乌斯·普罗库路斯（Paquius Proculus），此人曾以压倒性多数高票当选二人执政官

247 之一,[4]并常以此引以为荣,于是将自己愚笨但亲切且谦卑的肖像,绘在白色托加上,绘在他连接此房屋与毗连房屋的客厅墙上,[5]并献出两所房屋的花园建造磨坊和面包店工场。尽管主人愿意生活在磨坊范围内,但不愿直接在家前的五个商店展示自己的器皿。商店与房屋分开。由附近出现的一个选举布告[6]判断,普罗库路斯在对面街区拥有一个大型面包店和蛋糕店(Reg. IX, 3, 10),该街区还有一个拥有五个磨坊的面包店。这里他的法庭托加大概更少受到职业灰尘的玷污。有趣的是,这个二头执政官大概积极参与磨坊和烘烤的扩大业务。他完全可以代表家道富裕的工业等级,庞贝自治市的小贵族官员主要归属于这一等级。

11号是一个中等规模的房屋。在早期帝国,当制衣工业在庞贝占有重要地位时,此房变为一个染色公司。这确实是保守的庞贝工业倾向的特征,即业主并未兴建一个建筑来满足需要,而是将之建在一个房屋里,以用于家用,当然这些房间决非为此用途所

248 用。所有者,如面包师普罗库路斯,显然使用房屋的一部分作为居处。

下一个值得注意的住处是16号。它极为宽敞,拥有一个金碧辉煌的列柱走廊,并给那不勒斯博物馆提供了几幅引人注目的壁画。[7]主人似乎是 M. 盖维乌斯·鲁弗斯(Gavius Rufus),一个家有资财之人。他的收入来源是什么,我们不得而知,他的房屋实际上并没有与任何商店或者货摊相连。

下一户(18 号)住着 C. 维比乌斯(Vibius),大概姓塞维鲁(Severus),理由是近边发现了维比乌斯·塞维鲁的 12 个选举海报。果不其然的话,他也抱有担任二头执政官的野心。他也将其房屋的后面部分变为一个工厂,原因在于列柱走廊后面的房间充作一个储藏间,由此直接与后街的一个商店相连。

N. 波皮迪乌斯·普里斯库斯(Popidius Priscus)居住在下一房间(20 号,属于马尔米[Marmi]的房屋[8]),街区最大最富丽堂皇的房屋,鉴于该家族名出现在欧斯干一个列柱走廊的古老石头铭文上,显然它长期归属于这一家族。[9]可是,对于任何沿此房屋通向街

区其他地方的不同商店之人而言，不容易发现这一信息来源。确实，就如面包师刻在蛋糕上的一样，此房出现了一个铜印记，且印记带有名字波皮迪乌斯。不足为怪，发掘者发现一个由房屋中庭引向街角的生意兴旺的面包店。这里有五个通常类型的磨坊，使用一种设计巧妙的机器，马力用于揉面，结果一个面包师的烤箱每天可生产 2000 条面包和大量蛋糕，但他们既没有展览柜台，也没有门面招揽购买者。波皮迪乌斯或许在其他地方有门市店，抑或批发货物。这并非其唯一的投资。在房屋后面，一道门通向一个宽敞的酒吧间（47 号），其中拥有大量酒罐，沿街有一个宽大的双门。最后另一个后门通往若干房间（38 号），它们似乎构成了一个工场，而在街道上设有两个门市部——我们知道这里生产和出售何种商品，他的各种收入来源为何——他大概也是一个地主——由其房屋的富丽堂皇来判断，土地数量不少。

35 号是一个中等规模的房屋，具有上等庞贝房屋的特征，直接与街道上的两个工厂，27 号和 30 号相连。前一工厂拥有一个固定的工作台，而且两个小房间之一有个小熔炉，但 30 号房屋没有任何东西揭示其产品的特征。

这些就是掩蔽在里面的房屋，它们以毗邻 4 个街道的环形小商店为生。较之罗马的古板文学俯就指出的事实，它们给我们提供了鲜少行省贵族化而稍微老于世故的社会图景——通过对其他街区的研究证明它具有典型性。这些用丘比特画像和农牧神大理石装饰庭院之人，这些用荷马和欧里庇得斯（Euripides）的神话装饰餐厅墙面之人，这些由同伴市民推举出任最高的城市官职[10]，且获得崇高荣耀之人，这些庞贝的头面人物，在某种程度上是富裕的面包师、制陶工人及制革工人，他们并不蔑视从商店和货摊中获得生计，只要累积的利润丰厚。

但是，该街区数量更多的门户仅仅通向一个、两个或三个房间的独立商店，通向其他由一个楼梯连接一两个阳台房间的小商店。这里，正是另一半居民，或者 9/10，凭借特有工作密集居住于最狭窄的区域和沿街门市房。这事实上是小专家众多的古代工业的实质。两个明显的标志经常昭示了它们的目的：一是一些工作台、铁匠铺或熔炉的遗迹，这证明了居民是一个工匠；二是一个带有凹槽的宽阔门楣，这表明该商店白天大开门户，以招待顾客。作为金匠的丘比特的著名画像[11]恰如其分地提供了工业生活的构想。几个工人分别工作于熔炉、铁砧和工作台，其中一些人在中心从事销售。除了庞贝拥有比首都更多的非奴隶工匠之外，这种工厂与门市房的结合是罗马标准工业的典型特点。通常正是从诸如此类商店之中，罗马获得鞋、托加、首饰、灯、家具、房屋装饰品及厨房用具。

之后环行任何庞贝的街区，第一印象就是一个拥有不计其数小房间的喧闹地区，那里贫穷工匠制造和销售少量特产，但里面的空间由富人占据，后者在一定程度上进行管理，并以这些小工厂的收入为生。可是，对整个城市的广泛研究会使我们对该城的工业作出更为复杂的定义；且就这一研究而论，首要的就是考察商店里所现的商品，尤其是带有铭文和商标的物品。普通的赤土陶器餐具[12]当然源自进口。其中大部分来自著名的阿雷佐陶器，而其他产品则由普特俄利[13]、加普亚公司与高卢的新陶器供应。没有证据表明庞贝陶器厂制造了任何沙玛音陶器。甚至庞贝大量简单的舂捣器皿，[14]一般也来自进口。至少其中诸多商品带有著名的罗马瓦制造者的标记，而无一是已知的当地器具的商标。

另一方面，所有质量粗糙且容量庞大的赤土陶器，如瓦[15]和酒罐，造于附近。事实上，赫库兰尼姆（Herculaneum）最受欢迎的 L. 维塞里乌斯（Visellius）的器皿，是唯一大量供给几个坎佩尼亚城市的产品。值得注意的是，50 多个生产者提供此类器皿，但大量印记只提到两三个制造者。故此，这些物品的生产并未出现垄断。极为可能，就如在罗马一样，制瓦事实上被看作是农业的一个分支，并且任何拥有适合粘土的农民倾向于烧制瓦罐，以留作自用，如果方便的话，也供应附近的顾客。

身家富有的庞贝人置于桌上的壮观银盘，[16]大部分是坎佩尼亚商店的产品。唯一带有制造者签名的伯斯科雷阿莱（Boscoreale）珍藏品是一面镜子，上面带有一个罗马公民的签名，大概是被释奴出身的 M. 多米提乌斯・波利格诺斯（Domitius Polygnos）；所有权的标记全是拉丁文；两个质量最好的茶杯大概模仿罗马凯旋拱门上的图像，在背景上描绘了奥古斯都和提比略。[17] 如果上述优质产品能够在意大利制造，其他产品亦复如是，尽管一些样品显然来自亚历山大里亚城。因城中有银匠，甚至庞贝工匠可以生产这种产品。[18] 也许我们可以更进一步，认为这种器皿的生产在很大程度上已从独立的手艺人之手转由大生产者控制。倘若此类商店已引入分配劳动力的原则，以致每个工人履行固定的任务，而非生产整个产品，那么我们可以解释为何这些复杂产品鲜有签名，为何来自埃及、叙利亚和罗马的主题和设计一并出现，为何某些物品上的雕刻、模板图案与标记经常不相一致，最终为何意大利铭文提到银器工作中的专家，后者显然承担作品极其有限的部分，例如制作图样者、铸造者、研磨者、镀金者及雕工。[19] 确实，当普林尼抱怨银盘样式改变，要求采用富尔尼亚那（Furniana）、克洛狄亚那（Clodiana）和格拉提亚那式（Gratiana）时，他似乎提到了产量丰富的商店。[20] 私人工匠能否给市场带来如此大的影响，不得其详。 254

上一章所述的铜铁工业的情形，与庞贝的情况别无二致。该城如此接近普特俄利和加普亚的铁铜工厂，故此不需要大量当地产品。我们似乎发现了没有锻造车间或者工作台[21]的一般"五金商店"，而非结合生产和销售的许多小商店。虽经几个世纪的劫掠，但在这些地方我们发现了几个农场工具、锁和钥匙、厨房用具、马具、甚至青铜饰品及廉价的天然艺术品残片。

当然，大量精巧雅致的庞贝家具在哪里出产，如何生产，我们不得而知，其中任何一件都未带有泄露实情的工厂签名。许多更简单的物品无疑是在小商店制造的，但是发掘者仍未发现配备齐全以致能够出产更优质产品的商店。床、椅子和桌榻无疑需要诸多技术娴熟的工匠精心生产，[22] 倘若不投入大量资金，人们无法集中必需的原材料。这些产品的支柱一般是木制的，需要旋转车床，通常需要娴熟的手工雕刻，也通常需要木造镶嵌细工工人的工艺。 255

如果框架是木制的,那么它们经常嵌以纹饰富丽的青铜和白银、轮廓鲜明的象牙,有时是龟甲或珍贵的石头。头枕和椅背通常镶上饰片,或嵌以花样,而装饰漂亮的金属支架通常采取技艺精良的锻造马头、海豚、森林之神及诸如此类的形状,有时做成模型,有时也被锤成各种形状,抑或手工雕刻的小雕像。即使一些金属饰品能够由加普亚的铸造厂定制,但这种家具暗示了一个复杂工厂的存在,其中雇佣众多精于各种木材和金属工艺的手艺人。切好的大理石、桌子的优良木材和精细金属、摊位和大烛台的组合也意味着工厂的生产。罗马铭文(CIL. vi, 9258)大概提到了一个那不勒斯的香橼木材工人,这或许可以作为一个线索,来探察庞贝附近工业

256 的位置。由罗马存在一个出售象牙者和经销商的行会推断(其法仍有残存[CIL. vi, 33885]),大量木造镶嵌细工家具是由这些中心进口到罗马的。

就如我们已见,小麦磨粉和面包制作中已开展批发贸易,尽管就这一事例的性质而言,这种贸易不可能广泛扩展到城市之外,"城市经济"是必然结果。当然,极少庞贝家庭拥有烤炉,来烘烤面包,尽管如同今天的意大利城市,该城的一些大烤炉出于公用。虽拥有大量家仆,但如何迅速地将此贸易集中在大商店中,我们不得而知,燃料的缺乏及未能发明足够碾磨小麦的方法或许可以解释。在罗马,就如我们由马乔里大门的铭文[23]及面包师坟墓的精巧中楣所推断的那样,批发面包师迅速控制了该城的面包贸易。而在帝国期间,政府决定不再向穷人发放粮食,而代之以面包,于是接管了这种生意。

257 酒类一定也有一些批发贸易,[24]理由是双耳酒罐上的商标证明商品从科亚(Coa)、克尼迪亚(Cnidia)和西西里进口,更不用说法勒尼亚(Falernia)和库麦商标了。科尔涅利乌斯·赫梅洛斯(Cornelius Hermeros)大概是一个批发酒的商人,[25]缘于几种进口酒、古老的国内酒及其他"瓶装商品"的商标上出现他的标记。然而,庞贝没有出现大酒商的仓库,且在一千多个商标中,名字罕有重复,以致易使人误信存在一个有组织的中间人酒商体制。鉴于

144

酒罐经常冠以地产的名字，[26]我们应将个人名字和起首字母部分归于葡萄园的主人，部分归于产酒的地产的主管。[27]由此，我们可以得出结论，酒通常供应给主人和葡萄园的私人酒窖，甚至现在阿尔班山的葡萄种植者每天早晨出售满满一车给罗马。在罗马，由于大量进口品牌的需求，加上手头需携带大笔存货，这种贸易自然占更大比例。鉴于史载，在凯旋场合，一天之内向人民分发几十万加仑的酒稀松平常，我们有时可以认识到不得不掌握多大数量。 258

如葡萄酒一样，庞贝的种植者向小零售商适量分配橄榄油，几乎不受油商的干预。该城未见任何容量巨大的储藏室，而置于小商店周围的油罐通常带有附近种植园的名字。加图[28]暗示说油的生产大概曾掌握在一个特别等级手中，理由是他谈到一个订约人，此人购买树上的作物，进行收割，并制成油。那时，鉴于橄榄油仍被视为奢侈品，意大利农民或许尚未彻底熟悉众所公认的生产过程，抑或那时这种产品或许不易在市场上销售。但因螺旋压榨机的发明，任何种植园都可以安装一个廉价且易于操控的榨油机，所以生产者通常榨油，并进行分配，结果我们在庞贝所发现的情况无疑普遍存在。当然，罗马的情形独树一帜。富有的享乐主义者要求最好的南意大利、西班牙和阿非利加的产品，由此那里形成了统 259 一的油商行会。在帝国时代，蛊惑人心的君主通过向人民赐油，开始干预这种贸易和附近的生产，直到最后完全控制罗马的油贸易。商业中心后面的破罐山，称为特斯塔奇奥山（Monte Testaccio）——这是一战期间意大利军队用来存放防空枪支的地点——部分包含西班牙和阿非利加给政府带来必需品的木桶。

在所谓的加鲁姆（garum）[29]和利夸门（liquamen）的著名鱼酱生产中，富有的二头执政官之一温布里奇乌斯·斯考卢斯（Umbricius Scaurus）及其被释奴详尽透彻地说明了大规模的工厂方法。在庞贝，带有著名的制造者商标的陶罐经常出现，证明这种生意举足轻重，而其标记声名远扬，显示他的公司几乎垄断国内贸易。这里也有几个远销外国市场的庞贝产品。普林尼知道罗马出现了三个最知名商标之一的庞贝鱼酱，加之一个的确标有 gar. Pompeian 的陶罐。[30]尽管斯考卢斯的成功,但在其故城中享乐主义者依然渴望最好的商标,西班牙包税人的大型合资公司的鱼酱。[31] M. 盖维乌斯·鲁弗斯的房中出土了一个带有此类商标的陶罐。

我们不甚了解罗马世界服装贸易的组织,也许庞贝会在某一天提供解答问题的基本事实。庞贝和阿马尔菲(Amalfi)之间的山脉一定为数千只绵羊提供了牧场,[32]加之拥有老式房屋的设备精良的漂布工厂在该城几个区层出不穷,表明该城已成为坎佩尼亚服装贸易的重要中心。在中世纪,当衣服首先由家庭生产制作时,绵羊的养殖者,或织布者,或漂洗工通常承担了创业者的角色,通过购买羊毛组织一个乡村地区的贸易,将之交由纺纱工人,之后转交织布工人,如此从家庭到家庭,直至成品准备上市。现在随着出口贸易的发展,布商和服装商进一步加以组织,并将商品集中到一个共同的大厅中,诸如伦敦的布莱克韦尔(Blackwell)大厅,那里私人购买者可以选择他们的商品,由此布商行会的代理人可以到外国市场销售剩余产品,以促进所有行会成员的共同利益。直到机器的发明需要将各种工匠聚到拥有必备马力的地方,大工厂才应运而生。[33]

在庞贝,由普遍存在的锭盘和秤砣推断,显然纺纱和织布依然在家庭中进行;而刻写在特伦修斯·欧多克索斯(Terentius Eudoxus)[34]房屋柱子上的任务单揭示了一个家庭的 11 个女奴如何打发空余时间。确实,只要纺纱和织布的简单工艺能轻易利用家庭的闲置能量,以避免浪费,那么显然既不需要高功率的机器,也没有大规模工厂生产的可能。这解释了为何古代意大利没有出现纺纱工和织布工的行会。

随后的制衣过程不尽相同。现在,甚至中等收入的人民也不再使用直接来自家庭纺纱机的手织物。于是它不得不交由漂洗工,进行复杂的清洗、漂白、[35]压印、梳理和修剪工艺。之后,也许在漂布工厂加工抑或反之的染工,将布料制成一件精美的产品,对此庞贝壁画的人物提供了暗淡的印象。在庞贝,使用大桶方法的漂布工厂、复杂的贸易过程及熟练的工人团体,或许可以恰如其分地称为一个工厂；但是，任何漂布工厂均未超出极其狭窄的普通住宅范围，正是古代保守方法的特征。

庞贝的漂洗工似乎采取了与众不同的步骤，向组织整体贸易发展。在早期帝国，一个慷慨的女祭司欧玛奇亚（Eumachia）在广场附近建造了一个规模庞大的大厅，以供漂洗工使用。[36]这个建筑当然并非一个漂布工厂，如伦敦的布莱克韦尔一样，它只是一个售货摊大厅。换言之，就如英国经常出现的那样，大概这些漂洗工在生产过程中最后处理布料，直接购买原料，进行加工，也予以分配。目前我们确信如此，但尚不清楚他们是否试图通过购买尚未加工的羊毛，承包纺纱和织布，来组织整个贸易。我们也不知道，他们是否类似于英格兰的布商行会，试图通过公司的代理人，外销产品。　263

在这种贸易中，庞贝似乎再次代表了罗马世界中的一般做法。罗马作者一般认为家庭女仆在空闲时间忙于纺纱和织布；[37]我们没有意大利的服装工厂的证据；[38]我们的铭文中并未提到织布者或者纺纱者行会，而漂洗工的行会是其中最为重要的一个。确实，庞贝之外还有几个城市为之建造了特别建筑，[39]而罗马豁免它们的公共水费。[40]我们或许认为，罗马和其他大城市的富贵显达并未大量穿手织物。无疑，漂洗工能用家庭织布机制作大量上等服装，当布料　264
经过娴熟的漂洗、梳理和染色时，能够变为整体上令人满意的衣服，拿到市场上出售。对于吹毛求疵之人，总有从埃及国家工厂进口[41]的材料，安纳托利亚（Anatolia）的手工织物、叙利亚的精选紫色染料及希腊内陆的“科亚”丝绸。对于服装的生产，没有大规模工业存在的需要，原因在于绝大多数衣服是按照人们所穿着的样式，由纺织机加工的简单布料产品。

就如各地一样，庞贝的鞋贸易掌握在个人鞋匠手里，后者一般被视为身份卑微之人。显然他们在该城组建了一个行会，也建造几个商店。4 区 3 号的商店即为典型代表，那里皮匠通过充当门房，勉强维持微薄收益。在罗马，鞋匠似乎大量加入苏布拉（Subura）的鞋匠协会。任何试图在雅典皮匠区或君士坦丁堡

(Constantinople)集市的街道货架买鞋之人,都可以通过设想还原鞋店的行列。罗马一个专门生产女鞋之人的行会,[42]声称有约300名成员,这足以证明鞋贸易分配精细。

相比之下,提供皮革给鞋匠的制革工人更为重要。小规模制革无利可图,理由是保存几张皮革所需的空间和设备也可用于保存大量皮革,且在保存期间需要一些现钱周转。庞贝1区5号出土的大制革厂[43]大概给该城的鞋匠和马具生产者提供了所需的全部皮革。这里有一个例子表明,这种工业本来固有的经济动因迅速导致大规模生产。

至于农业,从加图和瓦罗的著名论述中,我们已经看到至公元前2世纪中期农业在很大程度上发展为资本主义事业。由距庞贝两里的伯斯科雷阿莱的一个农庄遗迹中,我们现在能够复原一个典型种植园的图景。[44]据大量的农具、酒桶以及诸如此类物品判断,主人实际上是一个农民。可是,他的银盘现在据信为卢浮宫的特别珍藏之一,证明他是一个具有城市教养和社会关系之人,腰缠万贯,足以满足极为吹毛求疵的喜好。[45]

不管其他种植园主可能做什么,但从生产和消费的角度来讲,地主是世界商业和工业的主体。所谓的家庭经济在其家有体制中不占一席之地。他为市场生产几个特制品,着眼于赢利,而鲜少关心自己的地产是否满足家庭需要。两个强大的压力机和一个几乎能够容纳12000加仑酒罐的库房证实,他的农场主要致力于栽种葡萄。一个磨粉机、一个压力机和几百加仑容量的酒罐昭示,农场也种植橄榄。鲜少粮食用于牲畜蓄养,显然也很少需要甘草。对工具房的调查很有启发性。鹤嘴锄、镐、修枝刀及镰刀数量繁多表明农场工作局限于狭小范围,锤子和剪刀的缺乏也可为证。一个小磨粉机和烤炉显示有足够粮食用于家用,但我们尚未找到任何证据证实传统观点,即这样的家庭本应有一个纺纱和织布的女奴。鉴于维苏威附近的土壤富饶肥沃,致使无法用作牧场,所以该农场也许不生产羊毛,衣服或许是买来的。而就劳动力和工具而论,大种植园不依赖市场,这种设想似乎不符合这里的情形。不必说,由流行的网状砖石建筑样式所示，房屋由熟练的泥瓦匠建造，由该城专业画家绘以壁画，饰有赤土陶器饰品，且配备了标准的浴缸，加之一个需要庞贝最昂贵水管工服务的精巧热水系统。这些东西与银器、艺术青铜及流行的家具相得益彰。甚至库房的工具也是由技术娴熟的工匠制作的标准样式，陶器带有工厂印记，砖带有庞贝的已知商标。事实上，鉴于房主将营生体制适用于农村的生产之中，地主已大大超越了以前的农业做法。此人与土地的关系无足轻重。对其而言，土地是利用其所能谋生的获利来生产特别产品的工厂。他住在其农场中，仅仅缘于他便于就近打理生意，或者因为喜欢这里的空气，而非因为农场给其提供面包、奶酪及手织物。

　　这就是该城的经济结构，由此决定了社会体制。首先，就如在罗马一样，农业一定是庞贝最体面的职业，无疑，维苏威斜坡上的葡萄园和下面肥沃的蔬菜园——而非庞贝的商店，正是公元前 80 年苏拉分给老兵的一部分土地。在早期，当该城政府掌于殖民者之手时，这些人一定把持所有高级官职；霍尔考尼乌斯（Holconius）、昆克提乌斯（Quinctius）和无数其他铭文大量记载的官员一定属于这个等级。但就如我们已见，工业利润确实得到认可，诸如维迪乌斯·西里库斯（Vedius Siricus）的油膏收益，普遍存在的包装鱼肉的商标，萨基尼乌斯（Saginius）和欧玛奇乌斯（Eumachius）的瓦印记，加之普罗库路斯（Proculus）的磨粉厂即为显例，尽管这些人为当选官员。与这些人一样穷奢极欲，银行拍卖人凯基利乌斯·尤昆杜斯（Caecilius Jucundus）未能担任二头执政官之一，原因并不在于其缺乏名望。他大概不符合关于市政的朱里亚法（lex Julia municipalis）的规定，该法剥夺了拍卖者[46]担任城市官职的资格，显然是为了限制承包人参与政治。

　　当然，如西塞罗的信件所示，罗马的诸多有利可图的生意一定是由可信的被释奴所经营的，但在庞贝，那里诸多当地人是希腊人，且仍然带有希腊姓氏，因此要通过命名方式认定自由民并非易事。无论如何，在坟墓区，最精巧的建筑也许并非为了夸耀一个六人官职的荣誉,由此会揭示被释奴的身份。

奴隶当然参与该城的工业生活,不但体力工作交托给他们,而且行政工作也如此。signacula,过去常用于给商品印商标并使文献合法化的印信和图章,通常带有一个主管奴隶及其主人的名字。例如,现存于那不勒斯博物馆的几条面包标有"塞莱尔·Q.格拉尼乌斯·维鲁斯的奴隶"(CIL. X. 8058,18)。

如若从选举布告上判断,我们会发现庞贝似乎拥有大量自由人口。明确支持候选人的行会成员不但有富有的漂洗工、磨房主和面包师;有诸如金匠和修鞋匠(veterarius)的小店主;有诸如水果商和药膏商的小货摊和售货亭的商人;也有染工(fectores 和 infectores)的工人团体,门房(saccari),收割人员(vindemitores)及木工(lignari)。确实由这样的选举海报无法作出这样的推论,即每个支持者都是公民,但无疑这个劳工行会主要由奴隶构成。[47]由不计其数的酒吧间和餐馆判断,其中有大量自由的穷困工人。诸多此类地方的存在大概依靠穷困的自由民,后者每天花少量金钱,购买一点美食。其中一些劳动者是独立工匠,在他们的两三间房前经营小生意;其他人是富人的门客。许多人以前是奴隶,获释之后被主人安置在一些小商店,通常按百分比分成。这些被释奴或许占据这些与上述街区中几个大房屋相连的商店和货摊。

我们现在已经考察了罗马工业的方法,并试图观察它们在一个城市中的应用。不与试图以一个包罗万象的模式来描述这种复杂情况的经济学家针锋相对,显然是明智之举。然而,鉴于变化无穷的力量经常产生新的情况,且这一数据不足以下断语,故此可以试图将这些限制罗马工业发展的因素进行分类。[48]

在西塞罗时代,意大利的山脉大概实行原始家庭的简单经济,但鲜有遗迹。罗马农庄经常意图自给自足,满足其所有需求,并拥有能够完成普通工作和技术活的奴隶。倘若事实如此,那么自给自足不是原始状态的特征——就如在我们自己的边境生活中一样——而是一个复杂的资本主义经济的特点,其中吹毛求疵的地主能够满足他的每一次心血来潮。

在这些城市中，我们发现了一个在诸多方面类似于 19 世纪早期新英格兰的工业体制，那里仍未使用蒸汽动力的内陆城市的本地工匠，生产了每个城市所需的绝大多数物品。然而，现在诸多罗马城市发展壮大，有财力购买奢侈品和佳肴的富人数量大增，远超早期共和国时代。为了满足这些需求，一个包罗万象的商业已长期存在，且在一些生产线中，致力于广阔市场的工业也已应运而生。

促进大规模和垄断性生产的因素与今天相去无几。拥有一个新的玻璃吹制装置，似乎说明了西顿玻璃制造者的成功，后者显然在拉丁海岸建造了一个工厂；在提供了合意黏土的地方，娴熟工人和艺术设计者聚集于此，使得沙玛音陶器夺取了半个世界的贸易；272 同样拥有好配方为某些食物特产赢得了广阔市场，如美味的鱼和酒的预制商标。银和铜器倾向于集中生产，部分缘于同时需要诸多训练有素的铸工、设计家和雕刻师，部分缘于昂贵的原材料需要资金。大量需要熟练工人处理昂贵木材、金属和大理石的家具，亦复如是。漂布工厂和制革厂的扩大，说明了在需要公众不易获得的化学药剂和设备时，大生产如何受到鼓励。在大规模面包生产中，向心力是节省劳力和空间的愿望，日益增加的燃料开销，加之家庭中获得面粉的困难。在某种程度上，某些城市专攻铁器。这里，无疑燃料的问题应予考虑，可能对武器和装甲的需求的无规律和农具贸易的季节性也阻碍了私人生产，后者没有资金来等待市场；销售稳定的普通餐具无疑大量在小商店生产。最后，罗马的砖垄断解释了一个工业从诸如大火的突发事件中得到的偶然帮助，由此几个在需要时拥有现成生产设备之人获得大额合同。

当然，真正的工厂体制并未在所有这些行业中完全发展起来，273 但在银器、铜器、陶器、玻璃器皿、家具、砖及一些佳肴的生产中已出现劳动分工，使用一些省劳力的机器和技术方法；而在绝大多数例子中，显然出现一个一直企望全世界贸易的资本主义生产。

另一方面，某些向心力依然极其强大。由于那一时代运输缓慢，容易腐烂的商品几乎无法从一个城市运输到另一个城市。由于附带的运输开销,低价的沉重物品,如廉价陶器,不便进行船运。由于新方法迅速成为任何竞争对手的财产,专利法的缺乏一定也阻碍了集中。然而,对工业最大的反作用力一定是专横的奴隶体制。奴隶的大量存在使得吹毛求疵的主人可以根据自己的个人品位,在其房子里生产任何可能的东西。在皇帝的显贵朋友斯塔提里乌斯·陶鲁斯的奴隶中,我们发现训练有素的奴隶不但从事奢侈的个人服务,而且制造罗马的工业大概已经提供的物品:金匠、漂洗工、纺纱工人、织工、鞋匠、泥瓦匠、家具师、木匠、大理石工人以及其他。这或许并非有助于销售工厂生产的产品的条件。廉价

274 劳动力的充分供应也阻碍了对省劳力的新设备的需求,这些新设备本可能为一个潜在市场创造新产品,也本可能趋向于积聚昂贵工具和贸易秘密,以利于工业集中。例如,铁炉中所用的提供持续强气流的风箱阀的发明,一个任何聪明且感兴趣的工人可能想到的改进,将会实现大规模熔炼和铸造,从而彻底改革铁器工业。可是,履行这种工作的奴隶据信不会对他们的任务产生短暂兴趣。最后,对工业的普遍忽视改变了强大罗马人的资金和智力方向,反之本可能流入到工业的发展之中,部分缘于如所有通过工业协会永远和奴隶制固定在一起的贵族社会所见,罗马人墨守成规,致力于土地。现在似乎可以做出一个合理的结论,即罗马工业在奥古斯都时代已经如日中天,只要奴隶制存在,事实或许即是如此。

原注

1 从史家的观点来看,庞贝的正式发掘报告并未充分发表。鲜有艺术价值的物品经常不予报告,尽管也许对经济和社会史的学生大有裨益。

2 最近奥斯提亚发掘了几个高层公寓住宅。帝国期间,罗马大概有大量高层住宅。在这样的街区里,几乎没有商店存在。

3 见 *C. I. L.* IV, Suppl. II 中的地图;Niccolini, *Le case ed I monumenti*, II, 42‑45, and III; Fiorelli, *Descrizione di Pompeii* p. 184; Della Corte, in *Rivista Indo-Gr-It.* 1920, p. 117; Engelmann, *Fuehrer durch Pompeii*, 1925。

4 *C. I. L.* IV，1122.

5 Mau-Kelsey，*Pompeii²*，p. 477.

6 *C. I. L.* IV，3651.

7 *Naples Mus. Cat.* Nos. 1381，1383，1385.

8 Helbig，*Wandgemälde*，475；Della Corte，*loc. cit.* p. 113.

9 在苏拉接管该城之前，该家族有人当官；Conway，*Italic Dialects*，61。

10 我们知道几个其他官员和候选人的住宅：维迪乌斯·西里库斯，公元60
年的执政官，住在 Reg. VII，1，47，以油膏收益的马赛克闻名遐迩（见
Overbeck-Mau，p. 320）；L. 波皮迪乌斯·塞昆杜斯，一个奥古斯提亚努
斯和执政官，住在竖琴家的豪宅里，Reg，I，4；M. 卢克莱修·福朗多，住
在 Reg. V，4，11；布鲁提乌斯·巴尔布斯，Reg. IX，2，16；库斯皮乌斯·
潘萨，4 次担任执政官，住在 IX，1，22 的中等房屋；阿尔布奇乌斯·塞尔
苏斯，住在"银婚的房屋"里（Mau-Kelsey，p. 301）；特雷比乌斯·瓦伦斯
住在最近所发现的漂亮房屋里，Reg. III，2，1（Notizie，1915，p. 416）。

11 Mau-Kelsey，p. 334.

12 *C. I. L.* V，8055 - 8056；Atkinson in *Jour. Rom. Studies*，IV，27.

13 Bull. *Dell' Instituo*，1875，p. 242；Pliny，*N. H.* III，82，提到用伊斯基
亚岛的粘土制造的普特俄利陶器。库麦和索伦托也生产这种器皿
（Martial，XIV，102，and Statius，Silvae，IV，9，43）. Cf. Dubois，
Pouzzoles Antique，p. 121。

14 *C. I. L.* X，8048.

15 *C. I. L.* X，8048 - 8052.

16 关于伯斯科雷阿莱的财富见 *Mons. Piot.* V。

17 Mrs. Strong，*Roman Sculpture*，p. 83；Pliny，*N. H.* XXXIV，47.

18 Notizie，1912，p. 69 中提到一个雕刻匠。

19 Schreiber，*Alexandrinische Toreutik*，p. 132；Drexel，*Bonn. Jahrb.* 1909，
p. 179.

20 普林尼在这个段落中使用术语工种（Genus officinae）（*N. H.* 33，139）；但
单个工匠自然接受由大生产者确定的样式。罗马一个这样的铁匠（VI，
9223）声称克洛狄亚那雕刻引人注目。

21 *Notizie degli Scavi*，1912，pp. 143，181，333，355；1913，31.

22 见 Ransom，*Studies in Ancient Furniture*。

23 *C. I. L.* VI, 22 and 1002. 在 VI, 1739 中提到的这个大行会由国家控制。

24 *C. I. L.* IV, 5510 – 6600.

25 5535（the princeps libertinorum of *C. I. L.* IV, 117）和 5526 中提到批发商。一个罐（5894）带有海运处的标记：乘坐 Cn. 塞提乌斯·欧米里乌斯船，由 Ti. 克劳狄·奥佩乌斯运送。庞贝的酒也被船运到罗马，普林尼提到的商标（"Trifolinum"，*N. H.* 14,70）也已被发现（IV, 5518）。

26 例如，在维提乌斯的住宅中，这些罐带有标记，分别是阿里安罐、阿西尼亚努斯罐、福米亚努斯罐。

27 Cf. *C. I. L.* IV, 5778（L. 亚雷利乌斯·萨克塞苏斯）. And 6499.

28 Cato, *R. R*, 144。然而，他一般认为主人收割庄稼。

29 *C. I. L.* IV, 5657 ff.

30 斯考卢斯似乎并未全盘掌控整个工业。工业有几个品牌，例如，G（ari）F（los）ex officina Scauri；ab Umbricia；ab Umbricio Abascanto；G. F. Scauri ex off. Agathopi。

31 Pliny, *N. H.* XXXI, 94；Martial, XIII, 102。该公司大概是包税人公司，后者购买西班牙海岸的捕鱼许可权，之后包装和分配渔业产品。这种生产公司的例子鲜少记载。

32 塞内加（*Nat. Quaest*, VI, 27）提到人们在这些山脉饲养绵羊。他和 M. 罗斯托夫采夫均认为庞贝是阿普里亚的毛织品市场，缘于误解了庞贝的生产规模。

33 见 Ashley, *The Economic Organization of England*, p. 90。

34 Insula VI, 13, 6；cf. *C. I. L.* IV., 1507；最近在尚未发表的发掘物中发现了相似的粗画，例如阿绷丹札路的 Reg. IX, Ins, 12。附近的 IX, 7 的墙画也显示了对制衣工业的关注。

35 Pliny, *N. H.* XXXV, 198.

36 Mau-Kelsey, p. 110.

37 Friedländer, Sittengeschichte, I, 462；Varro, *Men. Sat.* 190；Colum. 12, praef. 5 – 9。加图的农场拥有纺织设备，但加图偏爱从该城购买衣服（*R. R.* 10,5；14,135）；或许这个特别农场没有绵羊。Gummerus, *Klio*, *Beiheft* V, 从此例中得出了冒失的结论。阿提库斯在伊庇鲁斯拥有广阔的绵羊牧场（Varro, *R. R.* II, 10,11），显然在地产上派人编织羊毛, Cic. *Ad. Att.* XI, 2,4。在西西里，韦雷斯发现诸多富有家庭生产优质原料，

于是要求他们为自己生产挂毯，Cic. *Verr.* IV，58。

38　由褴褛商人大规模重制丢弃的衣服中可以发现一个例外。罗马铭文（*C. I. L.* VI，7861，3，4，etc）提到几个工人大概在这种工厂里劳动，因为他们都是某个屋大维的被释奴。安纳托利亚发现了几个织工行会，那里或许有工厂生产挂毯，而高卢显然大量生产军事斗笠，Waltzing，*Corpor.* II，153；IV，95。

39　*C. I. L.* X.，5682；XIII，3202；IX，2226。

40　*C. I. L.* VI，266；10298。漂洗工当然也是古代的洗衣工人。

41　见 Chapot，*Textrinum*，in Daremb-Saglio；Wilson，*The Roman Toga*。

42　The Collegium fabrum soliarium baxiarium centuriarum III（*C. I. L.* VI，9404）。公元 3 世纪的铭文可以证实大规模的皮革贸易存在，VI，1117。

43　Mau-Kelsey，p. 395.

44　*Monumenti Antichi* VII。关于庞贝附近的其他别墅见 Barnabei，*La Villa di P. Fannio Sinistore*，1901，and *Notizie*，1898，p. 495；1899，pp. 15，297，392；1910，p. 139；1921，415ff；1922，459；1923，271，及 Rostovtzeff，*Social and Econ. Hist.*，p. 496。

45　*Mons. Piot.* V.

46　尤昆杜斯的商业记述表明他不但接受自治市的契约，而且充当代理（*C. I. L.*，IV，Supp. I），负责发出此类契约，并管理公共收入。

47　Della Corte，*Case ed abitanti a Pompeii*，*Neapolis*，II，152。通常的推论，即这些行会"持不同政见"，绝不正确。这些"选举通知"由候选人张贴，以示宣传。在每个例子中，候选人也许试图通过彰显得到张贴广告的房屋或商店主人的支持，使广告令人印象深刻。然而，相比于现代食品店赞美一些早餐食物的价值的布告而言，这样的通知并不一定暗示广告主题更为积极。

48　*C. I. L.* VI，6213 - 6440.

第15章 资 金

从现代世界的角度来看,资本家在共和晚期步履蹒跚。富有的准贵族,在有助于民事服务或一个政治集团的形成时受到奉承,而在格拉古的动乱后却常与元老院贵族反目成仇。确实,盖约·格拉古加强了骑士的权力,并使之和人民党融为一体,以猛攻元老院。转而,公元前64年元老院与骑士握手言和,以急于保护反卡提林那叛乱的既定利益。对于公元前70至公元前66年的时期而言,骑士似乎是主导力量,构成了瓦解公元前70年苏拉政制的联盟支柱,并指导了公元前67—前66年的侵略性外交政策。但是,这个短暂成功并非归功于骑士的声望或领导。罗马历史确无精通商业的得力领袖。苏拉政制在推行时就已过时,无论如何注定以失败而告终。在一场罗马大部期望的反抗之中,庞培获得挂名领袖的地位,结果苏拉政制在第一次攻击中就分崩离析。克拉苏操纵政治活动,西塞罗创造必要的措辞,骑士则提供资金。3年之后,为了清除海洋的海盗,庞培需要结合同样的因素,于是骑士得到回报,经元老院许可,臭名昭著地掠夺商业,翌年元老院授命庞培消灭米特里达提,并将东方建为一系列发展商业的行省。

资本家利益玩弄政治把戏到如此地步,以致名利双收。然而,罗马人从未忘怀政治考虑一定至高无上,且财富一定要屈从于政治需要。公元前82年苏拉放逐了2600名骑士,并没收了他们的财产,以充实国库。他也以支持米特里达提为由,向小亚细亚城市索要2000万美元的赔偿,而后者转而向罗马资本家筹措大部分款项,卢库鲁斯代表元老院,立即允许他们拒付绝大多数利息,结果将苏拉劫掠的负担主要转嫁到骑士的肩膀之上。再次,公元前 43 年,三头以分发高额赏金的许诺招募到一支由 40 个军团组成的大军,之后将主要付款负担压到富人身上。打着不忠的借口,他们放逐了 2000 名骑士,并将其财产没入国库。[1] 不奇怪,罗马商人通常不愿意参与政治,如若可能的话,他们投资于偏远的不动产,抑或波澜不惊的私人银行业。在内战时代,这种感觉越来越强烈,即当金钱也许即是权力时,它不应该用政治权力衡量自身,而倘若由不同情政府的等级执掌,那么在政府眼中,古老贵族法典强力支持的特权阶级几无神圣权利。这种情况一直持续到帝国。尽管资本家继续从全帝国收罗不计其数的财富,存入罗马的私人保险箱,但依然受帝国皇帝支配,后者陷入破产时,千方百计搜刮他们,没收他们的财富,以作为平衡账簿的最简单方法。[2]

就如我们已见,几个世纪以来罗马人的剩余资金随着军队的扩张流向内地。当罗马城人口密集,并有向海洋移民或转向从事商业的迹象时,边境的新发展要求军事殖民,而且罗马人一贯关注土地需求,于是促使人民再次转向内地。情形极似于美国边境的开辟,由此导致曾经盛极一时的商业海运业衰落,并暂时阻碍了新英格兰工业的潮流。

然而,公元前 2 世纪罗马军队越出意大利,吞并西班牙、希腊、阿非利加、南高卢和部分小亚细亚,居民并未同样欣然跟随。陌生人中的土地似乎没有给普通罗马人提供一个舒适家园,甚至格拉古几乎也未从外国殖民中得到支持。

在意大利,罗马财富一定像人口调查名单所估量的一样迅速膨胀。布劳赫(Beloch)[3]估计通过布匿战争的征用及在波河流域的抢夺,罗马人耕种的意大利土地是以往面积的两倍,罗马公有地总计约 1400 万英亩,假若未开发的土地均价每犹格 50 美元,[4]那么仅土地价值共计 10 亿美元。所以,格拉古时代的 32 万公民每人拥有高级财产资格。当大地产稀松平常时,我们可以确信罗马人中有几千名富人。[5]

现成资金一定寥寥无几。典型农民鲜少去银行;金钱的流通量

277

278

279

在农业中尤其缓慢；阳台的保险箱能够存放余款，直到主人找到另一块土地，进行投资。后来，这一过程扩散到行省。普通罗马人的盈余总是容易存放，可以迅速投资于一些不动产。西塞罗的财产主要是农场和城市财产，阿提库斯（Atticus）在伊庇鲁斯和意大利拥有大地产，瓦罗则是坎佩尼亚和阿普里亚（Apulia），而恺撒的将军，诸如拉比努斯（Labienus）[6]和马穆拉（Mamurra），通过战利品发家致富后，立刻投资土地。西塞罗的民事诉讼通常包括处理高卢、埃特鲁里亚或路卡尼亚的土地所有权，而他的推荐信到处提到希腊、西西里和亚细亚的大地产。[7]

但在共和国最后一个世纪，大量资金找到新的出路，尤其是用于国家合同的管理、借贷、银行业及贸易。国家合同的活动和意义易于受到高估，由于拥有普遍利益，并与每个公民利益攸关，于是构成了这一时代政治演说和信件的主题。确实相比于投资其他事业上的几千万，我们的报纸更关注投于市政合同的 100 万美元。事实上，投入于公共合同的实际资金也许不到投资于罗马城土地数额的 1%。在我们所估计的西塞罗时代的 1000 万国家收入中，至少 2/3 并未流经包税人之手。亚细亚是唯一完全由包税人掌控的行省，而在其他行省，如西西里、西班牙、阿非利加和高卢，他们只收取赢利微少的收入。公共工程的建造，如水道、道路和港口，有时带来赢利，但工程要对确切开销进行估价，且受到严密监视；工程一贯完成不错，没有落下欺诈腐败的名声。任何人如若耗时调查一个普通罗马公路的铺砌，抑或一个古老罗马港口码头的遗迹，抑或共和国水道的壮丽拱门，都会得出这样的结论，即甚至政治合同有时也能公正履行。关税的收取通常与轮船货物相得益彰，绝大多数港口的货物缴纳低廉且统一的税收。牧场税也仅仅取决于牲畜的数量，由此账目鲜少出现混乱。可是，在对十一税的估算中，[8]诸多公司有邪恶的贪赃行为。估算并非易事，行省人到罗马上诉耗资不菲，在罗马他鲜少能找到一个保护人，愿意为之在一个冷酷无情的陪审团身上浪费时间，诸多陪审员大概在承包公司里拥有股份，而行省总督虽经常敌视财团，但有时着眼于政治升迁,通常不愿与一个公司为敌。许多城市受到劫掠,许多城市则贿赂收税员或总督,以求自保。他们通常以不合理利率向官方收税员借钱,用以支付税款,而非高效管理自己的财政。结果,这个错误体制的邪恶臭气熏天,直至恺撒予以终结。当然,这种体制在遥远的亚细亚行省运行有误,情形就如大革命之前的法国,收取的费用通常与上缴到国库的数额相去无几。

当然,亚细亚的创伤一定不能完全归因于公司的胁迫。贵族党主要应负其咎。苏拉索要巨额赔偿 2000 万美元,结果给亚细亚城市施加了沉重的债务负担,一代人为之负债,且这笔债务的利息比每年的十一税压力更大。在处理这些公司时,元老院总找理由搪塞,不予监管。甚至波利比阿[9]时代,罗马就奉行这一古老理论,即公司应获准在有限利润范围内出价,条件是万一发生天灾人祸时,元老院赦免合理的部分。这样的意外事故常见于东方,那里帕提亚(Parthia)的袭击者驱赶兽群,焚烧田野,暂停贸易。不过,在西塞罗时代的政治争论中,元老院的一个派系多次卓有成效地阻止任何进行赦免的尝试,公司不得不承担全部损失。到那时,购买公共公司的股份被视作保守之人竭力避免的投机,[10]生意由此落入下层人手中。结果这些公司敲诈勒索,欺上罔下,尽其所能来弥补偶尔因战争、收成不好及元老院的顽固不化所遭受的损失。这就是导致恺撒将亚细亚和其他行省置于同等地位的经验,且在帝国期间,这些公司只掌握合同,所以易于监督,能迅速发现不法之举。今后此类事务几乎不需要资金,股份更为廉价,而公共利益很少能达到如此程度,使公司受到罗马作家的注意。

步官方收税人后尘的是 Negotiator,[11]商人。这一词语的历史说明了商业活动的历程。起初,该词语适用于下列人:那些到国外利率高的地方放款、投放贷款,廉价购买土地,如果获利丰厚偶尔做一些买卖之人。这表明罗马人并未控制商业机器;在商业的专门化方面也未取得太大进展。仅仅是在帝国时期,各种企业更为独立自主,行省中的银行业因政权稳定获利减少,罗马人更好地控制船运业,该词才逐渐完全适用于商人。我们这里关注的正是共

282

283

和国的商人。西塞罗的门客拉比列乌斯·波斯图姆斯（Rabirius Postumus）[12]即为典型，此人在诸多方面类似于美国在中美的证券、矿山和革命中进行的商业冒险。他继承了一笔包税赚来的财产，之后某种程度上从事大同小异的生意。他也将事业扩展到大规模的常规承包工作，冒极大风险在行省中放款，甚至投入航运业和贸易。公元前57年，埃及国王因一场革命遭逐，来到罗马求援，此时谣传恺撒和庞培倾向于出手相帮，于是拉比列乌斯与其结为盟友，给该国王提供了所需的几百万资金，而国王承诺用收入来偿还债务。当元老院阻挠一个官方承认和支持该国王的动议时，庞培的朋友，一个叙利亚总督得到庞培拥护者的授意，即便元老院未通过决议，他也可以护卫该国王回国，从而获利。于是，这个国王返国，拉比列乌斯一同随行，以确保所抵押的收入能用来付债。令罗马旅行者吃惊的是，在亚历山大里亚，拉比列乌斯身穿希腊服装，任职于海关，并管理国家在亚麻、化妆品、砖、啤酒及所有其他商品的专卖权；一天拉比列乌斯的整支舰队在普特俄利进港，船上装满珍贵的埃及器皿、纸张、亚麻和玻璃，令人叹为观止。尽管元老院坚决反对，但埃及国王依然如愿以偿，为此元老院勃然大怒，向这个叙利亚总督施加报复，因其在此事中的所作所为对他进行审判，最终将之放逐。拉比列乌斯最后被国王监禁，费了九牛二虎之力才得以逃生。他的律师声称他已倾家荡产。可是，元老院怀疑这个滑稽的结局是拉比列乌斯和该国王杜撰的，用以欺骗元老院和愤怒的埃及人，这个假设似是而非。拉比列乌斯显然被逐出罗马，但在内战期间，恺撒在其委员会为他安插了一个位置，那里与恺撒的绝大多数商业代表一样，他无疑有机会装满腰包。这就是共和国末期的商人。

要估算大商业企业可用的资金不切实际，但可以说经常高估。首先，我们确实不知道罗马商业、银行业或制造业所获的大量资产。提及的巨款[13]——在两个例子中我们听说是2000万美元——是通过其他方式获得的，并归之于占统治地位的贵族和通过滥用皇室势力获得财富的被释奴。首富林都拉斯（Lentulus）是一位元老,此人利用奥古斯都提供的机会发了大财,大概是购买充公的财产,并进行军事服役。庞培拥有几百万财产,此前他已从幸运的东方战役中受益,之后与近代海军统帅相同,作为将领,获得战争中的部分战利品。庞培的商业管理人,被释奴德米特里乌斯(Demetrius)据说从其与庞培的商业联系中获利丰厚,并拥有 400 万美元的财富。克拉苏,以共和国最富有之人著称,主要通过秘密交易遭苏拉放逐之人的房地产而获利,留下了 700 万美元的遗产。在帝国头一个世纪,利用从主人及借之从帝国那里获得的权势,三个卑鄙无耻的克劳狄被释奴身家最为富有。普林尼[14]确实提到奥古斯都时代的一个被释奴伊西多罗斯(Isidorus),此人除了拥有 300 万美元的现钱外,还留下大地产和兽群。这些财富或许是经商所获,但我们不得而知。

公司法在共和国时代尚未发展到如此程度,致使普通的工业和商业企业能拥有大量合资。只有在管理公共收入和经营公共财产的公司构成中,如矿山和盐厂,国家允许和支持完备的合股公司,该公司通过持有股份的成员和购买股份(particulae)的股东共同参与,积聚大笔金钱。鉴于独立公司似乎一般是在每次人口普查时为了管理每个行省分部(港口、牧场和十一税等等)而设,规模不可能太大。这种公司的运转每年鲜少需要 100 万美元的资金。为了管理商业企业,合伙企业[15]经常组建,但鲜少受法律保护,而不得不主要依赖合伙人相互的良好信誉。他们当然会因任何成员的死亡或话不投机而分崩离析,也不受有限责任特权的保护。一个人仅阅读盖乌斯关于《合伙》(De Societate)(III, 148-154)中的简要段落,就可以认识到罗马生意多么少地依赖于合伙,而对于从事如制造业或庞大银行业的事业又多么无能为力,因为这些必须依赖于一个持久且合法受到保护的公司。事实上,罗马绝大多数大商业企业似乎都是由一些个人经营的,他们把自己的资金投入生意之中,并利用靠其个人声誉所借的金钱。

相比于国家发展所需,银行业[16]体制在共和国时期发展更为缓慢。行省领域的需要主要由运送金钱和银行存款的征税组织满足,加之已踏入东方领土的希腊和南意大利银行家。在苏拉、马略(Marius)、卡提林那和恺撒的内战中,对财产的邪恶攻击告诉罗马人,账户应由可靠的被释奴掌握,而非剥夺公权的政府代理人可以得到的银行账簿。最后,要解释缘何罗马政府没有效法几个希腊国家和托勒密(Ptolemy)的先例,特许设立国家银行,抑或至少通过建立国家监管来鼓励银行业,就必须考虑有地贵族对商业的一贯漠视。事实上,奥古斯都改变了埃及银行的国籍。但在西塞罗时代,有几个重要银行家在罗马做生意,尽管他们似为外国人和坎佩尼亚人。诸如奥皮乌斯(Oppius)、西班牙人埃格纳提乌斯(Egnatius)、普特俄利人科鲁维乌斯(Cluvius)和韦斯托里乌斯(Vestorius),他们一定设立了办事处,并广泛受托。他们接受活期存款,支付利息,以票据、抵押和活期存款借款,并部分贴现;他们为了私利购买和出售不动产,并为他人做代理人;他们大量兑换货币,因为不计其数的外国金币和银币通过外贸流入罗马;他们经常让专门的生意代理人听由买主吩咐,尤其是周游列国且精通行省投资之人。例如西塞罗为奥皮乌斯和科鲁维乌斯撰写了给行省总督的介绍信,以便用于东方事务。由于工业尚未发展到如此程度,以致我们所谓的辛迪加银行并未出现,但在向外国城市发放大额贷款时,银行家有时充当显贵的代理人,且有时暂时合伙。最后,其中一些人在行省拥有分部或者通信员,以便于经常为重要贸易中心兑换钞票。必须说,外汇生意并未系统化。例如,西塞罗想要为其子在雅典开户,于是阿提库斯(Atticus)指令其在雅典的银行家,给小西塞罗贷这笔钱,并将其伊庇鲁斯地产的收入账目记入借方,投桃报李,西塞罗将罗马的城市租金转让给阿提库斯。[17]

对于估计罗马外国商业的发展,我们在提洛发现的大量铭文中找到一些数据。[18]公元前169年罗马征服马其顿,随后将提洛岛授予雅典,唯一的条件是此地充当一个自由港,对所有来者开放。因不收港口税,东方船运不久发现它是一个便利的贸易集会地点。商人从黑海城市、叙利亚、埃及和意大利纷至沓来,以交换陶器。公元前2世纪中期,应付马其顿和希腊的叛乱之时,罗马发现它是一个有用的会面地点；之后因科林斯毁于一旦，提洛港取而代之，充当西方货主的主要希腊港口。20 年后，亚细亚成为罗马一个行省，提洛岛自然逐渐充当罗马包税人的中间站，后者经管行省税收，并管理王室地产。市场充作处理行省征收的产品的便利地方，如我们的铭文所证，公元前 2 世纪末之前，意大利人逐渐成为该城的支配因素。确实，研究几百个意大利人的名字时，我们发现他们主要并非来自罗马，而是来自南部，如此时半罗马化的坎佩尼亚，来自大希腊的希腊盟邦，后者在所有罗马条约里拥有与罗马人相同的权利。事实上，此时外国城市中的"罗马"盟邦（conventus）不分皂白地由来自整个意大利的人民组成。我们最为确定的两个提洛岛的"罗马人"团体，银行家和油商，由南意大利人构成。这些银行家包括一个来自叙拉古的希腊人，一个他林敦人，一个在那不勒斯获得公民权的叙利亚人，一个阿普里亚人，加之某个不知是否确为罗马人的奥菲迪乌斯·巴苏斯（Aufidius Bassus）。这些来自南部的油商显然在东方市场出售南意大利油。

　　罗马终究未能进入其军队开辟的商业或者资本主义的领域吗？只有那些已在公海之人从伴随罗马统治扩张而来的罗马和平和"海洋的自由"中受益吗？显然与之相关的南意大利商人和银行家首先从罗马统治东扩中获益。从他林敦到库麦的希腊人一直热爱海洋，并从事贸易和造船。确实罗马一直依赖这些人为海军供应船只和海员。由此，他们的商人舰队得到所有支持：一是造船所的维持，一是海员训练。自然，既了解东方人民又熟悉罗马人的语言和习俗的希腊人成为东西方的中间人。

　　很难相信，如若完全处理自己的资金，且自行其是，意大利南部殖民地的希腊人能够成功地从老练的叙利亚人、埃及人和岛民手中抢夺如此多的提洛人贸易。极有可能，坎佩尼亚的罗马人给在普特俄利生产的货主提供了一些资金。普鲁塔克[19]惊人的记述，即老加图在海上保险合伙中放款，可以如此解释。加图在坎佩尼亚拥有土地，在那里他与集中于普特俄利港附近的无数工业发生联系。在韦雷斯的演说和信件中，西塞罗[20]揭示在西西里经商的罗

291

292

马人,与西西里一同从事东方贸易的罗马人,主要是韦斯托里乌斯、格拉尼乌斯(Granius)、科鲁维乌斯(Cluvius)和西提乌斯(Sittius)之流,他们的活动基地位于普特俄利。

对涉及罗马商业的提洛铭文的真正解释似乎诸如此类。罗马统治马其顿,后来管辖亚细亚,起初罗马与东方之间的贸易和银行业由该领域的南意大利商人经营,并得到一些罗马投机资金的资助。之后罗马出租亚细亚的十一税契约,于是承包公司被迫寻找大量能讲希腊语并对东方有一定了解的办事员和代理人,首先一定指望南部的商行,以招募人力。自然,进入行省来监督工程的罗马商业管理人,报告他们在此地发现的有利可图的新投资机会,由此逐渐吸引罗马资本家直接涉足该领域。米特里达提在亚细亚和提洛进行劫掠时,似乎真正的罗马人[21]鲜有丧命,但财政损失主要由罗马市场承担。

在东方,资本家的投机有些变化无常,但在有利的环境下能带来丰厚利润。许多人购买不动产,由于一代以来时局动荡,由于担心受到入侵,价格低廉。罗马人相信他们的统治可以确保和平、政府稳定及法庭富有同情心,于是在灰心丧气的当地人出售土地的地方进行投资,我们发现西塞罗的诸多朋友在此拥有[22]种植园。

因利率高昂,边境的放款更为有利可图。在罗马,由于墨守成规的法庭总是保护财产——确实萨鲁斯特[23]抱怨说,他们更关注支持财产法,而非人权法——利率通常稳定,且较低,一般从 4% 到 6%。[24]在希腊,由于既定的利息保护不够周到,投机精神指导金钱市场,利息通常在 10% 到 12% 之间浮动。在亚细亚,由于入侵、政府无能与间接的商业方法导致财产不安全,甚至在和平时代 12% 也是低息。在米特里达提的劫掠后,仅仅特别诱因本身足以诱使金钱面世,只要利率足够丰厚,罗马人就会进军这一市场。这种情况类似于我们自己的边境时期,那时以 5% 和 6% 在波士顿和纽约放款的银行家,在印度和西方遭受虫害的平原开价 24% 到 48%,那时甚至市政当局因规模增大,身家富有,不得不以 36% 的利率发行公债。在这种情况下,元老院反高利率的饬令成为一纸空文。

西塞罗的通信记载了臭名昭著的斯多噶学派的布鲁图斯(Brutus)[25]如何在塞浦路斯(Cyprus)收取 48%。确实,他对自己的行为深以为耻,试图掩饰,但仍被西塞罗发觉。当罗马法庭许诺保护投资者时,罗马银行家甚至采用 12% 的法定利率,获利依然可观,于是银行家和私人代理人将巨额金钱投到挥霍无度的国王、半破产的城市和个人身上。如我们所见,卡帕多奇亚[26]的国王欠庞培和布鲁图斯几百万美元,而埃及国王从拉比列乌斯(Rabirius)及其友手里借款几百万美元。普特俄利的科鲁维乌斯[27]向 5 个亚细亚城市大量放款,不但包括自己的资金,也有庞培和他人的金钱。西塞罗偶然提到兰萨库斯(Lampsacus)、特拉雷斯(Tralles)、萨迪斯(Sardes)、米拉萨(Mylasa)【米拉斯的旧称。——中译者注】、阿拉班达(Alabanda)、赫拉克利亚(Heraclea)等城市欠罗马骑士的钱。在庞培前往东方前,这些亚细亚城市共负债 4000 万美元,绝大多数债主为罗马资本家。如果年利率为 12%,罗马由此账目获得的私人利息相当于上缴国库的年税的 2 倍。 296

银行家通常口碑不好,不足为怪。他们只有参与促进和组织罗马鲜有的生产性工业时,只有负担罗马避之不及的国家债务时,才受人尊敬。事实上,如同货币兑换商或者放款人进行可疑的冒险,以高利率向尚未拥有即将到来的遗产的纨绔子弟放款,罗马人经常倾向于同银行家联系。诸如恺撒、安东尼、凯里乌斯和库里奥(Curio)的年轻贵族负债累累,在罗马广场周围声名狼藉。甚至在合法的投资生意及贷款发放中,银行家也仅仅履行绝大多数地主经由聪明和可信的管理人所获的服务。这些管理人一般为被释奴,与商业的联系并未使之广受尊敬。那时,诸如庞培之类的富人也经常让他们向处境艰难的东方城市和当权者放高利贷,充当代理人,管理贵族可能不愿经由管家并以自己名义从事的事务。当这样的事情街头巷议时,并未提升政治家的尊严,尽管庞培给其银行家写了一封礼貌的感谢信,但大概也不愿在广场里公开与他们密聊。因政治规划,需要贵族和富人结成紧密联盟,于是西塞罗采取极为亲切有礼的态度,偶尔邀请韦斯托里乌斯之流前来就餐,但 297

在私人信件或元老院的演说中,谈到商人、放债人(faeneratores)和高利贷者(toculliones)时,他也通常采取要人领情的态度。恺撒重视商业效率,并乐于在军队组织中雇佣实务者,因而允许巴尔布斯(Balbus)之流进入元老院,但此举并未取悦元老院。例如,韦斯托里乌斯之类的银行家,受到诸多罗马人的崇敬,但这是对其个人正直品质、文化趣味的特别称颂,大概也是对于其拒绝从事极为可疑的交易的颂扬。

原注

1 许多并非本人被控不忠的罗马地主,失去了他们恰巧在自治市边界内拥有的财产,因为这些自治市受到大规模征用的惩罚。

2 见普林尼著名的评论,(*N. H.* VI, 35.)即尼禄发现阿非利加的半个行省掌握在 6 个种植者手中,于是没收了他们的土地。

3 Beloch, *Bevölkerung*, 388.

4 Columella, III, 3, 3,给一般未开发的意大利农场土地定这个价。相比于西塞罗时代的高价而言,瓦罗的记述显示了此时对农业土地的积极关注,价钱极低。

5 在第二次布匿战争之前,约 20000 公民拥有骑士的财产资格。我们不知道那时的财产资格是否为 40 万塞斯退斯,但大概如此,理由是波里比阿(VI, 20)暗示说,骑士的财产资格比"第一等级"更高。见 Marquardt, *Staatsverw.*, II, 331。

6 在 Carm. 95, 105, 114 and 115 中受到卡图鲁斯攻击的恺撒党是拉比努斯;见 *Am. Jour. Phil.* 1919, 396。

7 Cf. Cicero, *Pro Flacco*, 70; *Pro Caelio*, 73; *Ad Fam.* XIII, 69; 72; 38, 11; VIII, 9, 4; *Pro Quinctio*, *Pro Tullio*, *Pro Fonteio*, *De Lege Agraria*, passim. Cicero, *De Off.* I, 151,天真地认为通过投资一个种植园,商业可以除去利润的铜臭味。

8 这些公司一般规模较小,专攻一种税收,如港口税、放牧税或盐税等等。这个比提尼亚公司似乎曾经拥有一个内部团体,其中有 7 个公司成员,Cic, *Ad. Fam.* XIII, 9。

9 Polybius, VI, 17.

10　见 Cic. *Ad. Fam.* XIII，10，2。

11　见 Cagnat，*art. Negotiator*，in Darem-Saglio。

12　Fowler，*Social Life of Rome*，p. 91；Giraud，*études Economiques*，p. 204；Tyrrell and Purser，*The Correspondence of Cicero*，II，p. xxx. Dessau（Hermes，1911，p. 613）似乎误将库尔提乌斯·波斯图穆斯等同于拉比列乌斯·波斯图穆斯。

13　Marquardt，*Staatsverw.* II，56.

14　Pliny，*N. H.* XXXIII，135.

15　关于这种合伙的说明见 Cic. *Pro Fonteio*，*Pro Rosc. Com.*；*Pro Rab. Post*。关于公司和合伙的法律见 Gaius，III，148 - 154 and *Digest*，尤其 17，2；47，22，14，1 - 4，and 3，4。

16　Byrne，*Titus Pomponius Atticus*；Früchtl，*Die Geldgeschäft bei Cicero*，1912；Blümner，*Röm. Privat-altertümer*，649。庞贝出土了一个小私人银行凯基利乌斯·尤昆杜斯的 100 多个收据，后者似乎专门收集金钱，以 1% 或 2% 拍卖奴隶和动产，并出租该城的土地及财产，*C. I. L.* IV，1。许多细骨盘制成的印章出土，上面刻了一个名字、一个日期和简略形式的词语 spectavit(看)。埃尔佐格（*Aus der Gesch. d. Bankwesens*）将之解释为银行家钱袋的印章，以确保装入金钱的数量和纯度。加里（J. R. St. 1923，110）发现诸多名字似乎是提洛岛铭文上已知的商人名字。这个新证据的完全意义仍不得其详。大概这样的印章不仅供银行使用，也用于外国货主及意大利地产收支的金钱。

17　Cic. *Ad. Att.* XII，32，and XIII，37.

18　Hatzfeld，*Les Italiens Résidant à Délos*，Bull. Corr. Hell，1912，and *les Trafiquants italiens*，1919；Frank，*Roman Imperialism*，284；Roussel，*Délos，Colonie Athénienne*，72ff.，详细描绘了该城的地图。Roussel，7 and 433 重申这一传统观点，即罗马在提洛建立了一个自由港，以支持罗马商业，这种说法设想了一个仍不存在的兴趣。那时，随着控制商业急需的商店和房屋中的神圣财产，为何罗马仍将该岛授予雅典？"为何她没有控制这个对罗马商人免税的港口呢？显然这一针对港口税的声明扩大到所有商业和该神殿中的每个参观者，这是一个神圣港口享有的自然特权，通常见于港口中的庇护，甚至是敌对船只享有的庇护，见 Livy，XLIV，29。

19　Plut. *Cato Maj.* 21.

20 Cic. *Verr*. V, 56, 57 and 59.

21 在亚细亚为米特里达提所杀的 8000 名"意大利人",确实被西塞罗称为罗马公民(*de leg*. Man. 7),但这只是为了修辞目的。如波西多尼乌斯所示(由 Athenaeus, 213B引用),其中并非奴隶和被释奴之人绝大多数为南意大利的希腊人,波西多尼乌斯声称为了自救,"他们穿希腊衣服,再次自称是自己祖国城市的公民"。鉴于南意大利的希腊人已经穿(稍早)罗马托加,并按公元前 89 年普劳提亚·帕皮尼亚法取罗马名字,翌年米特里达提攻击亚细亚行省,为保安全,他们放弃了罗马公民权,重新恢复以前的地位,在绝大多数情况中他们真正的法律地位一定依然如此。根据阿庇安(Mith. 28),公元前 88 年提洛土崩瓦解时,2 万居民中绝大多数是意大利人。

22 Cic. *Ad Fam*. XIII, 69;72; *Pro Flacco*, 14; *Pro Cael*. 73.

23 Sall. *Cat*. 33 and 39.

24 Billeter, *Der Zinsfuss*.

25 Cic. *Ad Att*. VI, 1 and 3.

26 Cic. *Ad Att*. VI, 1.

27 Cluvius, Cic. *Ad Fam*. XIII, 56; Nicaea, Cic. *Ad Fam*. XIII, 61.

第 16 章　商　业

对于一段行经半个地中海的行程而言,羁押的圣保罗(Saint Paul)由耶路撒冷到罗马的旅途[1]大概险象环生。为了找到一艘驶向罗马的船只,他与其百夫长在凯撒里亚(Caesarea)登上一艘亚细亚巡行船,由此沿叙利亚和西里西亚行驶。在米拉(Myra),他们转乘一艘开往西方的亚历山大里亚船只。由于风向不顺,他们决定在克里特(Crete)进港过冬,但为一场风暴所阻,结果被迫无助地在亚德里亚海来来回回。他们丢掉一些帆具,最终到达马耳他海岸,那里惊慌失措的船员打算抛下 260 名旅客,以救生艇驶向陆地,但遭船上的士兵所阻。这艘船撞上沙洲,结果小麦货物遭弃,但不为任何目的。船只分崩离析,乘客不得不依赖残骸碎片,竭尽全力向陆地前行。他们在马耳他过冬,到了春天时分,乘在此过冬的另一艘亚历山大里亚船出航。首先他们停靠于叙拉古,之后在利吉姆(Rhegium)逗留,最终抵达普特俄利,由此动身去罗马的乘客经由陆路,完成余下的 150 里路程。据信亚历山大里亚港现在距罗马约 3 天的路程。

在一封致阿提库斯的信中,我们找到西塞罗穿越爱琴海[2]的简要记述,后者行程约 250 里,16 天里处变不惊,也未晕船(sine timore et sine nausea)。6 天之内,他从雅典踏入提洛岛,行程 100 里。"尽管仲夏时分,但船只并未一直航行。我从雅典出发,第 6 天到达提洛岛。7 月 6 日,迎着有碍航程的逆风,我们在第 7 天抵达佐斯泰尔(Zoster)。翌日,我们欣然进入凯阿岛(Ceos),迎着狂暴的顺风,继续向吉莱(Gyrae)航行,由此向锡罗斯岛(Syros)和提洛岛进发,比我们预想的稍快一些。你本人知道敞开的罗德斯船是什么样。直到吉莱山顶一目了然,我才离开提洛岛。"希腊汽船现在一天之内能行至士麦那(Smyrna)【伊兹密尔的旧称。——中译者注】。[3]

我们发现上述旅行者均未乘坐罗马船只。圣保罗乘坐一艘亚细亚船和两艘亚历山大里亚货船;出于对身份和使命的重视,西塞罗设计了一艘特别船只,但显然为罗德斯船。在上两段叙述中,对风力与天气的明显畏惧大概并非缘于对船艺的无知[4]——希腊人成天生活在海上——也并非缘于船只易碎;那时一般的大货船重达200或300吨,[5]与我们早期塞勒姆船长英勇漫游印度和中国的船只一样庞大。对于古代水手而言,主要的困难在于没有指南针。有鉴于此,他沿着著名海岸线和岛屿航行,而每当风暴出现时,反过来使他处于船只经常失事的危险之中;也正是因此,冬天鲜见太阳和星星时,所有船只停航。

关于罗马共和晚期海商贸易的组织和方法,我们不得其详。阿提卡演说家经常提及船运的例子,由此我们可以重现雅典的情况。鉴于此时罗马人鲜少从事商业,演说事实上没有提供信息。学说汇纂的法学家所引用的例子作了补充。确实对于我们的直接目标来说,这些记载时间太晚,但因它们揭示了吕西亚斯(Lysias)和德莫斯梯尼(Demosthenes)所描述的海运业情况的合理发展,所以我们可以均衡早期和后来的证据,并将我们的结论与西塞罗时代的偶然记述作一比较。如我们殖民时代的塞勒姆船长一样,希腊商人[6]通常是独立船主,有时甚至是船只建造者,他们带着全部有望带来最好利益的货物,由一个港口"步行"到另一个港口。他们使用自己的资金,或以高昂的海运利率筹措的借款,亲自管理货物的购买和销售,而当旺季即将结束时,如若可能的话为母港寻找合宜货物,到那里修补船只,等待春天旭日东升。当然,他们也向承揽外国收货人定单的商人"出租空间"(如他们所称),但这被视为生意中的次要部分。拥有常规时间表或规定路线的"定期客船"似乎并不寻常。此类商人家资逐渐丰厚,以致能够获得更多船只,委派可靠的代理人为其做同种生意。由于代理人不如主人考虑周到,

一般不得不被告知走哪条航线,交易哪种商品,结果这种运输商行
有点趋向于减少不定期货船贸易,发展常规的定期客船。但在希
腊,线路沿线的发展好景不长。

在西塞罗时代,希腊作家所描述的这种不常规服务依然盛极一
时,尤其是在希腊人和东方人似已统治海洋的东方水域。[7] 有趣的
水手旅行指南,所谓厄立特利亚航海记(Periplus of the Erythraean
Sea),[8] 暗示说旧式商人控制阿拉伯半岛、波斯和印度贸易。克劳
狄[9] 鼓励粮食进口的饬令证明了这样的推论,即船只建造者、船主
及粮商有时合而为一。特里马尔奇奥(Trimalchio)[10] 被描绘为一个
建造自己船只的商人,而斐洛斯特拉图斯(Philostratus)[11] 仍认为希
腊商人带着货物穿梭于港口之间。罗马人开始建造船只,并投资
外贸时,法学家所阐释的这种常规体制取得一些进展。乌尔比安
(Ulpian)和保罗(Paulus)通常认为船只(exercitores)的所有人雇佣
船长(navicularii)[12],如同今天一样,后者为进口者和出口者[13]
(mercatores)运输货物,或如其所说,"出租空间"给他们。他们甚
至认为,船只经常拥有常规航线,[14] 从事一个明确的商业行业,而诸
如航行于布伦迪西乌姆(Brundisium)和都拉基乌姆(Dyrrhachium)
之间的人,专营常规的旅客服务。[15]

从罗马盛行的条件中,我们可以预期这种商业的高级专门化和
组织。某些工业中心因木材逐渐稀少,不得不在更为有利的地方
投放定单,[16] 造船自然专门化。因经商致富并广泛扩大生意的商
人,自然雇佣代理人和货物管理员,来监督部分造船,结果趋向于
创造进口和出口公司,来指导由陆地出发的商业路线。加之,国家
为了确保罗马的粮食供应,开始鼓励和确保托运行省生产的粮食
的常规船运,故此在大量重要地点设立系统时间表[17],以致船运公
司能够依赖这种服务,并从办事处指导生意。

由新方法的引进判断,罗马人显然参与了船运业的发展,但我
们鲜有明确证据。西塞罗提到一个林都拉斯(Lentulus),[18] 此人的
船只穿梭于雅典和罗马之间。上面提到的拉比列乌斯似已拥有一
支多艘船只组成的"舰队",但这或许与埃及的皇家垄断息息相关。

302

303

304

就如我们所见,帝国时期,因包税公司不再强大,无法雇佣充足粮船来供应罗马粮食,克劳狄试图鼓励罗马和意大利的建造者和商人来满足需要。[19]显而易见,此举收效甚微,现在尼禄不得不向辅助粮食供应的外国人提供免税,而在奥斯提亚粮食处的几个外国公司的存在也可以说明克劳狄举措的失败和尼禄的成功。

305

如果我们希望清晰地了解帝国之前的罗马商业,一个适当方法就是研究那时罗马的主要海港,那不勒斯湾的普特俄利城。[20]在第二次布匿战争中,由于在加普亚没有自己的港口,罗马反汉尼拔的行动受阻于此。战后,她立即在普特俄利旧城缔造了一个 300 人的殖民地。数目刚够保护该港;确实,元老院显然没有认识到此地的巨大潜力,它未授予殖民地土地,以用于扩张或者赢得自己的乡村人口的支持。港口税免付,但那不勒斯和罗马的坎佩尼亚之间设立了另一个海关,结果促进了加普亚的罗马殖民地的船运。以奥斯提亚为代价,普特俄利不久发展为一个罗马港口,即使前者远在 150 里之外。原因主要在于这个港口深且免税,加之船只能够在普特俄利找到一些出口商品,作为回运货物,而靠近罗马的奥斯提亚,贡献较少。就如我们所见,波普洛尼亚(Populonia)的铁工业迁到普特俄利,并扩大到附近城市卡莱斯和明图尔内(Minturnae)。加普亚制作的优良青铜器遍布北部和西部市场,而大量产品主要船运至马赛,由此商人溯罗纳河而上,以在高卢和日耳曼进行广泛分配。普特俄利的火山灰[21]品质优良,适于制造水凝水泥,且在建造港口和打深地基时也需要使用。来自硫质喷气孔的硫磺和用伊斯基亚(Ischia)黏土制成的卡莱斯和普特俄利的陶器,同样拥有广阔市场。由此,该港的重要性与日俱增,尽管因那不勒斯人的竞争,不太迅速。创作于格拉古时代的鲁基里乌斯(Lucilius)[22]称之为"小提洛岛",此时提洛岛大概有 10000 到 15000 居民。

306

总的来说,普特俄利靠近诸如那不勒斯的古老希腊港,得天独厚,因为它的装备齐全的工场能吸引船只、经验丰富的造船者和水手。在罗马获得东部行省之后,包税公司能够找到无数讲希腊语的生意代理人、办事员及转向东方的资本家。诸如叙利亚的斐洛

307

斯特拉托斯(Philostratos)[23]的银行家进入那不勒斯,以利用这些新希腊—罗马关系,不足为奇。银行家主要通过为普特俄利公司填写海事保险获利,在该港装载回运货物的外国发货人亦复如是。

公元前90年的同盟战争以出乎意料的方式帮助了普特俄利。西塞罗的韦雷斯演说间接说明了这一点。似乎,这些希腊—坎佩尼亚城市,如庞贝、诺拉(Nola)和阿贝拉(Abella)起初对联盟事业忠心不二,后来效忠马略的民主党,结果受到惩罚,于是许多居民到西班牙的塞尔托里乌斯(Sertorius)那里寻求庇护。后来,塞尔托里乌斯失势,其中多人因习惯于海洋,所以在任何可能的地方充当水手,有时也加入西班牙和西里西亚的海盗。最终,许多人参与普特俄利发货人的服务,故此韦雷斯在西西里港拘捕被控海盗行为的水手时,普特俄利的公司叫嚣说,[24]他正在拘捕他们的水手、生意代理人,甚至是公司成员! 这一事件对于普特俄利的商业史富有启蒙性,尽管西塞罗竭尽全力掩饰这个故事的负面内容。

普特俄利不久就呈现出半东方的面貌,如威尼斯中世纪货栈的继承人一样,所有重要东方海港的商人在此建立了代理处。外国殖民地出租特别的码头和仓库,占据该城的一个单独地区,建立了自己的神庙,并拥有自己的墓地。公元前2世纪,提尔人的"驻地"[25]每年一如既往地支付租金和关税,数目多达12万戴纳里乌斯,尽管那时该殖民地"比以往更小"。贝鲁特(Beirut)、纳巴泰(Nabataea)人和其他人的殖民地拥有自己的神庙;巴尔贝克(Baalbek)人民有一个4英亩公墓;亚得里亚海城市的当地人刻写的铭文数量繁多。罗马人是否曾成功地成为航海人民,罗马主要港口的铭文提出严重质疑。

我们的目的并非要关注帝国期间商业的变迁兴衰。足以说,克劳狄在奥斯提亚挖掘一个良港,并建造防波堤,以疏通台伯河河口时,普特俄利丧失大量出货,尤其是粮食贸易。可是,奥斯提亚回运货物的缺乏依然妨碍其垄断所有的船运。诸多船只偏爱在普特俄利进港,并由陆路或小巡行船向罗马运送货物。

意大利的贸易当然极不均衡;甚至在坎佩尼亚工业如日中天的

309

时代,普特俄利也从未装满来装载的船只。[26]拉丁姆的出口九牛一毛。根据上文引用的厄立特利亚航海记,意大利酒经由埃及东运,[27]但无疑是作为压舱物廉价运送的卡莱尼亚(Calenia)和法勒尼亚酒。这些阿尔巴品种与上乘希腊品牌不可同日而语。在西塞罗时代,拉丁姆开始出口一些橄榄油,[28]但只是昙花一现。在帝国时期,罗马知道了这种商品的价值,从西班牙和阿非利加大量进口。重要的加工产品似乎并非来自拉丁姆:厄立特利亚航海记中所列举的庞大商品名单甚至未提及罗马。坎佩尼亚主要出口铁器和铜器、一些陶器、酒、橄榄油及加普亚药膏。富饶的波河流域[29]主要向罗马输送酒、沥青、木材、粮食、猪肉、羊毛和衣服,而装有维尼提亚(Venetia)和伊斯特里亚(Istria)产品的陶罐远达蒂罗尔(Tyrol)流域。[30]如我们已见,沙玛音陶器也在整个西部行省拥有市场,直到早期帝国,高卢分部的陶器抢夺了母公司的贸易。结果重要的意大利出口名单变得完整。不必说,在这种情况下,意大利无法维持贸易平衡。只是由于资本投资上的大额信用账户和税收的持续流入,底账平衡。那时,甚至政府发现钱币外流的困扰,于是不得不采取极端措施,以确保它在国内流通。公元前67年通过的盖比乌斯(Gabinius)法[31](禁止行省人在罗马借款),加之西塞罗任执政官[32]时命普特俄利的海关官员没收所有被带出该国的白银和黄金的努力,让我们忆起政府最近的法案。从长远来看,这些措施当然无济于事。一个世纪以后,普林尼[33]告诉我们为了购买奢侈品,每年至少500万美元流入中国、印度和阿拉伯。

除了粮食之外,主要的进口[34]来自东方。亚细亚行省和本都供应了一些粮食、咸鱼、木材、干水果、珍贵石头、酒、布料及依然名满天下的安纳托利亚地毯。叙利亚输出西顿工厂生产的大量玻璃器皿,加之提尔文明引人注目的著名紫色染料及衣服。比布鲁斯(Byblus)和贝鲁特的亚麻和黎巴嫩的雪松在罗马也极为珍贵。在和平时期,北部叙利亚开发帕提亚的商队贸易,后者的商人带来中国的丝绸和印度的棉花、珍珠、象牙和香料。在南部,纳巴泰人的商队携带阿拉伯半岛的熏香、香料、没药与珍贵石头,进入加沙。

埃及的国家工厂出口大量优等衣服、玻璃和纸张,而亚历山大里亚港的商人输出埃塞俄比亚的象牙、竞技野兽与黑奴,并经由红海的港口运输所有印度和阿拉伯半岛的产品。奥古斯都大大推进了东部海洋贸易的发展,与罗马传统背道而驰,他在埃及奉行托勒密的重商主义政策(mercantilistic policy),进步之大,以致红海的迈奥斯·霍米斯(Myos Hormos)[35]港的船运以3倍或4倍增加。 312

西方鲜少输入成品,而更多的是原材料。那时,独立的希腊城市马赛控制着罗纳河的贸易,由北方进口金属、皮革、生羊毛、咸肉、奶酪、奴隶和琥珀,以换购意大利的铁器、铜器、陶器和东方精良的手工业品。其商人也取道罗纳河和塞纳河,从不列颠群岛带来锡。再往西,为了寻找不列颠的锡,罗马的纳尔波(Narbo)[36]殖民地取道纪龙德(Gironde),修建了一条新道路,并开发阿奎塔尼亚(Aquitania)的矿山。西班牙北部富有金属储备,也拥有由优质西班牙钢制成的成品。中心地区出产上等羊毛和亚麻织物,而南部橄榄油、酒、小麦、咸猪肉、鱼、皮革数量日益增加,这些主要是加德斯(Gades)的货主带来的。

尽管贸易总量巨大,但运输机器远未统一,致使我们几乎无法预期组织良好的销售和分配体制,尽管一般而论,我们可以认为每个港口拥有一个大批发市场,[37]以供买家和卖家会面。但市场的使 313 用依时间和空间而不同。在商业绝大多数出自"不定期货船"的时期(这种情况事实上创造了市场),接踵而来的商人泊定船只,卸掉所有他认为可以销售的器皿,并在市场上展示。在同一市场,他查看竞争者的陶器,购买似乎有望在别处获利丰厚的物品,并将之带上船。当然,城市的小店主也来市场购买,以进行零售。在这个西塞罗时代依然风靡一时的体制中,买主和售货员的中间人并不重要。普特俄利发展到贸易的高级阶段,在某种程度上也无需中间人。例如,提尔出口商并未携带货物出海,而是在普特俄利租用仓库和码头,那里他们的同胞、代理人或同伴接受发货,大概在当地的办事处里,向零售商展示和销售他们的陶器。他们在罗马拥有一个同样的机构,用于接收其普特俄利代理人所发送的目的地为罗马的货物。普特俄利的铭文证明诸多东方城市采用这种体制。确实,提洛岛的意大利市场显然是西方人采用同一体制的例证,奥斯提亚[38]的码头也是罗马为类似目的而建的。随着船运生意的增长和从陆地运营的出口公司的发展,无疑港口入口也出现了代办行,但我们对此并不确知。[39]

鲜有成熟的销售体制的迹象,大概缘于鲜有像现在一样派出售货员和"旅行推销员"的工厂,由原始体制所创造的市场的存在足以将产品带给买主。然而,一个迹象表明一些工厂无需将商品带到市场。在奥弗涅(Auvergne)[40]的陶器中已发现大量商品发货单,据信是由陶器批发商为生产和将来的交货发出的定单。如果这是典型例证,那么买主来到那时存在的工厂,并发出定单。

一般而言,可以说在那个更为简单的时代,生产者比现在更亲近顾客,在外贸中货主将商品带到港口的市场,卖给零售商和顾客,并在比今天更大的程度上,国内商品的生产者本身是一个工匠和店主,他把自己小商店里制造的东西直接卖给顾客。中间人[41]相对较少。

尽管保险费昂贵,海上船只行驶缓慢,但货物和旅客费用似乎价格适中。当然,原因在于船只是由廉价劳力建造和操纵的,港口税一般也低于今天关税国家的税收。从雅典运到提洛岛(100 里),1000 块砖(2 吨多)约需 15 到 20 德拉克姆(3—4 美元),占购买价的 25%。对于最低量 50 块砖来说,从雅典到凯阿岛的运费是 1 奥卜尔(3 分)。由帕罗斯(Paros)岛至提洛岛,[42]1 吨石头的运费为 25 德拉克姆,而若用起重机搬运,重石头价格较为昂贵。在公元前 3 世纪,每蒲式耳小麦从亚历山大里亚港运到罗马耗资 2 分钱,约相当于现在的收费。在此例中,船只大概由国家免费保险。当然,大部分不定期货船的船运中鲜少考虑常规的货物收费,理由是商人在海上来来往往,交易自己的商品。

对我们而言,乘客的费用似乎极低。可是,乘客大概要负责自己的食物,住所也许并不奢侈,当然与货物损失不同,由于船只失事丧命,运送人没有财政损失。从埃伊纳岛(Aegina)到雅典的费用似乎只有 2 德拉克姆。一个人可以花 4 奥卜尔穿越爱琴海。

　　罗马听从格拉古的建议，并进入军队已为其开辟的世界商业领域了吗？如果搜集所有在行省做买卖的罗马人的全部文献证据，加之国外罗马人协会[43]的碑铭证据，我们一定可以得出这样的结论，即许多人听到这一号召，并群起响应。西塞罗在公元前 81 年 317 发表的演说《为昆克提乌斯辩护》（Pro Quinctio）[44]和在公元前 69 年的演说《为弗隆提乌斯辩护》（Pro Fonteio）证明，格拉古的追随者出于商业目的所建的纳尔波殖民地已达成初衷。无疑它成功地从马赛手中夺取了高卢西部的贸易。由于元老院愚蠢地拒绝建造一个本可能成为优良贸易中心的城市，导致迦太基的格拉古殖民地丧失了主要功能，结果这个重要商业投向独立的阿非利加城市，如乌提卡（Utica）。但是，格拉古殖民者的定居无疑说明，朱古达战争期间罗马商人在如锡尔塔（Cirta）[45]之类的地方出现。韦雷斯的演说表明，除了放款人和不动产投机者之外，西西里也有一些商人，尤其是坎佩尼亚商人，尽管元老院不许罗马包税人利用税款。[46]我们已经看到，罗马商人进入亚细亚行省，以利用由收税员所提供的便宜货。[47]

　　尽管元老院并不打算去为罗马人赢得特惠关税，[48]但他们确实 318 在行省贸易中占有某些优势。他们不但拥有受到一个强大国家保护的声望，一个经常因对当地人举止傲慢而抵消的方面，而且在法庭上占据上风。有点令我们吃惊的是，罗马公民与其他意大利人在外国城市中组成单独团体，即所谓的协会（conventus）。[49]总督需从该团体里选取陪审员。结果，在他们与当地人的案件中，审讯一般对其有利，他们经常占据上风，除非总督是一个极其傲慢的独裁者，诸如将纯正罗马人对商人的憎恶带到该行省的韦雷斯一样。共和国末叶，罗马和意大利银行家、包税人、商人、土地所有者及安置在行省的前士兵几乎生活在每个要城。至少 25 个亚细亚城市恰巧提到他们，12 个希腊城市、7 个阿非利加城市、5 个西西里城市 319 和 3 个叙利亚城市也如此。

　　可是，我们必须记得共和期间商人的定义。他主要是银行家和土地投机者,而非真正的商人。我们也需牢记对亚细亚、提洛岛和普特俄利的调查所揭示的事实,即甚至这些资本家通常也是因公元前 89 年和公元前 88 年的法律成为"罗马公民"的坎佩尼亚人和意大利南部希腊殖民地的希腊人,而非古老血统的典型罗马人,即众多定居于行省的"罗马公民"是当地的前士兵[50],通过服兵役获得公民权,即这种依赖与半公共承包税收关系的贸易具有暂时性,我们确实鲜有像林都拉斯之类的罗马货主的记载。换言之,如果从协会和商人的存在得出草率结论,那么罗马参与商业的程度易被高估。

早期帝国期间,东方[51]关于罗马商人和协会的记载迅速减少,这表明他们对贸易的控制是多么微不足道。当包税人退出,且在一个和平的统治时期当地人得以稳定财政时,步包税人后尘从动乱不定的局势中获利的银行家和投资者显然并不成功。一般的东方商业从未超出当地人的控制,而罗马人所从事的独立粮食贸易随着埃及和阿非利加的发展而告终结。最终,定居东方的西方人——意大利的希腊人、一些寻找家园的罗马人和被释奴、军队老兵及恺撒无产者殖民地的人员——丧失身份,并融入希腊人口之中。令人吃惊的是,科林斯的殖民者,如安条克(Antioch)和西诺普(Sinope),多快开始希腊化,并忘记如何在墓碑石上使用可敬的拉丁语。[52]当然,罗马仍在东方投资,尤其是投于通过购买或者抵押的止赎权积聚的大庄园。这些产业可能由当地代理人管理,而罗马管家偶尔前来监管。无论如何,在社会上,东方仍在东方人国家的控制之下。

在奥古斯都吞并的富饶的埃及行省中,罗马商业进展更为缓慢。为了充盈金库,托勒密人彻底实行国家垄断,全面组织亚历山大里亚贸易,以至元首看到从熟手手里接管这些事情无利可图。罗马商人在那里找不到廉价货,一般不来光顾。

但在西方,形势起初更有利于罗马企业。这里征服者遭遇了文化阶段较低的人民,后者热心学习他们的语言,购买他们的陶器,并采取他们的礼仪。随着内战中马赛的垮台,罗马殖民地,诸如纳

尔波、里昂(Lyons)和阿尔勒(Aries),成为文化中心。在此类地方,
人民不但去放款,购买土地,而且指引通过罗纳河上无数船只进行
的贸易,穿过由托洛萨(Tolosa)到伯迪加拉(Burdigala)的骡道的贸
易,加之与莱茵河边境供应日耳曼的商人营帐的贸易。就如普遍
存在的被释奴一样,其中众多商人再次带有希腊姓氏。[53]如这些凯
尔特名字所示,当地的高卢人也大量卷入交易潮流,但诸多罗马人
在几个元首的自由入籍政策以及经常建立的罗马学校帮助下,能
及时将西方变为一个彻底罗马化的国家。到公元 4 世纪,在高卢
读维吉尔和西塞罗之人大概比意大利有过之而无不及。

　　罗马城的皇帝铭文[54]有助于证实大体从西塞罗的篇章所得到
的推论,即罗马人一般反对商业。不管大商人多受尊重,但成功的
批发商通常是在零售贸易中当学徒之人,对罗马无甚好感。为何 322
罗马、奥斯提亚和普特俄利有如此多的外国船运城市的殖民地及
机构,为何如此多的罗马批发商、酒商、油商、木材商、造船商及其
他的名字带有希腊姓氏,这当然是重要原因之一。被释奴也是控
制此地之人。他们因兢兢业业、对主人卑躬屈膝,获得自由,之后
运用其在管理一些富有主人的事务中所获经验,加之主人希望获
得丰厚利润而愿意出借的金钱,大胆投入到热爱土地的守旧罗马
人不愿从事的所有风险投资。特里马尔奇奥即是这一等级的典
型,佩特罗尼乌斯(Petronius)[55]的短文记载,此人一边喝酒,一边讲
述其在港城普特俄利的冒险游记,以娱乐他的同伴被释奴:"我也
曾与你一样,但靠我的本事,我今天发达了。正是智者创造人民,
所有其他均是废物。我低价买进,高价售出;其他人或许有不同想
法。我吉星高照。如我现在所说,正是我的精心管理让我发了财。
当我从亚细亚前来时,我仅仅与那盏灯一样大,事实上过去每天我
常用之来衡量自己。老天帮忙,我成为这幢房屋的主人,之后当了
一个贵族的弄臣,受其喜爱。所以在其去世时,他将我和元首共同
立为遗产受赠人,我也获得一个元老的财产。可是,人永不满足。 323
我想要从事商业。长话短说,我建造了 5 艘船只,上面盛酒——那
时相当于等量黄金——并运送到罗马。仿若我所预定的一样,船只

179

全部失事;事实如此。一天之内,尼普顿(海神)吞噬了 300 万塞斯退斯。你认为我一蹶不振了吗? 不,老天在上,就好像任何事也未发生一样,这些损失只是刺激了我的欲望。我建造了更多船只,更大、更好且更幸运,结果任何人都无法说我不勇敢。你知道一艘大船本身得天独厚:我再次在其上装载了酒、猪肉、豆类、香水和奴隶。之后我的妻子做了一件极为可敬的事情;她变卖所有首饰和衣服,并将一百块黄金放到我手中。这就如我的财富的酵母。上天希望的东西很快降临;一次旅行,我净挣 1000 万。于是我立刻买回曾属于我的主人的所有地产。尔后我建造了一幢房子,并做牲畜贸易;我所接触的任何事情就像蜂房一样如火如荼。当我发现我的财产比该城所有居民财产总额还多时,我离开柜台,并让被释奴为我做生意。之后我建造了这所房屋。如你们所知,它曾经是一个小茅屋,现在则似神仙府邸。房屋包括楼上的 4 间餐厅、我的卧室、我这个阴险之人的起居室、一间上好的守门人的门房及备用客房。用我的话来说,如果你只有一分,你就值一分,但如果你已经得到某种东西,你就值某种东西。由此,你的卑下的仆人,已从穷人变为巨头。"

原注

1　Acts 27 and 28,关于商业,见 Charlesworth,*Trade Routes*。

2　Cic. *Ad Att*. V,12,cf. V,13.

3　旅程当然缓慢。Pliny,*N. H.* XIX,1 声称在有利的天气下,从亚历山大里亚城出发,6 天或 7 天之内到达西西里,普特俄利 8 天之内,而 6 天可以由加地茨航行至奥斯提亚。西塞罗任西里西亚总督时,他通常在 5 或 6 星期内接到罗马的来信(经由布伦迪西乌姆——科林斯湾——雅典——士麦那)。

4　一般认为希腊人和罗马人掌握对付逆风的经验。Cf. Pliny,*N. H.* II,12,8;Lucian,*Navig*,9。

5　大量记载提及 1 万塔仑特的船只,大约 250 吨。运送梵蒂冈方尖石塔到罗马的船只似乎有 1300 吨的容量。Cf. Torr. art. *Navis* in Darem-

Saglio; and *Ancient Ships*, 1895。

6 Huvelin, art. *Negotiator*, Darem-Saglio.

7 公元前 59 年,西塞罗认为经由亚细亚行省的这些港口运送绝大多数商品的商人是希腊人(*Ad Att.* II, 16, 4)。在公元前 49 年的内战中,庞培认为抢夺亚历山大里亚城、科尔基斯、提尔、西顿、阿拉杜斯、塞浦路斯、潘菲利亚、吕西亚、罗得岛、希俄斯岛、拜占庭、莱斯博斯岛、士麦那和米利都及库斯(Ad Att. IX, 9, 2)的船只,可以使意大利挨饿,进而投降。(*Ad Att.* X, 8, 4)在公元前 43 年的内战中,多拉贝拉在极短时间内从吕西亚海岸找到一百艘超过 2000 塔仑特的货船(*Ad Fam.* XII, 14; 15)。最后,尽管克劳狄赐予从事服务的罗马人和意大利人特别报酬,但驻扎在奥斯提亚的船运公司的铭文显示外国人占据上风(*Bull. Com.* 1915, 187)。

8 斯考夫的翻译和注释可以参考(longmans, 1912)Cf. Kornemann, in *Janus*, 1, 54。

9 Suet. *Claudius*, 19 and 20, 也见 Cic. *De Off.* III, 50。

10 Petronius, *Satyricon*, 76.

11 *Vita Apoll.* IV, 32, 2.

12 *Digest*, 14, 1, 1, 3 and 7 and 12 and 15。然而,乌尔比安知道商人也是船主的例子,Digest, 4, 9, 7, 2。

13 *Digest*, 14, 2, 2, 1; 14, 1, 1, 3.

14 *Digest*, 14, 1, 1, 12.

15 *Digest*, 14, 1, 1, 12。显然为了此次旅行,乘客不得不自带食物, 14, 2, 2, 2。

16 克劳狄提供给罗马人和意大利人的额外费用并不充足,于是尼禄不得不增加额外费用给外国的建造者(Tac. *Ann.* XIII, 51)。原因可能在于意大利缺乏木材。奥斯提亚的造船无疑从国外进口木材,理由是奥斯提亚的造船工会一直繁荣,*C. I. L.* XIV, no. 256。

17 亚历山大里亚城的粮食舰队常有记载,且这些船运公司在奥斯提亚的剧院后面设有办事处,似乎也从事常规服务,Calza, *Bullettino Com.* 1915, 187。

18 *Ad Att.* I, 8; I, 9, 3, 西塞罗请求阿提库斯用这些船只给他载运一些雕像。这些商品后来在靠近西塞罗的福尔米亚别墅的加尔塔卸货。

19 对于建造大型船只并向罗马输入粮食 6 年的人，他授予船只保险费和公民权。Suet. *Claud.* 19，20。

20 见 Dubois，*Pouzzoles Antique*，1907 关于普特俄利的辉煌历史和描述。

21 关于这些工业，见 Dubois，p. 117。

22 *Delumque minorem*，Lucilius，III，123。在奥古斯都时代，它是意大利的主要港口，但甚至那时进口也超过出口，Strabo，XVII，793。

23 Bull. *Corr. Hell.* 1912，p. 67.

24 Verr. V，154。这当然说明了韦雷斯如何将"罗马公民"处死。他们大概是以前的同盟者，可能根据公元前 89 年和公元前 88 年的法律要求公民权。韦雷斯是一个苏拉党，所以并不承认同盟者的此种主张，理由是这些人已开始私掠出航，而非接受同盟战争的决定。

25 *Inscr. Gr.* XIV，830。这些铭文显示提尔人在罗马设有同样的机构。Suet. *Nero*，37 中提到自治市的机构。肯特莱利（Bull. Com. 1900，129）已将之与威尼斯的外国货栈详加比较。

26 Strabo，XVII，793.

27 *Periplus.* 6 and 49.

28 Pliny，*N. H.* XV，2.

29 Strabo，V，12.

30 Dessau，*Inscr. Lat. Sel.* 8572；Charlesworth，*Trade-routes*，23；Rostovtzeff，*Soc. And Econ. Hist.*，534.

31 Cic. *Ad. Att.* V，21，12。该法也想要阻止行省人滥用资金在罗马影响法庭。然而，此时保存意大利金银的尝试似乎显示了该法的真正意图。西塞罗（*Pro Flacco*，67）声称几个执政官已试图阻止金银的输出。

32 *In Vat.* 12；cf. *Pro Flacco*，67 这表明试图阻止神庙囤积黄金。或许这些犹太人仅仅动用行省的存款，以将闲置神庙黄金运出意大利，并且总督指示限制对这种供应的间接消耗。

33 Pliny，*N. H.* XII，84.

34 这只是一篇关于意大利的文章的简短概要；见 Darem. *Saglio art. Mercatura*，by Cagnat and Besnier，and Charlesworth，*Trade-routes*。

35 Strabo，II，5，12；Herrmann，in *Zeits. Der gesch. Erdkunde*，1913，771；Charlesworth，*Trade-routes*，255.

36 Cicero，*Pro Fonteio* and *Pro Quictio* 显示殖民者和罗马商人在那尔旁高卢

从事大型的酒贸易、广泛银行业和不动产生意。

37　见 Besnier，art. *Portus*，Darem. -Saglio。

38　Calza, in *Bulletino Com.* 1915,187.

39　一些提洛斯岛的商人大概是代销商，*Bull. Corr. Hell.* 1883，p. 467；
1887,245 and 252。在一些例子中，他们是货主的代理人。

40　Déchelette, *Les Vases Céramiques de la Gaule*，I，86ff。在此例中，买主似
乎是一个陶器的批发商及分配者，可能是铭文中所提到的充当泥瓦匠的
商人，*C. I. L.* XIII，1906 and 6366；Hermet，*Les graffites de la
Graufesenque*。

41　帝国铭文里提到的大量商人是批发商，后者充当大生产者和零售商之间
的中间人。我们可以分类如下：肥皂商，*C. I. L.* XIII，2030；铁匠商人，
X，1931；石灰矿商人，X，3947；羊皮贩卖商，IX，4796；皮革商，VI，
9667 等等。然而，商店管理人有时自称商人，e. g. VI，9664；33886。
法学家也谈到"为衣商或者亚麻织工出售或者沿街叫卖商品的小贩"
(*Dig.* 14,3,5.4)。他们类似于我们的小贩，且数量繁多，但是法学家提
到其中绝大多数是奴隶代理人。法学家同样谈到"奉命为主人的商店购
买商品的奴隶"(*Dig.* 14,3,5,7)。在这样的情况中，奴隶的使用可能妨
碍了中间人体制的发展。

42　所提的提洛货物价格是公元前 3 世纪的价格；cf. Glotz，*Jour. De
Savants*，1913，p. 16ff。其他商品可能见于 Böckh，*Die Staathaush. Der
Athener*，I³，76 中。

43　Kornemann, art. *Conventus*，Pauly-Wissowa；Schulten，art. *Conventus* in
Ruggiero，*Diz. Epig*；Pārvan，*Die Nationalität der Kaufleute*.

44　昆克提乌斯曾与奈维乌斯一同在纳尔波附近从事不动产生意、农业、牲
畜饲养及奴隶贸易。弗隆提乌斯被控任纳尔波高卢总督时，通过收取不
合理的酒税，刁难罗马商人。

45　Sallust，*Jugurtha*，26（Italici）；47，at vaga；64，at Utica。也见"Caesar"，
Bell. Afr. 97 and 36。加图从撒丁岛（Livy，32，27）驱赶的高利贷者大
概为迦太基人。

46　Rostowzew，*Staatspacht*.

47　法尔奇迪乌斯是一个典型商人（*Pro Flacco*，91），他从包税人那里承包整
个城市的十一税。在 Cic. *Ad Fam.* XIII，75 中提到阿维亚尼乌斯在暂时

担任庞培的官方粮食委员之后,进军东方的粮食贸易。

48 根据一个早期条约,罗马人免交安布拉基亚的货物入市税,但罗马的所有联盟也如此。见 Frank, *Roman Imperialism*, p. 279。

49 见 Hatzfeld, *Les trafiquants italiens*。

50 例如,回调到马其顿和克里特服役的老兵,Caes, *B. C.* III, 4。其中一些是意大利人,定居于其退伍的国家。一些人则是在辅军中服役之后返回家园的当地人。

51 Pǎrvan, op. cit. p. 122.

52 Robinson, *Ancient Sinope*; Hahn, *Rom. Und Romanismus*, p. 95; Ramsay, *Jour. Rom. Stud.* 1922,160.

53 Pǎrvan, op. cit. pp. 24,25.

54 Ibid. , pp. 41,42.

55 Petronius, *Cena Trimalchionis*, 75 - 76。译文部分来自于罗易的版本。特里马尔奇奥的货物中所提到的物品一般从坎佩尼亚进口。地点是在普特俄利或附近。

第 17 章　劳动力

使每个人成为潜在寄生虫的普遍惯性法则，一般导致天真的想法变为这样的推论，即劳动一定是在天堂门口对罪恶施加的惩罚。古代哲学家，如亚里士多德（Aristotle）和芝诺（Zeno），虽不满于如此简单的解释，但通过论述常年辛劳无益于道德和智慧，同样低估了体力劳动中所度过的生活。可是，古代工人鲜少因绝望自杀。他当然拥有其他保留本能，给自己提供未经分析的补偿，无疑许多木匠的儿子也用感觉含糊的祝福来安慰他，要顺从、不要抵抗，这似乎是精神上对穷人的祝福，即使我们鲜有这种冥想的证据存在。柏拉图哲学信奉者西塞罗及斯多噶学派的波西多尼乌斯（Posidonius）[1]，仅仅重申了贵族对劳动的蔑视，他们本能的厌恶及其在一个弥漫着奴隶制的社会的经历似乎证明此举合情合理。

一如以往，这里维吉尔质疑其时代的智慧。他证实在一幅终结了极乐崇拜年代的朱庇特（Jove）的幽默图画中，他了解了一个工作信条，[2]

> 摇落叶子的花蜜，扔掉火焰，
> 遏制河流恣意流淌美酒，
> 通过思想与思想的逐渐碰撞，
> 可以融合各种艺术。

正是带着自觉的微笑，他选择以前做过海盗的农民来说明幸福生活，后者"以堪与国王们的财富相媲美的精神为荣"。维吉尔从未忘记依然耕田的曼图亚（Mantua）的简朴人民；他在那不勒斯附近著述了绝大多数诗文，那里由其所偏爱的例子判断，他一定常在铁匠和造船者的长凳前徘徊，乐于凝视那里极其活跃的工业；他也深深沉醉于卢克莱修（Lucretius）哲学，卢氏哲学充满进化思想，不愿见到艺术和工艺的历史中仅仅可耻的自负和贪婪的表现，而是进步发展的证据。如果我们愿意，可以老生常谈，即罗马蔑视劳动，但是我们必须记得西塞罗的圈子并不代表全罗马。

326　　在西塞罗时代，[3]至少在罗马城内或者周边，家里、商店、工厂及农场中的绝大多数工作由奴隶抑或前奴隶承担。西塞罗的所有家仆均属这一等级，如秘书、生意管理人、管家、校对员、图书馆员、信使、孩子的老师，甚至帮助他探究其散文的历史和哲学细节之人亦复如是。他的出版者阿提库斯拥有一群训练有素的奴隶，不但用于整齐地抄写手稿，而且阅读论据，以纠正内容。西塞罗在其地产上进行修缮或建造新建筑时，倾向于承包给其农场的奴隶管理人，[4]奴隶和被释奴也经常充当地产和花园的承租人。[5]

　　富人城市的住房里挤满了做琐事的奴隶，他们照看珠宝箱、保管鞋子、在晚餐时跳舞，看守亚麻柜和古董架。这些是财富的证据，一个家庭为了展示至关重要的事情，也许动用数万人。大农场

327 一般是由一个奴隶管家（vilicus）监管，使用一群奴隶劳动。瓦罗和科路美拉均认为这群人足以完成所有一般性的工作，甚至可以在一个大农场做特别工作，如木工、石工和铁匠。早期的法学家，如阿尔菲努斯（Alfenus）和特雷巴奇乌斯（Trebatius），也提到私人农场上出现的织工、铁匠、[6]理发师、面包师与其他熟练工匠。

　　确实，独立的小农场从未从意大利销声匿迹，尤其是存在于波河流域无穷无尽的地区，存在于有时只有小块土地可以利用的山脉流域，[7]存在于希腊人仍不屈不挠坚持旧方法的南部海岸。一个倾向显而易见，且在帝国中日益增强，即分担盈亏，把土地出租给被释奴和奴隶，[8]若这些奴隶值得信赖，足以履行此类契约，那么在绝大多数情况中会获得自由。

　　西塞罗时代，工厂一般使用奴隶。在沙玛音陶器与砖厂中，我

们注意到被释奴任管理人,这暗示了繁重工作使用奴隶劳力。鉴于希腊姓氏在该地无足轻重,在坎佩尼亚的工厂中,证据不足以下结论。庞贝的情况意味着有大量的自由民劳动者,据此我们可以认为无论希腊人在哪里工作,大概都如此。

　　奥斯提亚工会的一些有益的成员名单,证明帝国第 2 个世纪当地自由劳动力稀少。一个船只木匠的名单[9]包含了 320 个熟练工人的名字。确实奴隶未被列入名单之中;大概他们达不到该协会的成员资格,但我们不能断定其不在工厂工作。只有 4 个人是自由移民;事实上罗马鲜少如此。在名单上,鲜有人带有真正拉丁人的古老印记。希腊姓氏繁多;这些名字大概部分由那不勒斯和南意大利的船厂人员拥有,但其他证据却表明它们也象征奴隶的父母。最惊人的事实是皇帝家族名字的繁多,当然是皇帝家族的被释奴及其后代的名字。加上属于这一奴隶等级的其他名字,诸如维尔纳(Verna)、雷斯蒂图图斯(Restitutus)、曼苏埃图斯(Mansuetus)、萨克塞苏斯(Successus)、希拉鲁斯(Hilarus)、福图纳图斯(Fortunatus)、维塔利奥(Vitalio)和普布里西乌斯(Publicius),我们发现至少 3/4 的造船工人为被释奴,或者至多那个时期的一代或二代。研究约含 400 个名字的运输帮手协会的成员名单[10],我们可以得出同样的结论:其中,许多人以前是奥斯提亚的公共奴隶,名字普布里西乌斯或奥斯蒂亚即为明证。

　　在大量生产与零售不分家的小商店里,[11]我们可以看到下列几种类型的店主:(1)手艺人多是自由民,他们租用商店,自己出资做买卖,本人亲自在柜台工作,可能辅之以一个或更多奴隶。罗马的水管工通常代表这一类型。(2)第二种类型是在商店中,一个被释奴或者奴隶,因忠实服务获得报偿,借来有息贷款,或以分担盈亏方式借来一些资金,加之自己的私财,足以从事这样的生意。法学家在《分配之诉》(De Tributoria actione)中所讨论的大量例子可归于此种类型。(Digest. 14, 4)这种体制耗资不菲,无疑庞贝诸多直接和住宅相连的商店均如此运作。(3)再次,小康收入之人也拥有各种类型的商店,其中他们监管,而奴隶和被释奴充当代理人,后

328

329

330

者从收益中分成,以激励产业的发展。此类例子似乎不计其数,《商业活动》(de Institoria Actione)(Dig. 14,3)就对此进行探讨,内容通常如下:"倘若你的奴隶在小店家或者一个钱商的桌子旁充当主管。"

　　对于所有对象显然是工人的铭文的研究,[12]清楚地昭示奴隶和被释奴控制着帝国工业。在所见的 1854 个工人名字中,67 人是奴隶,344 人被直接指明为被释奴,459 人虽是自由民,但拥有希腊姓氏,由此主要是被释奴,919 人名字形式不明,我们无法断定。只有 65 人确实是自由出生的公民。由该名单推断,似乎约 15% 到 20% 的人是自由出生的公民,而 80% 到 85% 为奴隶和被释奴。鉴于在此记录中奴隶的记载自然不如公民完整,鉴于大部分被释奴直至垂垂老矣方获得自由,鉴于作为主人的仁慈之举,许多人甚至在临终之时得到自由,这一切并不能恰如其分地描述工业世界的情况。倘若我们的记录提供劳动者的人口调查名单,而非墓碑上的铭文,奴隶的名单或许大大超过被释奴。

　　情况如此惊人,致使一个人不知如何解释罗马穷困的自由民会如何,并冒险作出不太自信的解释。首先,恺撒和三巨头曾通过丰厚许诺吸引大量无产者投军,参加内战,此后将之分散安置到世界的殖民地。意大利农场上的居民,诸如克雷莫纳(Cremona)、卢塞里亚(Luceria)和贝内温敦之人,无疑留供意大利社会使用,尽管非为城市工业。派到西方科尔多瓦(Cordova)、希斯帕利斯(Hispalis)、塔拉克(Hispalis)、阿尔勒(Aries)、奥兰治(Orange)、里昂和其他西班牙和高卢殖民地之人,缔造了罗马文明的中心,由此罗马帝国长期获得坚韧不拔的公民。但在希腊和东方,在腓力比(Philippi)、科林斯、叙利亚的狄米(Dyme)、布特林特(Buthrotum)、贝鲁特及黑海的西诺普和赫拉克利亚(Heraclea)殖民的许多人,似乎很快希腊化了。无论如何,他们都从商业和工业领域转向农业,且绝大部分对罗马文化漠然视之。

　　需要指出的是,碑铭证据或许部分上未如实叙述事实。例如,罗马的东方人大概比当地意大利人更重视工业,更乐于记载墓碑石上的低级职业。当地人通常偏爱以粮食救济为生的体面、安逸生活,而不愿意与奴隶一同在工作台上劳动。这一因素解释了铭文所提供的部分惊人比例。被释奴也极其迅速地领会罗马流行的精神。经商发财后,特里马尔奇奥说:"金盆洗手,我不再积极经商,而开始通过被释奴放款,之后我购买地产,并建造了这座宫殿。"我们可以认为诸多罗马无产者消失于悄无声息的荒野和粗糙的山区之中,情形类似于我们南部的大量"穷苦白人"的所作所为,当他们被奴隶制逐出这个种族时,为了体面的生活也是如此。在我们的内战中,正是这一等级实施抢劫和小偷小摸行为,结果震慑了几个州。这个调查仍有许多悬而未决的问题,但有一点似乎可以肯定,即绝大多数罗马工业掌握在奴隶手中。

　　奴隶劳动者的情况大相径庭。在大农场上,一个同类奴隶充当管理人,许多人仰其鼻息,但由于地主鲜与奴隶见面,所以这些代理人严厉,以不近人情地追求利益。当然,一般使用最低等级的矿山如出一辙,我们也可以认为在工厂里,一个强劲的集权国家使用代理人,后者决意通过丰厚利润,赢得主人的好感。这些地方没有最低工作时间,且经常使用鞭子和镣铐。可是,我们必须看到在这个图景中现代奴隶制的情形,那里民族和文化状态的不同已加剧了该体制中固有的邪恶。除了对本民族的民族自豪感之外,现代人也别无二致,没有证据表明罗马不把奴隶视为潜在公民,并认为奴隶拥有与主人一样的优良血统及洞察力。罗马人拥有无数才智出众的管理人、文学家、艺术家、医生、建筑师、教师、家庭秘书,以致不能由此得出任何错误的结论。确实,普劳图斯(Plautus)的情节一般是基于这种设想,即一个年轻人因出言莽撞而不知所措时,可以依靠奴隶来寻找一条出路。西塞罗写给蒂罗(Tiro)的信件,语气关怀备至,仁爱之至,倘若没有姓名地址,大概会被误以为是写给一些极其受宠的年轻亲属的信件,其中显示在每天关于账簿和生意的交往中,有时主人和人民之间的友谊多么不受限制。人们对其代理人的信任无法阻止对这个从属等级的一般蔑视,这些代理人闲游行省,管理主人的庞大且秘密的生意;由此,以合伙为基

333

础,在商店设置和配备奴隶和被释奴的做法给二者的自由发展提
334 供了无限机会,古代的小商店生产体制中普遍如此。确实现今的
奴隶制无法提供这样的机会;甚至现在欧洲国家阶级森严的社会
中亦复如是。

仅以经济条件衡量,自由出生的劳动者比奴隶和被释奴地位更
不稳定。他鲜少得到一个富有保护人的同情和支持。他无法得到
委托的地位,因之落到可信的奴隶手中,后者训练有素,而且相熟
时间长。举止得体的随从的闲职落到了解这一常规之人身上。自
由劳动者没有主人,无法由此获得管理商店的资金,也无法在农场
上配合一群奴隶,抑或在纪律统一的家庭中也如此。如果仅仅要
求一个奴隶的日均费用,一般每天 15 分,他可以在工厂、矿山或码
头找到工作。一个奴隶苦工的购买价通常为 200 美元[13],即大约市
值每年 20 美元。他每年的开销共计 20 或 30 多美元,包括 2 件束
腰外衣、1 双鞋、大约 12 或 15 蒲式耳小麦,即一个士兵的定量、一
335 些油、酒和蔬菜形式的餐桌零料,加之奴隶棚屋中的一个稻草床。
他的工作是暂时性的,并未造成任何闲季的浪费,基于这种设想,
自由民可以要求比奴隶稍好的待遇,但微不足道。

遗憾的是,我们没有大量实际工资的票据。在公元前 3 世纪的
提洛岛[14],神庙记录显示不熟练的工人一般每天获得 20 分到 30
分,不管是自由民还是由主人所出租的奴隶。说来奇怪,上乘工艺
品,例如建筑师的产品,也没有得到更好的报酬。在恺撒设于西班
牙的乌索(Urso)[15]殖民地的自治市中,办事员每天工资 20 分;大概
贺拉斯(Horace)的工资比罗马财务官署的书记稍多一点。对于奥
古斯都时代的埃及而言,我们掌握大量信息,但遗憾的是这不适用
于帝国余部,原因在于整个行省实际上采用一个庞大的政府体制,
仍不允许自由竞争。当然在这样的条件下,工资异常微薄,每天一
336 般约 3 分到 8 分。[16]西塞罗[17]曾提到一个稍显瘦弱的奴隶每天不值
12 分,大概低于一般劳动者的正常工资。在恺撒时代,士兵的军饷
为 225 戴纳里乌斯(约每天 15 分,不包括食物),但那时士兵指望
部分战利品,或者在战后分享一些殖民地。帝国受挫时,戴克里先

(Diocletian)发布饬令[18]，试图降低劳工及所有其他商品的价钱。这就是该皇帝控制高昂生活开销的想法。除"生活费"之外，所规定的工资也如此。更重要的项目如下：

不熟练的工人	10.8 分
泥水匠	21.6 分
木匠	21.6 分
石匠	21.6 分
铁匠	21.6 分
造船工人	21—26 分
画家	32.4 分

这些是"食物和住房"之外工人所获的工资，尽管在对现代美国"最低生活工资"的估计中，这两项约占"预算"的 35％，而在西塞罗时代，如果劳动者有家有室，那么勉强的必需品至少占日常开销的 80％。与共和国的价钱相比，戴克里先的工资表似乎较为丰厚。对于共和国末期而言，我认为可以得出可靠的结论，即提洛岛所发现的工资大概依然有效，不熟练的劳动者一般每天得到 1 戴纳里乌斯，或者约仅以黄金度量的 17 分到 20 分。在维克托·伊曼纽尔(Victor Emmanuel)【即维克托·伊曼纽尔二世，意大利国王，生活于 1820—1878 年。——中译者注】入主之前，公元 1870 年收割季节农场工人所得的工资大约如此。[19]

显然，古代的自由劳动力并未养育一个大家庭，并送孩子上大学。他能过活吗？当然，自由民与所有城市奴隶截然不同，缘于奴隶不但被供以衣食，甚至能够获得私产，妻儿也如此。如果着眼于更为有利可图的服务，那么这个家庭里出生的孩子大概接受一些技术性职业的培训，结果他们得以从与主人的联系中受益。自由出生的劳动者必须自己寻找住所，如果有家室的话，必须养育子女；妻子当然一般也要维持自己的生计。可是，靠这样的工资，劳动者能够养家糊口吗？如果我们将此工资和劳动者必需品的预算进行比较，忘记现在的情形，而想想英国在废除粮食法之前劳动者的境遇，1870 年前意大利工人的境遇，抑或第一次世界大战前日本

338

穷人的境遇,我们发现不知如何过活。

　　在考虑生活开销中,我们很快认识到"生计"是一个含义广泛的术语,尤其在一个由奴隶制支配的社会之中。西塞罗认为其子在雅典求学时,每年的生活费不低于 4000 美元,理由是作为前任执政官之子,他必须仪表堂堂,并交结年轻贵族,如梅萨拉(Messala)和毕布路斯(Bibulus)。西塞罗本人自视地位尊贵,由此需要在最尊贵的地区拥有一幢城市住房——耗资 20 万美元——一个郊区别墅,至少还要有一个海边寓所;有时他有三幢别墅。当然西塞罗不算富有;他只是过其所设想的前任执政官的生活。然而,工人的预算中不包括外表和名望的开支。他只要能维持生计,在此方面国家甚至给予资助。至于其他开支,阳光给他带来温暖,减少了衣服开支,以用于仅有的谦逊心所需项目;政府官员和仁慈公民提供免费洗澡,并在所有节日提供免费娱乐。

　　他的菜单不要求有肉。[20]罗马战无不胜的军团已依靠小麦粥征服了世界,在西塞罗时代,国家按约 1/3 市场价的价格,给每个公民申请人发放一个士兵定量,即每月一蒲式耳小麦;帝国时期,这一定量免费发放。在没有粮食救济的城市中,每蒲式耳约值 75 分,抑或每人每天花费 2.5 分。[21]此外,他一般添加一点奶酪、一些蔬菜、橄榄油和酒。在戴克里先的名单中(高于共和国时期的价格),奶酪每磅 7 分;由于蔬菜每月均可在罗马附近的阳面山坡上种植,3 个卷心菜头[22]或 6 个芜菁价值 1 分。一品脱日常伙食[23]约值 1 分,加上水,一般足够用一天。少量使用的油售价稍高。这实际是全部的食物费用。做出一个复杂的价格表,以与劳工部发行的每月价格索引中的大量项目相比较,实际上容易误入歧途。每天用于支付食品商的账单为 8 分,抑或 6 分,加之一张可以领取粮食救济的票据。

　　至于常被丢弃的衣服、鞋,[24]至多花费 0.5 美元。至多 5 磅羊毛足以做两件束腰外衣,每磅羊毛价值 10 分,由其妻在灯光下亲手织成。意大利清风习习,人们可以裸露手足。

　　共和国时期,罗马的租金大概价格低廉。据信凯里乌斯

(Caelius)[25]每年花费 1500 美元租用一个流行街区的住房时,公认穷奢极欲。西塞罗坚持说,租金只有 500 美元,这一传言之所以以讹传讹,是凯里乌斯出于宣传目的。如果如凯里乌斯之流在帕拉丁支付 500 美元,那么萨布拉(Subura)的一个地下室或者阁楼房间价值几何? 我们没有罗马的价格,但在提洛岛[26]如日中天的时期,诸多管理商店之人所居住的商店和住房,租金为每月 1 美元或 2 美元。由于劳工和建筑材料同样便宜,我们没有理由认为罗马的租金高于提洛岛。直至最近,平原的农场劳动者认为房租实际上毫无意义。他们自己动手,用几根柱子和一些废弃的麦秆建造茅舍;在那种气候下,足以居住。古代工人大同小异,或在廉价建造的房屋中租用一两个房间,或睡在商店,抑或商店后面的小房间。房租对于不需要考虑身份之人而言,小事一桩。

341

罗马工人一定也要洗澡,并在洗澡后与朋友们谈天说地。对此,城市中富有公众精神的公民通常提供无数公共房屋,那里人民或者可以免费进入,或通常花费 0.25 分或至多 1 分。这是工人俱乐部的会址。

那时,由于国家救济和意大利气候温和,似乎劳动者不会饿死或冻死。如果身体健康,并能找到工作,他可以缔结姻缘,因为其妻能够通过纺纱、织布或者管理商店养活自己;如果有了孩子,子女也在很小时参加劳动。诚然,他们没有钱用于娱乐,但罗马政府深知没有娱乐的乌合之众的危险,于是在诸多节日里全部提供免费比赛和娱乐:马车比赛、戏剧表演、野兽猎杀、角斗士表演、游行和海战。元首们已发现一个极其简单的麻醉剂——面包和竞技,用以抚慰感染由奴隶制和非生产性经济体制所致疾病的群众,长期使用,且卓有成效。

342

然而,我们尚未解答一个深刻问题。健在的亲属到何处找到十几美元,来火化死者的遗体,支付埋葬瓦罐的壁龛及为一个体面的复活准备的酒罐? 为了减轻这一困难,工人组成埋葬协会,每月收取少量税收,用以满足必需的开支。协会也组织成员,提供体面的葬礼游行。

帝国期间,意大利没有爆发奴隶起义,或者劳工革命。显然劳动者安身立命;在这样的条件下,他能否成为一个好公民是另一个问题。

343　　　每个手艺的劳工均有行会[27],或者劳工协会,但面对奴隶竞争,这些协会不是有组织的联盟,并未通过集体谈条件,以改善工资和环境。我们从未听说过意大利的劳工起义。[28]

显然,如果一个劳动者拒绝按照给其提供的条件工作,奴隶会取而代之。传统归于王政时期的早期协会,可能已脱离了直接的经济需要。在商业更为活跃,奴隶制仍未充斥该城时,工业大概拥有更为健康的生活。早期共和国,撤离到圣山的政治起义或许已效法劳工方法,抑或已在这种劳工协会中找到力量。对此,传统并无记载。再次,在晚期帝国,国家为了公共目的组织这些协会,授予它们某些豁免权,以回报其在粮食运输、防火及其他半公共职责中所做的服务,为了获得进一步的特权和豁免,协会经常通过其保护人向国家施压。例如,在一个有权有势的朋友帮助之下,台伯河

344　平底货船的船员[29]获得某种垄断权,而罗马的漂洗工提起诉讼,要求收回以前的水权。然而,上述例子是新倾向的证据,并未显示早期协会的目的。在共和国期间,诸多协会的目的似乎主要是社会性的,使用一个非常广泛的术语。通常,在商店规模小且容纳极少人员的地方,顾客从一个到另一个商店讨价还价。由此,同一种商品的制造者集中在该城的同一区域。[30]结果,因私人关系及对同一产地的关注,通过从事同一职业自然形成的利益共同体得以进一步巩固。为了组建帮助埋葬的协会,为了一些崇拜协会,为了关于酒和"职业用语"的社交集会,一个自然的社会团体已经应运而生。通过在石头上刻上成员名单和所有小官职的尊贵头衔,他们创造了一个表面上重要的世界,那里暂时可以忘记外部世界对他们的

345　轻视。[31]真正把他们团结在一起的连结线当然是该协会的实际服务,主要指收集小额税收,获取存放骨灰罐的骨灰匣壁龛。费用的分配减少了可怕的丧葬开支,消除了作为没有埋葬的灵魂漫游的恐惧,那时穷人能够沾沾自喜地看到这种必然结果。这些社交集

会也并非全然出于快乐目的：因成员们经常互称饕餮者和同餐之友，它要为去世的成员和保护人的灵魂崇拜提供奠酒。由该组织的"规章和议事程序"中摘取的下列语句，可以洞察一些他们的小世界。[32]

"一致表决，任何人如若加入本协会，应交纳 100 塞斯退斯会费（此时约 3 美元）和一罐酒，且每月应交费 5 阿司（3 分）。"

"如果一个正式会员死亡，将为其提取 300 塞斯退斯，其中 1/6 分配给出席者。葬礼游行应当步行。"

"任何自杀成员，不应由本协会埋葬。"

"如果任何是奴隶的成员成为自由人，应为本协会提供一瓶双耳罐好酒。"

"如果一个按自然顺序当选的官员未给成员提供宴会，罚款 1 美元。"

"官员应每人提供一瓶双耳罐好酒，为每个成员提供价值 2 分的面包、4 条沙丁鱼，并提供服务。"

"如果任何成员换座导致混乱，罚款 12 分；如果任何人羞辱其他成员，罚款 36 分；如果辱骂主持官员，罚款 60 分。"

原注

1 Cic. *Pro. Flacco*，18，工匠、零售商及所有其他微贱之人；cf. *Cat. IV.* 17；*Acad. Prior*，II，144. Seneca，*Ep.* 88，21 引证的波西多尼乌斯，粗俗且低劣……工匠。

2 Vergil，*Georgics*，I，121－146。这个科里基亚园丁，*ibid.* IV，125；cf. *ibid.* II，458. 贺拉斯也在农场上锄地，*Epist.* I.，14，39。

3 Park，*The Plebs in Cicero' day*；Kuehn，*De Opificum Rpmanorum condicione*；Blümner，Privat-Altertümer，p. 589；Brewster，*Roman Craftsmen and Tradesmen of the Early Empire*；Paul-Louis，*Le Travail dans le monde romain*.

4 Cic. *Quint. Fr.* III，1，2；1，5 and 33；9，7.

5 Cic. *Ad. Fam.* XVI，18，2；Labeo，in *Digest*，14，3，5，2.

6 *Digest*，33，7，12，5 and 16，2。

7 在萨宾农场上，贺拉斯耕种部分土地，由一个管家看管，但部分土地出租给 5 个承租人，Epist，I，14，1 - 3。

8 *Digest*，14，3 and 4 passim。

9 *C. I. L.* XIV，256。

10 C. I. L. XIV，250 and 251。该协会由拥有和操作这些平底货船和驳船之人组成，这些船只帮助该港外的大船装货和卸货，并将产品由港口运送到罗马。值得注意的是，奥斯提亚以前的奴隶及其子已得到了从事这些生意的收入。

11 显然在几个特殊贸易中，普通的手工艺商店旁边还存在"特制工艺"。例如，盖乌斯举了一个例子，其中一个人把自己的黄金带到珠宝商那里，制成指定物品（III，147）。当然珠宝工艺总是适合采用这种体制，原因在于毁坏或者不流行时，材料通常可以重做。但没有理由认为，共和国的其他职业中存在大量特制工艺，尽管戴克里先的饬令证明公元 3 世纪资金消失时，定制体制到处重塑。

12 库恩详细且极其有用的论文，*De Opificum Romanorum Condicione*，Halle，1910。

13 关于奴隶的价格，见 Wallon，*Histoire de l'esclavage*，II，159。见加图的薪金表，*R. R.* 56—59；然而，加图被视作一个严厉的主人。在加图时代，油的定量极少。后来当油价更为低廉时，定量增加。

14 Glotz，*Les Salaires a Délos*，Jour. Des Savants，1913，206；cf. Guiraud，*La Main d'oeuvre industrielle dans l'ancienne Grèce*；Francotte，*L'industrie*，I，327。

15 Dessau，I. L. S. 6087，LXII。扈从只得到该数目的一半，重步兵 1/3，传令官 1/4，但这些大概是偶然被召来服务的店主。

16 West，*The Cost of Living in Roman Egypt*，*Class. Phil.* 1916，304；Westermann，*An Egyptian Farmer*，Univ. Wisc. Studies，1919，178。

17 *Pro Roscio Com.* 28。不可能将之作为西塞罗时代的一般工资，尽管手册上一般如此。事实上西塞罗强调作为工人的奴隶价格低廉。在基督的寓言中，Math. 20，2 葡萄园的工人据信每天挣 1 戴纳里乌斯。

18 关于戴克里先的饬令，见第 22 章。关于它对生活开支问题的意义的有趣讨论见 Abbott，*The Common People of Ancient Rome*，p. 145。关于书目见 Pauly-Wissowa，*Art. Diocl. Edict*，公元 2 世纪达西亚的石蜡牌中发现了一个矿工的工资条目。工人工作半年，薪酬为 6.3 美元。工资无疑不包食宿，*C. I. L.* III，948。

19　*Monographia della cittá di Roma*，III，p. cxxii。如果一个人全年受雇，以确保本人到冬天的食宿，每天得到半个里拉。

20　1915 年被征召参军的西西里人如此不习惯于吃军队定量的肉，以致在诸多情况中不得不使用强制。1906 年，我发现一个旅店为一个罗马工厂附近的工人准备的常规午餐值 5 分，其中包括半磅面包、一片奶酪和一杯酒。那时，每天工资是两里拉。在 1916 年，工资增加了 3 倍，食物的价格也如此。

21　关于小麦的价格见 Rostowzew，Pauly-Wissowa，art. *Frumentum*。每蒲式耳的价格一般从 40 分到大约 1.20 美元，浮动很大，因为贫穷农民一般不得不在粮食刚刚成熟时，就予以出售。在冬天，因缺少运输，价格在 2 月和 3 月高昂。Polybius，II，15，and XXXIV，8 提到在这些地区对常规商业开放以前，西班牙和波河流域的价格极低。这样的价格不应该加在总数里，来计算一般的平均数。

22　见戴克里先的饬令，5 和 6。

23　Columella，III，3，10 提出每库莱乌斯（120 加仑）300 塞斯退斯为适当价格。Martial，XII，76 暗示说一个双耳罐（6 加仑）值约 20 阿司。

24　见戴克里先的饬令，IX，5a。

25　Cic. *Pro Caelio*，17；Plutarch，*Sulla*，1，暗示 2000—3000 塞斯退斯是苏拉时代体面的罗马人勉强可以使用的便宜公寓的价格。

26　见 Roussel，Délos，p. 149。在庞贝，一个现已成为漂布工厂的中等规模住宅，每个月租金 7 美元，*C. I. L.* IV，1，p. 392。后来马提雅尔和朱文纳尔经常抱怨阁楼公寓的高昂租金。

27　Waltzing，*Les Corporations*；Ruggiero，Diz. Epig. Art. *Collgium*，by Waltzing；Kornemann，*Art. Collegium* in Pauly-Wissowa；Abbott，*The Common People of Ancient Rome*，p. 209。

28　东方城市有时爆发起义，那里自由劳动者不完全受奴隶经济的支配；见 Ruggiero，*loc. cit.* p. 358；Buckler，in Anatolian Studies pre. To Sir Wm. Ramsay，p. 27。

29　Ruggiero，*loc. cit.*

30 除了大量特别广场，我们知道罗马有无数以特别工艺著称的街道，例如粮食街、马具街、木材街、泥土贸易街、凉鞋街、油膏街、珍珠商柱廊。珠宝商通常集中在萨克拉，陶工在厄斯魁林，制革工人在特拉斯泰韦雷等等。

31 一些协会似乎类似于中世纪的协会，已在宗教节日中为自己确立了一个永久地方（纽约的希普莱特创作"方舟的建造"，金-史密斯创作"麦琪"，并且费舍尔和马雷纳斯发表"诺亚和洪水"）。罗马的木匠显然奉召前来，布置这棵在至尊圣母的庆祝中所用的松树，并在游行中举抬。由此时开始，他们取名登德罗弗里。在伊希斯神的节日中，造船工人和水手完成常规部分。在西塞罗时代，协会官员取代了地方官员，来指导大路节的街道庆祝。确实有一天我们可能会找到证据，证实这些中世纪协会所进行的"神秘游戏"和古代劳工协会参与的"秘仪"之间的直接联系。

32 狄安娜和安提诺俄斯社团的法律，*C. I. L.* XIV, 2112, Dessau, *I. L. S.* 7212。

第 18 章　帝国头十年

　　朱利乌斯·恺撒（Julius Caesar）的工程显然并未从经济方面考虑，但较之其他罗马政治家，似乎恺撒权衡了其政治举措的经济层面。难以贸然说他采取了明确政策，尽管可以万无一失的说，贵族同盟墨守成规，重视财产权，而他对格拉古的钦佩使之理解了工业和商业的需要。显而易见，其与庞培的斗争不可能简单地用经济规则加以解释。确实，元老院大声疾呼，如果恺撒旗开得胜，他将漠视财产权，广泛没收土地，以分配给乌合之众。庞培以为整个意大利的地主因惧怕恺撒，会立即应募到自己的军团之中；结果却不然。绝大多数元老——通常是大地主——的确支持庞培，但似乎并非缘于他们认为财产堪忧，而是缘于心知肚明，在恺撒就任执政官期间，如果他占据上风，元老院的权力和威望会一落千丈。一些家境殷实之人，因未曾跻身元老院，同等信任恺撒和庞培，他们的态度正确无误，恺撒得胜后漠视激进追随者的需求，没收、取消债务、延期偿付及分配土地。

　　恺撒作为独裁官的任期仅持续五年，其中绝大多数时光消磨于战争之中，但在几个月的行政工作期间，他为帝国制定的规划昭示，他深刻洞察了她的物质需要，展现了构建经济改革的长期项目的杰出能力。如果恺撒活的长久，当地个人主义所施加的政治放任主义的久远传统无疑已经终结。他显然意欲对整个帝国的商业进行一些国家资助。他重建科林斯，在那里兴建了一个殖民地，安置城市被释奴，即从事贸易且讲希腊语之人。当他草拟计划，打算挖掘一条穿过科林斯地峡的运河，以提供一条由亚细亚至意大利的短暂且安全的通路时,殖民地的真正目的一目了然。[1]在恺撒撒手人寰时,运河计划偃旗息鼓,但科林斯方兴未艾,一代以后公认为希腊最为富饶的城市。同样因洞察了商业需要,恺撒缔造了几个其他的殖民地。庞培已将本都和比提尼亚设为行政中心,但正是恺撒看到了将这些行省包含在帝国之中,意味着赐予它们恩惠,以使之与地中海海运进行商业联系。由此,他在黑海的港口西诺普和赫拉克利亚设置殖民地,安置被释奴。目的并非是使此地罗马化,理由是殖民者讲希腊语,不久就忘记了在罗马所学的些许拉丁语。这些殖民地不但对本都和比提尼亚大有裨益,而且将拒不受同化的外国因素逐出罗马。

　　对于另一个同类的殖民地而言,出于同样的深谋远虑,恺撒选择了迦太基。因目光短浅,元老院拒绝对它进行重建,惟恐吸引布匿人,危及罗马。乌提卡,一个"盟邦"获准成为总督驻地,成为该行省的商业港口,成为格拉古和马略的大农业殖民地——异常无与伦比。恺撒纠正这种错误,命令在迦太基建立一座殖民地,重建该城,使其成为帝国最重要的港口之一。在西班牙,在海洋潮汐所及与乘船依然可以靠近的瓜达尔基维尔河(Guadalquivir)顶端,希斯帕利斯(Hispalis)(塞维利亚[Seville])建于安达卢西亚中心。[2]阿雷拉特(Arelate)也计划建为罗纳河岸的一个高卢港口,以代替希腊城市马赛,迄今为止后者主导高卢的全部国家贸易。最后,罗马的港口不能忽视。由于台伯河口迅速被淤泥堵塞,奥斯提亚港不尽如人意,由于水流湍急,该河的锚泊处也不安全。此外,就如我们所见,普特俄利的港口吸引了比奥斯提亚更多的船运。恺撒计划修建一条驳船的运河,[3]沿台伯河流域从罗马一直延伸到奥斯提亚,之后溯南部下游海岸,延至普特俄利。整个计划预想了帝国从黑海到直布罗陀海峡之外的商业需要,史无前例。鉴于恺撒只有几个月时间权衡,且大部分计划确实付梓实现,我们深信随着几年的和平,恺撒本可推进一个庞大的家长式工程,以利于国家对商业的资助,可能也利于依靠和需要这种贸易的工业。如果以恺撒所展示的远见卓识,罗马执行此等计划,如果其继承人将之奉为永久政策,不必说,罗马发展的进程将大大改写。

恺撒也显示了对农业发展的高度兴趣。正是他计划修建一条地道,即后来克劳狄为排干富奇诺湖(Fucine Lake)而试图兴建的地道,并开垦中意大利几千英亩的肥沃耕地。他也让其工程师设计排干彭甸沼地的计划,[4] 部分是开垦淹没的土地,部分是使周围的地区更为肥沃。由于继任恺撒的元首缺乏他的先见之明和精力,这两个计划不得不等待现代工程师的努力。恺撒高瞻远瞩,而非只看眼前利益,去开垦田地,增加产量。他深知如若帝国中心固若金汤,意大利的自由人民一定会得到拯救。有鉴于此,他发布决议,规定意大利农场所雇佣的劳动者中,至少 1/3 必须是自由民。这是罗马第一次试图限制奴隶制的传播,并与安置数千被释奴的意大利外的殖民地相联系,它表明罗马乐于进行意大利的社会重建。

格拉古兄弟很久以前就指出,相比于使用奴隶劳动的几个种植园主而言,小农组成的广大公民团体更受人喜爱,但甚至公元前 89 年公民权扩大到整个意大利时,所有罗马党派联手排挤新公民,不让其参与高效的投票体制。在恺撒去世时遗留的一个自治市的法律残文中,我们发现了一个条款,其中在罗马编制的国家名单中,第一次出现了意大利自治市的地方公民调查名单。可能这是预备步骤,意图通过地方投票进行国家选举。无论如何,我们所示的残片清楚地昭示恺撒已打破了贵族传统,罗马不再凌驾于其他意大利城市之上。

同样恺撒对行省和行省人的兴趣独辟蹊径。在高卢和西班牙,他自由扩大罗马公民权,更令旧贵族难堪的是,许多行省人——苏埃托尼乌斯(Suetonius)声称有 8 个——确实获准进入元老院。甚至在担任独裁官之前,恺撒在高卢的所作所为一定已令其同时代人大吃一惊。通过领导莱茵河沿线的征服战役,通过尽力将反日耳曼部落的战争限制在北方,直至对高卢形成合围之势,他得以顺利接管高卢行省,结果人财不失。在北方,恺撒获得绝大多数奴隶和战利品。他仅没收了几个叛乱者的土地。他并未建立殖民地,而允许部落自治,与此同时授予诸多当地人以罗马公民权。显而易见,他相信高卢会适时成为罗马的一个完整部分,意欲让其繁荣发展,怀有好意。事实上恺撒认同格拉古兄弟民主理论的逻辑结果,而对此后者并未看到它的完全意义。在其整体工程中,他显然深刻洞察了所有等级的需要,广施同情,采取一致和连续的原则,这一切都让我们相信他本将适时推动一个庞大的经济工程的成型。随着他的与世长辞,一个有能力运用政治权力为一个伟大帝国规划新结构之人不复存在。在其死后,这种先见之明荡然无存,353 罗马回归古老传统,即政府活动应局限于政治管理。

恺撒之死再次使世界分崩离析,安东尼(Antony)、雷比达(Lepidus)和屋大维统率军队,威慑政府军,迫使元老院授予绝对权力。为获得金钱来供应军队,他们放逐了 300 名元老和 2000 名骑兵,并没收和出售其财产,以换现钱。[5]这是罗马史载最为邪恶的行为,但除了诸多在政治史中闻名遐迩的家族的灭绝,除了这一威慑主动权和独立性的可怕先例之外,它并未使经济生活发生翻天覆地的变化。整个意大利无数大地产易主,不仅半岛远处一隅的富人遭难,罗马附近的地主也同病相怜,但土地通常全部分块出售,而奴隶和佃户继续为新主人工作,情形一如旧主人治下。我们看到工业资本家并未损失惨重,达到阻碍生产或者贸易的程度,理由是在此方面随后的时期似乎更胜以往,更为繁荣昌盛。如果工业主要掌握在被释奴手中,事实也确实如此,那么它的发展受挫或许缘于该等级在政治上默默无闻。

公元前 42 年的战争影响更为深远,三头【即后三头联盟,安东尼、屋大维和雷比达。——中译者注】在腓力比打败布鲁图斯(Brutus)和卡西乌斯(Cassius),并被迫兑现许诺的赏赐,分配土地354 给 10 万现将复员的士兵。[6]这次三头仅仅选择了约 20 个大力支持对手的意大利城市,并没收其居民的耕地。立即灾难惨重。鉴于每个士兵所分的土地至少为 15 犹格,大约 100 万英亩优良耕地易主。这里各阶层人同病相怜,因为更为富庶的城市的绝大多数土地分成大块,由承租人或者奴隶耕种,因为被剥夺财产的主人竭力廉价出售奴隶,现在农民将领受土地,他们没有佃农可用,处处是奴隶,结果一切不得不继续发展。如果 10 万未婚士兵接受份地,因大部分佃户和奴隶有家室,不得不违心前往。维吉尔极其幸运,因有权有势的朋友斡旋,得以收回财产,于是对屋大维感激涕零,在第一首田园诗中为此恩惠感谢屋大维,与此同时他也为被逐出的无家可归之人黯然神伤,后者被迫迁徙到遥远行省。这里,意大利的损失就是阿非利加和西班牙等行省的收获,不久移民在行省种植多产的庄稼,以在罗马市场上与那些取代他们之人的产品相竞争。

　　然而,这场灾难有一个有利方面。大片由非自由民耕种的大地产分成大量小块,出租给农民耕种。一些人确实是士兵,一些人是蛮族人或者冒险家,但许多人是最近招募的乡村地区的穷人——诸如来自匹塞浓的文提狄乌斯(Ventidius)的军团——后者参军不久,不能完全胜任工作。尽管苏拉、恺撒尤其是三头的土地分配极其不公,但事实上通过此种方式,50 万农场土地被分配给农民耕种,据此我们可以认为至少集中的邪恶暂时受到遏制。[7] 几年以后,瓦罗也发表看法——或许有点夸大其词——即任何土地都不像意大利这样得到精耕细作;一如布匿战争以来,奥古斯都统治中期意大利的诸多农民心满意足。好景不长。容克地主的倾向在意大利极为强烈,[8] 那里几世纪以来贵族受到法律的强制,将重要投资投到体面的地产上,那里没有公司的股票和债券用以筹措资金,那里仅仅拥有土地就使这个特权等级退出工业。毕竟在 100 个自治市中,正是 20 个城市在三头手中经历变革。显然从公元前 75 年的奴隶战争【即斯巴达库斯起义。——中译者注】以来,对奴隶力量的恐惧似乎在这一时期施加了有益影响,促使地主寻求自由佃户,来承租农场的小块土地。词语科洛尼(colonus)[9] 通常意指奥古斯都时代的佃户,这表明那时出租是稀松平常之事。这种体制要求较少的启动费用,要求较少的监督,且确保对土地的更多关注。但我们千万不能认为,这种体制恢复了日趋消亡的意大利当地人民,理由是农场奴隶经常获释,成为被释奴佃户。

355

356

　　亚克兴（Actium）战后，意大利和行省出现长久和平，在奥古斯都的坚定领导下长达45年之久。生活再次平安，私人财产稳定，海盗和强盗受到镇压，边境得到保卫，罪恶迅速受到制裁，如果不是直接受到鼓励的话，商业和工业自由发展。这是一个物质丰裕的时代，这是一个尤其在行省投资中累积巨额财富的时代，也是一个工业发展的时代。正是在这一时期，上一章所提到的大工厂广泛扩张贸易。

357

　　在行省中，阿非利加可能在这一期间经历了更为迅速的变化。去世之前，朱利乌斯·恺撒已将努米底亚设为行省，并将首都锡尔塔（Cirta）（君士坦丁）授予冒险家西提乌斯（Sittius），以分配给其由罗马人、西班牙人和柏柏尔（Berber）人组成的混合军队。这个庞大殖民地，由努米底亚的中心延伸到海洋，以罗马法形式统治，农业土地廉价拥有。更为重要的是，恺撒命令重建迦太基，以充作格拉古和马略旧殖民地的便利的罗马港，他也因资助阿非利加[10]（每个人平均12000美元，这惊人地预示着大财产）的元老院事业，对300名罗马人施加了约500万美元的罚款，所以附近市场中一定投放了大量优质土地。代替残缺的原文，现在检查奥古斯都时期的阿非利加铭文，我们发现此时意大利的放逐和土地分配迫使意大利人迁出，罗马公民显然流入阿非利加，尤其是进入古老的努米底亚行省。[11]例如，努米底亚行省的几个城市，尤其是海岸城市，诸如希波（Hippo）（比塞大［Bizerta］）、库路比（Curubis）、那波利（Neapolis）【即那不勒斯。——中译者注】和卡皮斯（Carpis），加上锡米图（Simithu）（由此罗马建筑得到大量令人满意的"努米底亚"大理石），将复兴归功于朱里亚（奥古斯都）们的殖民，尽管我们知道官方殖民地并未建于这些地方。迁出意大利的罗马公民似乎定居在上述城市及诸多其他城市，奥古斯都允许他们在当地政府旁组建独立的自治政府机构。

358

　　如铭文所证，实际的老兵殖民地安置在诸如乌提那（Uthina）、图布尔博（Thuburbo）和西卡（Sicca）的几个地方。有趣的是，当这些半被遗弃的古老城市从罗马移民中获得新生时，迦太基人的后裔现在大批归国，此前国破家亡时他们曾逃到努米底亚。如我们从奉献给巴尔·阿蒙神（Baal Ammon）（萨图尔努斯［Saturnus］）和塔尼特（Tanit）（朱诺·凯勒斯提斯［Juno Caelestis］）的大量神殿和墓碑象征所见，古老的迦太基城市再次成为半闪语族。在迦太基和希波，事实上迦太基人民获准实行地方自治，他们所造的迦太基铸币就是明证。随着罗马和迦太基人民的流入，阿非利加行省繁荣兴盛，村庄变为城市，这为农产品开拓了市场，反过来又促进了工业和商业的发展。除了设置一些老兵殖民地和允许民族团体实行地方自治外，不管是迦太基人还是罗马人，奥古斯都均未干预这一进程。阿非利加资源丰富，倘若自行其是，将适时得到发展。如我们将见，进程稳定——甚至在不可避免的地产的集中之中——而且在奥古斯都时期，继埃及之后，阿非利加在帝国期间成为首要的小麦生产者。 359

西班牙[12]依然局势不稳，矛盾错综复杂。南部属半热带地区，肥沃多产，古老城市星罗棋布；中部高原幅员辽阔，地势较高，属半干旱地区，零星散布着粗野、自由的乡村人民；北部和西北山脉分布着诸多独立的游牧和狩猎部落；地中海海岸排列着长期在希腊和迦太基商业影响下的古老贸易城市：每个城市在文化本质上各领风骚。在各地区，人民主要是伊比利亚人。他们起初来自北阿非利加，属于柏柏尔人。中心地区称为凯尔特—伊比利亚，但这确实只意味着凯尔特人在公元前 5 世纪已推进到中心。后来，他们主要被伊比利亚人赶回高卢，[13]之后到奥古斯都时代，伊比利亚人 360 掌控此地及其他地方。在南部和东部，当地人已接触爱琴文化达 1000 年之久，因为西班牙是古代世界最为多产的采矿国家。经由加德斯（Gades）和东部海岸的城市，人们可以到达谢拉莫雷纳山脉（Sierra Morena）的金矿、银矿和铜矿。著名的西部锡矿可直接乘船只或者陆路商船抵达。迈锡尼（Mycenea）的克里特商人常去此处，而后腓尼基人、埃特鲁里亚人、希腊人、迦太基人及罗马人纷至沓来。海岸的伊比利亚人受到各支人民的压榨，反过来也学会了各支人民的技艺。

如任何地方一样,矿产开发科学进行,西班牙钢刀在古代供不应求,从那时到现在一直如此。训练有素的织工用自产的亚麻和羊毛,在复杂的织布机上编制出亚麻和羊毛织物,这些织物在罗马同样受到高度赞誉。纯种绵羊和牲畜饲养受到希腊旅行者的赞美。葡萄树、橄榄及阿非利加水果很早引进,在罗马人到来之前已遍布安达卢西亚的花园。在南部,尤其是在加德斯和马拉加(Malaca)的腓尼基人指导之下,图尔迪塔尼(Turditani)生活在自治市中,迅速发展,繁荣兴旺。在东部海岸,因与希腊接触频繁,一些艺术工艺发展,[14]但伴随希腊人遭迦太基人驱逐,再度销声匿迹。显然在吸收导师的艺术和工艺上,伊比利亚人是老手,但在榜样的促进之后,鲜有独立发展的证据。古代西班牙的文化史——如中世纪和文艺复兴——主要是外部影响的历史。

361

希腊人和腓尼基人,对贸易比对领土更感兴趣,于是设置了商栈。甚至富有的迦太基城加德斯接管了零星领土。它没有进行征服,直至汉尼拔的父亲【即哈米尔卡。——中译者注】打算缔造一个帝国,以取代第一次布匿战争中土崩瓦解的西西里。为了迅速获得领土,他征收 1/20 税率的低税,显然也没收了谢拉莫雷纳的矿山。根据终结第二次布匿战争的条约,罗马从迦太基手中接管了西班牙,也即取得了对南部和东部的主权,完全接管了矿山的所有权。波里比阿参观西班牙时,罗马的国家矿山雇佣 4 万名矿工,每天开采多达 25000 德拉克马的白银,抑或每年约 200 万美元。斯特拉波时代,矿山由私人(可能是骑士)承包人承租。

该行省的整体管理采用极为典型的罗马方式。财产权利如常受到尊重。此时唯一的罗马殖民地设于伊塔利卡,用于安置不能回国的老兵和生病士兵。迦太基已经垄断的有利可图的商业仅仅获准自行发展,而加德斯的迦太基和腓尼基富商步其后尘。事实上,由于加德斯被奉为罗马盟邦,可以自由进入罗马联盟内的所有港口,他们得到罗马支持的全部好处。在奥古斯都时代,加德斯人控制了大部分西班牙的商业。根据斯特拉波,"他们建造并派出地中海和大西洋贸易中最大的商船,"[15]国内鲜少看到其公民,"原因

362

在于那些未从事海上交通之人在罗马享受生活。"帝国之中,罗马之外只有一个城市与加德斯一样拥有数量众多的骑士财产资格的公民,这就是帕多瓦(Padua),富有地主的家园。斯特拉波的评论惊人的提醒我们,共和国的罗马人如何忽视行省的商业机会。与此同时,罗马坚持不懈地强迫中部穷困且半野蛮的部落俯首称臣。通过 100 年零星的游击战,任务徒劳无功——部分是出于适当签署条约的法律本能,部分是由于总督想要军事荣耀和战利品。元老院政府处处显现出其对商业优势的盲目,与此同时一丝不苟地奉行"政治责任"的传统。 363

　　到奥古斯都时期,贝提卡(Baetica)(安达卢西亚)完全罗马化。这主要缘于恺撒的殖民,公元前 45—前 44 年特权的授予,一小部分是缘于共和政权的努力。共和期间,公元前 152 年马塞路斯(Marcellus)在科尔多瓦设立了此地惟一的罗马殖民地,以充当总督住所。这个城市本身依然半伊比利亚化,但那里设置的驻军和征兵站无疑做了大量贡献,将罗马的言行举止带给这支模仿的民族。事实上,南部西班牙长期处于外国影响之下,致使国家感情和当地语言逐渐衰落;加之加德斯的要员主要和罗马做生意,并模仿罗马习俗,甚至这个迦太基城成为罗马化的中心。在那里投资土地的罗马居民数量众多,但我们鲜少听说。[16]然而,正是恺撒加速了这一进程,尽管不是由于任何目的性的政策。公元前 45 年,恺撒进入西班牙,以镇压最后的反叛,结果发现诸多贝提卡城市已和庞培的儿子们同舟共济,部分由于庞培年轻时因镇压塞尔托里乌斯(Sertorius)叛乱扬名立万,部分由于恺撒的总督残酷对待当地人。 364 此时,恺撒需要给老兵和城市被释奴提供土地。于是,他侵占了在此役中夺取的一些城市的土地,其中几个城市位于富有的贝提斯(Baetis)(瓜达尔基维尔河)流域中心。他将老兵安置在希斯帕利斯(塞维利亚),那里远航的船只有在最高的潮汐时方能抵达。由那时起,该地一直是一个富饶的农业和贸易中心。他在乌索兴建一个慈善殖民地,主要安置罗马被释奴。在南部西班牙,他在乌丘比(Ucubi)、伊塔奇(Itacci)和哈斯塔(Hasta)设立殖民地。他将拉丁权授予几个城市，以回报后者的帮助。这些安排主要说明了斯特拉波所说的罗马化。

近处的西班牙行省的例子稍有不同。这里只有海岸城市和依贝拉斯（Iberus）河流沿线的几个部落在一定程度上罗马化。公元前49年恺撒首次踏足西班牙，并在伊莱尔达（Ilerda）迎战庞培大军，此时附近部落不得不决定站在哪个党派一边。事实上其中绝大多数——远未适应城市生活——作出明智选择，于是恺撒以通常方式回报他们的服务，不久之后授予其拉丁权或者公民权。在普林尼所做的奥古斯都时代西班牙城市的列表中，我们发现远到布尔戈斯（Burgos）的依贝拉斯流域享有特权。

365　　奥古斯都花费三年时间，征服西班牙西部和西北最后残余的独立部落。之后，他缔造了一些军事殖民地，其中最重要的有萨拉戈萨（Saragossa）（恺撒·奥古斯塔）、布拉卡拉·奥古斯塔（Bracara Augusta）及阿格里帕（Agrippa）所美化的埃默里塔（Emerita）（默里塔），[17]并修建一条优良的军事道路，贯通上述地区。一些友好城市也获得罗马公民权，但除了贝提卡、东部海岸和前述军事殖民地之外，西班牙部落生活如常。

在研究西班牙的情况时，我们发现恺撒和奥古斯都均未改变以前政府的原则。元老院已平定西班牙，并收取1/20的税收。它没有干预社会条件或经济制度。将领们授予友好且有权有势的个人以公民权。恺撒和奥古斯都如出一辙，但因拥有全权进行奖惩，他们能够更为迅速、更为有效地行事，尤其是战争的存在提供了大量机会。土地分配、公民权授予与免税都意味着忠诚有利可图。在这个敌对的国家中，他们主要在军事道路交汇的地方，设立军事殖民地，可能用来充当罗马化的中心，但没有证据表明因为学习罗马366　语言，或者因为按照罗马方式居住在城市之中，可以获得奖赏。如驻地所示，奥古斯都所规划的沿海岸由高卢至加德斯的长路主要是出于军事目的，北部的道路经由萨拉戈萨延伸至坎塔布里亚（Cantabria），而内陆的道路从希斯帕利斯经由埃默里塔直达萨拉曼卡（Salamanca）。它们也有益于贸易，沿线也出现罗马化的城市，但并非主要目的。

　　一个人只要读斯特拉波的有趣记述,就可以发现西班牙,尤其南西班牙,在罗马统治下富饶兴旺,[18]可以发现西班牙(主要是迦太基)船只将优等货物酒、油、粮食、亚麻、羊毛、精练和未精练的金属、咸肉和鱼载运到意大利港口,可以发现人民迅速采取罗马方式;但现代发掘者最近发现,如同以往从希腊人和腓尼基人那里所获,除诸如伊塔利卡(Italica)、希斯帕利斯、柯杜巴(Corduba)、埃默里塔及塔拉克(Tarraco)等地之外,伊比利亚人仅仅虚有其表。大概恺撒或者奥古斯都本人都对此漠不关心。不干预国内事务,是罗马政府长期奉行的主要原则。

　　在高卢,那尔旁行省现在实际上被视为意大利的附庸。比利牛斯山脉(Pyrenees)附近的伊比利亚人、中部的凯尔特人、阿尔卑斯山附近的利古里亚人部落截然不同,以致外国的渗透不费吹灰之力。此外,重要的希腊商业殖民地马赛——除通过贸易之外,从未试图实行控制——已使人民习惯于外国的方式和陶器。罗马有时帮助马赛抵御山民的袭击,以回报经由其领土延伸至西班牙的道路,加之在各种战争中的海上援助;公元前118年,作为格拉古商业殖民举措的余波,纳尔波建立一个殖民地,大量罗马商人和放款人居住于此。[19]显然山南高卢人满为患时,意大利居民也开始移民到该地。诸多当地人进入马赛学校,学习文学、修辞、哲学,一些学生后来被吸引到罗马,例如诗人科尔涅利乌斯·加鲁斯(Cornelius Gallus)和庞培·特罗古斯(Pompeius Trogus),后者一度是恺撒的机要秘书。在内战中,恺撒因支持庞培对马赛加诸惩罚,占领其部分领土,以在罗纳河的阿雷拉特兴建殖民地,安置第6军团的老兵,[20]在贝特雷(Baeterrae)建立殖民地,安置第7军团的老兵,并在尼姆(Nimes)设立另一个,安置第10军团的老兵。他保留马赛的古老权利,允许其自治,但阿尔勒的新罗马殖民地,凭借其优势地位,抢夺了马赛在高卢的大量贸易。结果,几乎所有非公民的那尔旁行省人,获得拉丁权。只有更为偏远的乡村民族被排除在外,"归"到更大的城市,以帮助支付有序政府的开支。例如,尼姆监督

367

368

24 个此类村庄。当恺撒接管高卢余部时,这些新行省成为那尔旁行省商人利用的广阔地域,结果行省极为富庶。

在不干预政策之下,远高卢[21]的三个行省也拥有和平,忠实管理。沿用恺撒的某些暗示,奥古斯都仅仅划定了新征服行省的边界,派遣尽职尽责且诚实守信的官员管理,分配固定税收,一般公正无私且不吹毛求疵地进行征收。在这些行省的部署中,他将 14 个凯尔特部落和伊比利亚的阿奎塔尼亚人融为一体,几个其他部落与比利其人混合,大概是为了避免组成一个庞大的民族团体,尽管其目的或许仅仅是使这 3 个行省在规模上实现统一。他们的社会和政治制度不受干扰。在所谓等级贵族会议的指导之下,64 个
369 部落(城邦)的部族统治一如往常,如恺撒所说,地主是唯一受到重视之人,普通人几乎均为农奴。贵族议会选举首领或者大法官(ver-gobret)(后来有时称为行政长官)。这样的政府体制尤其无法吸引罗马移民。贫穷公民不在乎跻身半奴役的农民等级,而罗马富人,如果在这片广阔而无城市的地区购买土地或者取代凯尔特的地主,会发现周围志趣不相投,加之面临适应凯尔特佃农和经济挫折的问题。由此,恺撒和奥古斯都均未侵占土地,建立罗马中心(除了为里昂的一个首都之外),至少一个世纪中高卢只有零星罗马化的迹象。在法国的博物馆,一个人若研究古代墓葬中的家庭用品,会铭记罗马器皿的晚期和贫乏。事实上,从工艺上来讲,它不及前罗马拉特尼时期(La Tène period)【铁器时代文化,约从公元前 450 年至公元前 1 世纪——中译者注】遗存的优质铜器藏品。

罗马化的进程缓慢推进,由边境、那尔旁行省和南部的里昂及
370 军队守卫莱茵河的北部营地开始。那里当然进行贸易。[22]高卢出产大量羊毛,其中一些留给供应罗马军队的商人;酒和油大量沿罗纳河运送,尤其是来自那尔旁行省的产品;由于橄榄在中高卢不兴旺,葡萄园向北缓慢发展。莱茵河的罗马军队的衣食部分在行省购买,部分经由它运输。种植的粮食数量繁多,足够用于家用,并售给军队,但我们鲜少听说向罗马出口小麦。罗马从这里接受的唯一重要食品是咸猪肉——来自橡树森林——和几种奶酪。在恺

撒时代,阿奎塔尼亚和南部开采铁矿,也拥有铁的加工中心,用以满足行省需要。然而,发掘者在该地发现的豪华别墅属于后来的时代。总体上,凯尔特的高卢仍然在奥古斯都治下,很久以后它主要是一个饮酒、狩猎、互相竞争的野蛮地主和辛勤工作的农民的地区。没有迹象表明奥古斯都致力于改弦易辙,只要行省人支付税收,并保持和平;但在战争终结时,这种封建体制自然让位,事实也如此。恺撒曾经授予公民权给诸多首领,并将其中一些人引入元老院,对此奥古斯都竭力反对。他没有效法这一先例,或者是因为想要取悦罗马贵族,或者是因为他在高卢的三年时光使其相信凯尔特人不适合获得公民权。没有证据表明他希望看到乡村共同体变为城市。他由山顶下到比布拉克特(Bibracte),并在流域建立奥古斯托杜努姆(Augustodunum),以取而代之,其目的无疑是摧毁一个危险据点,而非奉行城市化政策。由于高卢的自由主义政策,奥古斯都受到指责,控状是疏忽大意和缺乏先见之明,但高卢更快受到一条仁慈路线的吸引。如果继任元首模仿他的城市管理,并尊重当地制度,那么后来时代罗马化的高卢本将在关键时刻成为一个强大的防守壁垒,最终情况却并非如此。

在亚细亚行省,恺撒进行了诸多势在必行的改革,他宣布终结征收十一税的包税体制,并将几个自治市的贡金定为平均税的 2/3。之后的内战灾难惨重。首先,公元前 43 年,元老院授权布鲁图斯和卡西乌斯[23]向行省强索贷款,并供应那时正在征募的军队。规定的数额是每年贡金的 10 倍——也即一整年的收成——两年里上交。元老院许诺战后带息归还"贷款";但若元老院无法获胜呢?城市反对,徒劳无功;不得不进行筹借,上交贷款,因为布鲁图斯和卡西乌斯手握军队,不听辩解之词。他们最大的担忧成真。元老院一败涂地,东部成为安东尼的领域,安东尼不愿缓和该行省的遭遇,以帮助解放者为借口,通过惩罚方式,他施加了同样要求,不是作为贷款,而是罚款。这个可怕处理的结果,我们不得而知。可以确定,由于此举,许多人破产,许多财产易主。然而,罗马的投资者不可能在此时增加财产,理由是住在亚细亚的罗马人在这两次勒

371

372

索中和当地人遭难一样沉重,意大利的富人部分还受到公元前 43 年放逐的打击,与此同时那些没有受到如此虐待之人若希望投资的话,有机会在国内购买土地。

不过,铭文揭示一些亚细亚帝国的地产在此时出现,一般认为[24]阿塔利交贡金的土地在共和国期间已成为公有地,奥古斯都将之夺为皇帝私产。鉴于奥古斯都别处的程序,似乎并不可信。首先,没有证据表明元老院已将交贡赋的土地变为公有地;其次,尽管与恺撒和三头一样,奥古斯都起初随意处理国家收入,没有记账,但有条不紊地保持账目,公元前 23 年在元老院和元首私库之间划分行省时,我们发现账目并不混乱。就我们所知,除了克索尼斯(Chersonese)[25]之外,公有地和交贡金的土地定期进入国库账目。亚细亚的王室地产(如果排除"盖拉提亚"(Galatia),当然不及奥古斯都时代广阔),大概来自抄没的元老和骑士的财产,在安东尼——不像屋大维那样一丝不苟——控制东方的 10 年之中,本可能装入他的腰包。

当地人的财产权一如以往,并未因负债而烟消云散。实际上,由于安东尼和布鲁图斯劫掠了成熟庄稼,当地人当然遭难惨重。之后,长期和平随之出现,税率减少,征税公正,不久行省似乎再次繁荣兴旺。

我们必须将奥古斯都时期的亚细亚看作是一个家庭工业的国家,没有大的财富中心,几乎没有奴隶和工厂生产。整个内地的自由村庄能够为自己和海岸城市生产充足粮食,但无太多余粮。男人耕种自己的小块土地,或者放牧绵羊,而女人和孩子织布、做衣服、织锦和制作地毯。他们拥有诸多技艺来复制古老样式和艺术图案,掌握高超染色工艺的秘密。安纳托利亚的地毯和刺绣历史悠久。以弗所(Ephesus)[26]及南路城市特拉雷斯(Tralles)和阿帕梅亚(Apamea)繁荣起来,前者从事海上贸易,而后两个城市多从事陆路贸易。从士麦那经由萨迪斯(Sardes)的中部道路开发了良好的放牧国家,也发展了位于辛那达(Synnada)的弗里吉亚(Phrygia)大理石采石场,此地的大理石,奥古斯都曾用于罗马。因安纳托利亚商人行经所有海洋,海岸城市的船只带来大量粮食。可是,伴随着和平的建立和西方的崛起,亚历山大第一次开放东方时出现的繁盛景象一去不复返,罗马从内地作战的部落中夺取奴隶时一直持续的繁盛景象也不复存在。 375

　　盖拉提亚位于亚细亚行省以东,公元前 25 年国王战死沙场,将整个王国传给奥古斯都,此后它成为帝国的一个行省。[27] 除了神庙地产和罗马的殖民地外,该地包含大量王室领土,所有这一切都使之在经济史中别具特色。将某些属于盖拉提亚的特殊制度归于亚细亚,易造成诸多混乱,因此最好进行区分。盖拉提亚属凯尔特人,公元前 3 世纪侵入,并居于安卡拉(Ancyra)(现在土耳其首都)周边。由于盖拉提亚的骑兵首领阿明塔斯(Amyntas),在腓力比战役中归顺三头,于是胜利者封他为其部民的国王,并将利考尼亚(Lycaonia)、皮西迪亚(Pisidia)、南部的弗里吉亚和伊索里亚(Isauria)划拨给他,结果王国南扩至陶鲁斯(Taurus)高原。盖拉提亚小王大概在整个山国拥有大农场,阿明塔斯似乎将全部领土收归己有。斯特拉波谈到仅在利考尼亚平原阿明塔斯就拥有 300 头牛。半蛮族的安纳托利亚人,居于古老的盖拉提亚和陶鲁斯之间,建立诸多的神庙和祭司国家,奥古斯都声称这些均为皇室财产。[28] 376
无论如何,公元前 25 年奥古斯都继承该王国时,他不仅是神权政治城市的君主,而且也成为神庙及神庙佃户的神祗。鉴于奥古斯都通常不抢夺神庙财产,唯一的解释就是阿明塔斯将这些财产视为己有。这也说明了为何源于王室和神庙地产的庞大王室领地,早已存在于南部弗里吉亚和皮西迪亚,而古老的亚细亚行省在塞维鲁(Severus)广泛没收之前几乎鲜有的国库财产。

　　奥古斯都在这个新地产中设立的殖民地独树一帜。公元前 25 年,奥古斯都在皮西迪亚的安条克兴建一座殖民地,吸收第 5 高卢军团的老兵当居民——大概认为他们可以在盖拉提亚附近找到合适的陪伴。他似乎已经自由使用小块神庙土地。该殖民地的目的是军事性的,理由是在抗击霍蒙那登西斯(Homonadensis)的陶鲁斯蛮族部落的侵袭中,阿明塔斯遇害身亡。几年以后,奥古斯都决 377

定终结战争,于是派将领分兵两路,从北面和南面同时攻击山民。这场战争由奎里尼乌斯(Quirinius),圣经故事中的叙利亚总督指挥,到公元前 6 年大获全胜,之后从奥尔巴萨(Olbasa)到路司得(Lystra)的陶鲁斯基地周边,一系列新殖民地应运而生,以永远保护平原。居民大概是老兵和一些蛮族俘虏,而所分土地部分是那时从敌人手里夺取的土地,部分是以前穆雷纳(Murena)和阿明塔斯所攻占的领土。

今后这一地区安宁祥和。可是,若认为在所谓的盖拉提亚行省人民的奇特聚合体,曾构成一个文化或者经济力量,并不正确。奥古斯都将高卢人安置在皮西迪亚,而非意大利,这表明他多少关注他们是否被罗马化。铭文显示了这一过程的必然结果。公元前 6 年建立的 6 个殖民地在安纳托利亚的混乱中迅速湮没无闻,致使该地的拉丁铭文凤毛麟角,而在安条克,希腊人不久开始占据主导地位。真正的盖拉提亚,并未进行罗马化的尝试,而仅是建造了一个献给"罗马和奥古斯都"的神庙,并建立城市崇拜,但不久土崩瓦解。这个同盟似乎在公元 101 年召开最后一次会议。在晚期帝国,尽管凯尔特人不屈不挠,但希腊语言最后占据上风。

原注

1　Suet. *Jul*, 44. Taylor and West, *Am. Jour. Arch.* 1927 不久发表一个铭文,纪念一支罗马舰队穿过地峡进行运输。

2　为西班牙的乌索所绘的一幅恺撒殖民地地图,保存于世;见 Dessau, *Insc. Lat. Sel.* 6087。

3　Plut. *Caes.* 58;Suet. *Claud.* 20.

4　Suet. *Jul.* 44, Cic. *Phil.* V. 7.

5　Appian, *Bell. Civ.* 4,8, ff.

6　Kornemann, Art. *Colonia*, Pauly-Wissowa;Kromayer 在 *Neue Jahrbücher*, 1914, p. 161 中的评论。

7　亚克兴之后,奥古斯都掌控埃及的资源,于是为士兵购买了土地。根据他的 *Res Gestae*, 16 记载,他耗资约 3000 万美元,购买意大利土地,并花费

1200 万美元购买行省土地。我们可以相信土地的价格相当于市价。

8　几年以前,西塞罗曾经说过,20 年之前苏拉所作的分配(禁止转让)已落入几人之手,*Leg Agr.* II,79。

9　Caes. *B.C.* 1,34,1;II,56 中一些地产上的科洛尼(租户)多次出现。该词经常出现在 Cicero, *Caec.* 94;*Cluent.* 175;*ad Fam.* 13,11;等等;在 Varro *R.R.* 1,4,3;1,40,2,等等,在奥古斯都时代的法学家中:Alfenus, *Dig.* 19,2,30;Labeo, *Dig.* 19,2,60,等等。帝国的法学家使用这一词语达 200 多次。有鉴于此,土地出租习以为常。

10　*Bell. Afric.* 90;97.

11　见 *Classical Rev.* 1925,p. 15;*Am. Jour. Phil.* 1926,p. 53ff。

12　斯特拉波的第 3 卷极有启发性;Schulten, art. *Hispania* in Pauly-Wissowa 详细且准确,他的努曼提亚也大有用处。也见 Van Nostrand. *Reorganization of Spain* by *Augustus*, *Univ. Calif.* 1916;Charlesworth, *Trade routes*, 150ff. ; Albertini, *Les divisions administratives de l'Espagne*, 1923;McElderry, *Jour. Rom. Stud.* 1918,p. 53。

13　Schulten, *Numantia*.

14　Carpenter, *The Greeks in Spain*.

15　Strabo, 3,5,3;3,2,5 - 6.

16　Caesar, *Bell. Civ.* II, 18 - 22,提到希斯帕利斯的一个协会及科尔多瓦的殖民地。他们给瓦罗提供了两支军队。*Bell. Alex.* 53 提到了一个本地军团,大概是由混合军队组成的。

17　默里塔的遗迹位于现在毫无生气的环境中,但是考古学家应该铭记,国家资金提供了这些资源,用之来美化老兵殖民地,而其他的西班牙城市,因缺乏这样的资金,鲜有大规模罗马建筑的痕迹。

18　就如对其他行省一样,罗马准许西班牙实行自由贸易和自由农业。整个共和时期西班牙生产油和酒,并自由输出:Polyb. 34.9;Varro. *R.R.* 1, 8,1;1,31,1;Strabo, 3,2,6;3,4,16;*Bell. Hisp.* 27(关于阿非利加,见 *Bell. Afr.* 43;50,67,97)。

19　Cic. *Pro Font.* 13;Diod. V, 26.

20　Constans, *Arles Antiques*.

21　Hirschfeld, *Kleine Schriften*, p. 42;Rostovtzeff, *Social and Econ. Hist.* 202 ff. (一般指后来时期);Julian, *Histoire de la Gaule*, vol. III, IV。

22 羊毛和斗篷，Strabo，4，4，3；Hor. *Odes* III，16，35；酒和油：Strabo，4，1，2；"葡萄不易成熟"（塞文山脉周边）；Diod. V，26；高卢的气候太冷，不适合种植葡萄，于是高卢人用大麦酿酒。帝国期间从远达摩泽尔的地方引进酒。关于向罗马出口小麦，Pliny，*N. H.* 18，66；猪肉，Strabo，4，2，2；金属，Caes，*B. G.* 3，21 and 7，22。闻名遐迩的高卢陶器和玻璃器皿后来得到发展。

23 布鲁图斯和卡西乌斯 Cic. *Phil.* X，26 布鲁图斯的希腊信件，（Hercher，*Epist. Graec.* 177 f.）提到需求资金，在我看来是真的（但并非答案）。安东尼，App. *B. C.* V，1，4。

24 因为 Rostovtzeff，*Röm. Kolonat* 的外观，尤其见 p. 283ff。

25 克索尼斯曾为阿塔利土地（Cic. *Leg. Agr.* II 50），显然到公元前 63 年变成公共土地。它大概为该国王的私人地产，而非"王室领地"。共和国军队发现这里容易通过，由此我们可以认为奥古斯都为了军事目的，让阿格里帕暂时拥有。我不知道其他此类例子。

26 关于亚细亚的富有城市见斯特拉波：以弗所最大，14，1，24（Cf. Reisch，*Ephesus*，1923，vol. III）；阿帕梅亚之后，12，8，15；塞齐古，12，8，12；辛那达的采石场，12，8，14；劳迪西亚发展，12，8，16；科洛塞，同上；帕加马，13，41；萨迪斯和费拉德尔菲亚被地震所毁，但在富有国家里（cf. Butler，*Sardis*，1921，p. 31），13，4，9 - 10，希罗波利斯，10，4，14；特拉雷斯，14，1，42。

27 Ramsay，*Studies in the Province of Galatia*：*Jour. Rom. Stud.* VII，VIII and XII；*The Tekmoreian Guest-Friends*；也见 *Ann. Bhrit. Sch. Ath.* 1912，65；Meyer，*Die Grenzen der hell. Staaten*。关于阿明塔斯见 Dio 47，48；49，32；Strabo，12，6，4；App. B. C. 5，75。

28 神庙土地经历诸多变化。阿塔利倾向于干预，cf. Strabo，14，1，26 以及 *Am. Jour. Arch.* 1913，368；也许阿明塔斯接管了皮西迪亚的那些土地。在共和国时期，元老院倾向于承认现状，见 Strabo，14，1，26；12，3，34 and *Ditt. Or. Gr. Ins.* 440。下弗里吉亚及皮西迪亚的殖民地土地和领土通过各种方式成为罗马土地，史家一定不能把该问题简单化。塞维利乌斯打败海盗时，没收了一些土地（Ormerod，*J. R. S.* 1922，49）；继任的穆雷纳组织这个位于西比拉和米利亚周边的国家（Strabo，13，4，17）；阿明塔斯划定该国界限，由克雷姆那至路司得，可能用于放牧自己的牧群

(Strabo,12,6,1 and 4),公元前 11—前 6 年,奎里尼乌斯将霍蒙那登西斯变为适当的殖民地(Str. 12,6,5)。奥尔巴萨和路司得之间的 6 个殖民地大概包括几个老兵,迁来的 4000 名蛮族人,或许还有 6 个弗里古姆骑兵营的若干人,后者在我们的记录中已荡然无存。下皮西迪亚殖民地鲜见罗马铭文。

第 19 章　帝国行省——埃及

　　埃及是罗马最负盛名的行省。数千纸草所揭示的奇特经济已有诸多探讨,[1]而它对帝国余部的影响常常说明也需对其大书特书。可是,埃及,罗马人最少的行省,一定要单独研究,以免大量证据诱使我们将之作为典型。要牢记,埃及的工资长期只是其他地方标准工资的 1/3,物价通常低廉,货币贬值,且拥有其他行省所缺乏的特殊社会条件。克娄巴特拉(Cleopatra)香消玉殒之后,奥古斯都将其王国收入囊中,建成行省,事实上将之与世界余地分治,不但因为希望控制一个丰厚的收入来源,而且因为其制度与意大利如此不相协调,以致他想要隔绝埃及与罗马的联系。

　　为了理解埃及制度的独特,我们必须追本溯源。很久以前,自然造就了埃及的特殊社会。在 19 世纪受到控制之前,作为存在的代价,尼罗河施加了专制和奴役。个人主义格格不入,且自从该流域完全疏浚之后,奥古斯都之前几千年一直如此。每年 9 月尼罗河的泛滥提供了主要的生计来源,随着人口的增长,埃及不得不修建大量运河和屏障,以疏导洪水,并尽可能耕种沙漠荒地。私人和积弱不振的城市无力领导如此规模宏大的工程。由于一块长达一千里的土地必须归于统一体系之下,这种事业必须倾国家之力,只有一位同时被奉为神祇的国王,拥有权威和资源来予以完成。甚至在有史记载之前,神圣的国王就是埃及之主,属民是其佃户,也是俯首帖耳的崇拜者。

　　波斯统治期间,亚历山大大帝和托勒密·索特尔(Ptolemy Soter)继承所有权之前,神庙地产和私人已攫取大量土地,而若干

耕地则因忽视运河而荒废。起初索特尔及其伟大的继承人菲拉德
尔福斯（Philadelphus）承认现状，但不久开始了艰苦的开垦工作，并
在管理中引进商业化方法。形式上，鉴于农民必须俯首听命，一如
其前的法老，他们成为埃及神祇，但并不打算变成埃及人。就住所
而言，他们建造了亚历山大里亚城，作为埃及边缘的一个自由希腊
城市，并邀请大量希腊人为其效力，以帮助管理庞大地产。他们将
征税系统化，增修运河，由此开垦了大量新土地，安置希腊和亚细
亚士兵，以使后者在停战时期养家糊口。尤其是他们排干广阔的
涝灾地区，[2]并挖掘一条比以往更深的运河，改善法尤姆（Fayum）的
辽阔湖泊盆地，使其更靠近悬崖边缘，结果大大增加了这个肥沃盆
地的耕地面积。他们把大量以前由神庙地产控制的土地收归国
有，将一些曾由神庙征收的税赋改由国家收取。他们也设计了分
配产品的方法，采取租金和税收形式，从而排除了市场竞争，以此
方式，他们也能够获得额外收益。他们不但垄断了产品销售市场，
且逐渐将垄断扩大到大量用此类商品所制的器皿。例如，他们控
制用芝麻和其他植物所榨的油的生产和销售，对大麦酿制的啤酒
及人造纸草亦复如是，在一些例子中，他们甚至建造了国家工厂。[3]
那时工业的国有化进一步推进，直至银行业由国家控制，某种程度
上船运业如出一辙。由此，埃及不但暂时成为国王私产，而且也是
王室的生意企业。如同早期的托勒密及其生意代理人，历史上是
否有其他工业巨头控制庞大的附属地，难以确定。

如果详述菲拉德尔福斯的税收法，[4]详述该国王管家的通信所
示的往昔托勒密王朝的体制，那么我们更容易理解奥古斯都的管
理政策。如前文所说，托勒密拥有广阔领地；在一个村庄，[5]虽然大
量土地分给士兵，但至少 1/2 仍然归其所有。除了常规税收之外，
耕种此地的农民缴纳大约 1/3 收成的租金。这块他并未直接拥有
的土地，他提示性地称其为"被豁免的土地"，暗示如果想要的话，
他可以据为己有。此类土地包括神庙财产，各种以某种方式逃脱
了法老之手的土地，国王以小块分给士兵的土地，抑或在大农场中
赐给官员的土地，抑或在大地产或者 1 万阿鲁拉的封地（约 6800

381

382

383

英亩)中授予诸如主管及博物馆馆长之类大官的土地。这种土地和地产的收入充当工资。小块土地无疑可以继承,如果接受者有儿子,后者能够在军队中接替其父之职。这些封地仅在服役期授予。所有这类土地要向国王支付生产税,就粮田而言,每英亩平均约1到1.5蒲式耳。数额少于十一税。在埃及,每英亩小麦通常出产25蒲式耳。税额显然据信与种子相当。在粮田和油地上,税收按实物征收,但在葡萄园、水果地及花园,税收按金钱收取。当葡萄园比粮田更为多产时,税收利润丰厚;这些记录似乎暗示了每阿鲁拉平均缴纳50德拉克马(每英亩15美元),加之神圣的1/10或1/6税(根据占有者的地位)和土地税。所有地主都奉命奉献5天——或者拿出等量金钱——在运河劳动。

384 可是,农民不必承担全部国家预算的负担。所有民族均缴纳人头税、房产税——因埃及的砖坯房价格低廉,税率不高——而从事贸易和手工艺的乡村居民缴纳职业税,根据职业不同每年从微薄数目到50美元不等。在一些例子中,在一个村庄里职业税以垄断贸易特许权的购买价形式征收,特许权由出价最高的竞标者获得。事实上,这样的垄断——类似于今天意大利的盐和烟草垄断——在生产和分配中发挥重大作用。我们碰巧有税收法的内容,其中记载了关于油垄断的全部细节。[6]我们发现政府办公署决定每年需要多少用油,命令每个农民种植规定面积,并提供规定的种子。国家以税收形式收取应付款(如果土地是领地,以租金形式),并以固定价格购买其他产品。例如,公元前258年,农民必须卖给国家的价格是1夸脱5分,而芝麻种及调味品的种子则是半价,等等。耕者甚至不能留一部分自用;他必须将所有产品卖给国家。每个村庄不得不提供一幢房屋,以用种子榨油。国家的承包人购买特许权,进行榨油,向劳动者支付规定工资;他们被迫生产每天规定数量的油,之后将油分配给当地商人,后者购买零售的特许权,分给各自的村庄。零售商被迫以规定价格将油出售给村民——公元前258年为1夸脱25分。因外国油的50%进口税,竞争受阻。据估计,除税收之外,这个精明的国王从油垄断的25%税率中盈利。我们

385

知道,在某种程度上盐、纸草、啤酒、亚麻、珠宝、香水、砖和其他物品的生产和销售存在同样的垄断。

最近从菲拉德尔福斯管家的代理人泽农(Zenon)的信件中,我们知道了一些该国王促进农业的方法。他并未给其精明强干的管家阿波罗尼乌斯(Apollonius)发放工资,而是允许其扩展和收取法尤姆开辟的新土地上 1 万阿鲁拉封地的收入(大约 6800 英亩)。他委派一个工程师北扩运河,以便灌溉更多土地,并排干一部分湖水,那时费拉德尔菲亚西北存在低洼地区。阿波罗尼乌斯的封地位于大运河附近,并从中取水;事实上,我们拥有这个要挖掘的沟渠的工程师地图。

在这块土地一隅,阿波罗尼乌斯不得不为国王的利益留出某些士兵的土地,从中他得不到任何好处;在一隅,他试图将获准从三角洲引入的农民移居于此。土地的另一部,他出租给一个农民团体,经过多番商议之后,租金为收成的 1/3。几个大农场,他出租给熟练的埃及农民,后者引进劳动者,其中有阿拉伯的牧羊人。在大量土地上,无疑奉国王之命,他种植葡萄、橄榄和各种果树。一天,国王下令每年阿波罗尼乌斯必须试种两种庄稼。显然 8 月或者 9 月播种快熟作物——此时运河水位升高,足以用于人工灌溉——之后作物按时收割,以便在尼罗河水位下降之前,冬季的第二批作物能引水。据推测,[7]快熟小麦(所谓"3 月"麦)引进,用作第二种作物。之后,地产耕种良好时,国王前来视察。从所有这些人对此地域的兴趣来看,我们可以推断国王认为它是一个实验站,或许是可转归国王的暂时特许权。事实上,国王撒手人寰时,阿波罗尼乌斯被罢黜管家之职,丧失了自己的封地,除了士兵份地之外,封地大概变成王室领地。研究该国王的大量活动,我们毫不意外地发现其每年获得 15000 多塔兰特的财富——超过西塞罗时代罗马帝国的全部收入。埃及今天的预算约为 3500 万英镑,超过 10 倍;但菲拉德尔福斯从中获得绝大多数收入的小麦,那时在埃及的价格相当于今天的 1/5。

这就是继克娄巴特拉之后奥古斯都作为埃及神祇所建的行

省——理论上如此,但由于半个世纪的管理不善损毁一半。后来的托勒密不是精干的统治者。克娄巴特拉的父亲主要以债台高筑的能力名满天下,而她则因为各种不利于成功管理的惊人品质闻名于世。为使自己赢得属民的支持,他们不得不充当仁慈的统治者,分配土地,并慷慨承认特权。[8]于是以牺牲王室领地为代价,神庙财产和私人地产增加,许多起初作为暂时特许权授予士兵和官员的份地成为私人财产。由于不受重视的运河受淤泥堵塞[9],大量土地荒废,且绝大多数垄断已变为官方许可的特权,[10]结果引发国家官员的贪赃枉法。然而,税收的旧计划仍然是理论上的,缺乏合理基础,无数财产已转移到不同等级的占有者手里。在一些例子中,原来地主的后代和埃及人通婚,于是免费土地掌于当地人手中。

在未消除矛盾或考察确定特权的源泉的地方,奥古斯都奉行罗马通常的政策,确认财产权和征税。一般而言,确实在其发现王室领地的地方——现在面积大幅缩减——他视其为罗马财产,索要全部租金(大约收成的1/3);而在其发现私人财产的地方,他同样予以承认,收取规定税收,不管这种分类按现在形势来说是否正确。鉴于托勒密的军队现在遭散,他本有理由认为,起初赐予在役希腊和东方士兵的受领土地不值得进行特别分类;结果却不然。他也没有询问某些埃及人如何获得这样的特权财产,尽管他严格遵守埃及人和希腊人之间的传统社会区分。[11]在某种程度上,他的决策合情合理,理由是这些土地长期按市场价买进售出,已适应规定的产权负担和免税。他只是每14年进行一次彻底的人口调查,以便参考土地的数量和品质,慎重收取确定税收。确实他转移了一些财产的所有权,但仅仅受新环境所迫而已。例如,他有理由以国家名义接管大量的王室财产。克娄巴特拉的宫殿和花园一定已遭没收,大概安东尼在埃及所获的部分财产也相去无几——尽管其中大量财产属于效忠政府的安东尼亲属。[12]克娄巴特拉的诸多官员和士兵,曾拥有"赠予土地",但已在反罗马的战争中阵亡于亚克兴,无疑其土地被予以接管;无论如何,打着给得胜罗马军队的官员和大臣分配战利品的旗号,奥古斯都认为有权转移此类土地。缘何我们后来到处发现小块土地,尤其法尤姆(受领征服土地的中心)属于诸如迈凯纳斯(Maecenas)[13]和阿格里帕(Agrippa)之流,更不用说李维亚及其两子,原因即在于此。一位罗马将军通常有权让自己、官员和士兵分享大量战利品。鉴于大获全胜之后,奥古斯都将殖民地土地赐给士兵,并赏赐罗马居民每人 400 塞斯退斯,[14]倘若他并未慷慨赏赐将领,不合常理。我们不必认为奥古斯都本人可能按交租金的古老领地方式进行非常规处理。他大概效法传统,视之为罗马财产,将其产品船运到罗马。

另一个变化更不规律,尽管非常合乎罗马习俗。他将神庙土地世俗化,[15]不再提供农产品,而由国家提供适当年金,以维持埃及崇拜。之所以出现这样的变化,原因部分是政治性的,部分是社会性的。神庙地产逐渐增加,已然控制了大量半自由农民。罗马习俗——并不经常实行——是让宗教崇拜从属于国家,不鼓励祭司通过经济控制来支配人民。无论如何,最好达到一种平衡,因为一些神庙所获多于所需,而其他神庙则相反。今后,所有神庙均获得合理年金。但世俗特权并未完全废除。神庙获准生产优质亚麻,[16]以用于制作祭司礼服,也允许生产纸草(其中祭司大量使用)。

这些已变得极不科学的税收依然保留,几乎一如以往,只是严格收取,且征收方法简化。托勒密的粮食税似乎如出一辙,[17]每英亩平均 1 到 1.5 蒲式耳,而每英亩产量约 25 蒲式耳。葡萄园[18]继续交税,每阿鲁拉约 50 德拉克马(现在贬值),还有古老的神庙税(菲拉德尔福斯将之世俗化),加上无法解释的托勒密土地税,大约 6 德拉克马。葡萄地里每阿鲁拉共计约 66 德拉克马。可是,在后托勒密时期,德拉克马的银含量锐减,致使现在税收比以往更低,即使酒价也下降。埃及优质土地上的葡萄园每英亩出产约 500 加仑,那时酒的销售价为每加仑约 3/4 德拉克马,税额接近 1/6 十一税——与地中海交贡金的葡萄地的古代习俗别无二致。其他水果地支付宗教税和土地税,但只是主税的一半,且也是用贬值货币征收。当然,每年仍强加几天在运河进行劳动[19]——在埃及仍被认为绝对必要。

390

391

392

就征收实物税和货币税而言,奥古斯都遵循古罗马和恺撒在亚细亚的实践,逐渐废除了埃及盛行的包税体制,由此废除了托勒密所设立的绝大多数垄断机构。罗马通常让自治市代之负责贡金。但在埃及,固定贡赋并不可行,原因在于无人能够预测哪一年尼罗河会衰退,埃及村庄也没有自治政府的机制。于是,奥古斯都采用折中方案。每个共同体奉命将尽职尽责且诚实可信的有产者名单提交长官,从中他为每个收税委员会选择人员,让其效力三年。[20]这个办事处——就如罗马自治市官员一样——被视为荣誉,不拿酬劳。对于习惯于承担强加职责的埃及人而言,办事处无疑带有不利因素,适时将成为严重负担。然而,只要政府真正克尽职守,我们就不会听到抱怨。

就如在托勒密政权中一样,非农业人口也有负担。公元1世纪期间,加在成年男性身上的人头税用贬值货币支付,共计约16德拉克马,[21]而罗马人和300名希腊城市的公民已豁免此税。通常以村庄特许权购买价的形式收取的职业税,[22]现在一般用于经营商店的许可证。例如,来自法尤姆的文献规定售油者及面包师为获得执照,每年支付96德拉克马,而漂洗工和啤酒推销员支付2倍价格。税额似乎固定,如以往一样,它并非依靠最高出价的可变价格。在晚期帝国,我们会听到诸多古老的托勒密"王冠金(crown-gold)"税——一个不合常规强取豪夺的礼物。在一个节日场合,菲拉德尔福斯从礼物中成功榨取200万美元,以支付其庆祝开销。他如何索要礼物,我们从一封最近发现的信件中可见:[23]"该国王反复发布索要皇室礼物的命令;竭尽全力,快马加鞭……礼物必须在3天内送抵亚历山大里亚城……,也送去我们应为该国王生日所支付的礼物。"不必说,奥古斯都和提比略没有提出这样的要求,但卡里古拉重申此举,之后在公元3世纪,由于破产元首的反复无常,如同其他地方,在埃及皇室抢夺成为最繁重的税收之一。至于关税,[24]数额减少,原因在于罗马没有兴趣保护埃及的垄断,事实上也从来不支持保护性关税。况且,埃及极为多产,价格也异常低廉,除非由垄断支持,否则那里自然无法吸引外国商品。随着自由贸易的建立（对于罗马人来说，2％—4％的通行税并未阻止贸易），埃及充当由下阿拉伯半岛向罗马运输商品的通路。

埃及几乎没有出现影响形势的政治和社会变化。解散托勒密军队之后，奥古斯都驻扎了一支小型罗马军队，时而在亚历山大里亚城附近安置 2 个军团，时而 3 个军团，并将该行省置于一个骑士治下。确实，他发布一个决议，规定未经其允许，任何罗马元老不得进入埃及行省。似乎从一开始他就认为埃及是商业管理的问题，而非政治控制——由于人民太卑躬屈节，未造成严重骚乱。排除元老被视为必须之举，理由是埃及拥有重要资源，可能易成为革命党的基地；而且总督仅仅为骑士，如果要当着当地人的面向元老表示敬意，名望大跌。

首任长官科尔涅利乌斯·加鲁斯（Cornelius Gallus），[25] 镇压了中埃及的一场初期叛乱，并划定南部边界，以抵御努比亚（Nubia）的袭击。第二任长官埃利乌斯·加鲁斯（Aelius Gallus），[26] 由于对这一问题认识不足，试图将红海的阿拉伯海岸——麦加地区并入行省。据信这是一个富有国家，罗马人之所以对其熟知，主要缘于由此——部分来自于印度——来到海岸城市巴勒斯坦的商队，调味品、香水、珍珠及珍贵石头的商队。埃利乌斯没有确立有价值的永久征服，但通过他的远征，罗马人至少学到了商业地理中的一个珍贵教训，凭借所获的知识，重新开放了这些商品的古老商路，行经埃及。由中部红海迈奥斯·霍米斯港至尼罗河的科普特（Koptos），他们确保道路安全，并在沙漠商栈中建造水塔[27]，沿线设置卫兵，以保卫商人。为了维持站点和警察部门，他们在科普特征募特别岗位。不久之后，希腊商人看到这条通路的优势，现在阿拉伯和印度贸易开始进入迈奥斯·霍米斯港，经由尼罗河，由此继续抵达亚历山大里亚城和罗马。斯特拉波做了一个有趣评论（II，5，12）："因为罗马人最近带着一支大军入侵阿拉伯·费利克斯（Arabia Felix），领军之人是埃利乌斯·加鲁斯，我的朋友和伙伴，也因为亚历山大里亚城的商人已取道尼罗河和阿拉伯湾，远航至印度，于是我们比前人更熟知这些地区。当我陪伴加鲁斯沿尼罗河远达赛伊尼（Syene）时，我知道多达 120 艘船只从迈奥斯霍米斯驶往印度，而往昔托勒密时期，只有极少船只敢走这样的航程，并买卖印度陶器。"

第三任长官，佩特罗尼乌斯（Petronius）完成了与行省利益攸关的任务。早期的托勒密已明智地扩大运河体系，并在大量干燥土地上种植 2 茬作物，结果只要运河畅通无阻，未被淹没的土地，实际上比泛滥的部分更为有利可图。奥古斯都发现运河已被严重忽视，于是佩特罗尼乌斯命令军队彻底清理，之后要求农民完好保持。大量荒废土地被重新开垦，斯特拉波[28]叙述说尼罗河的孟菲斯 12 腕尺价值增加，现在多达以前的 14 个腕尺，也就是说流域边的数千英亩土地恢复耕种。最近对法尤姆边缘的卡拉尼斯和费拉德尔菲亚村庄的发掘显示，这些地方在奥古斯都时期重现芳华，房屋繁多，这曾是 2 个世纪以前的图景，但在最后的托勒密统治时期暂时烟消云散。这样的光辉业绩表明，奥古斯都发现相比于旧共和政权所拘泥的政治职能而言，政府可以胜任其他职能。

可是，奥古斯都推行社会家长式管理，并未超出以某种方式牵涉财富的限度。从最近发现的一个特别税官署 Idios Logos[29] 的规章摘要可见，奥古斯都一般全盘接受旧社会习俗，而罗马政府鲜少关注去改变希腊人所施加的陈腐等级制度。没有迹象表明，当地的希腊人获得罗马公民权，甚至是亚历山大里亚公民权，抑或如西班牙和高卢部落一样，建立城市自治政府。每 14 年进行人口调查时，要在当地城市注册，而离开埃及时，要提供通行证[30]，上述规定均证明当地人不能完全自由迁徙。鉴于自由劳动力在埃及外几乎没有市场，这一点本无关紧要，但就罗马政策而言，不改变社会条件至关重要。

了解埃及垄断体制的部分解放是否会影响经济条件的任何改良，很有趣。我们有大量证据说明工资增长，但直到更多了解工资的购买力，才可能得出最终的答案。即使现在能够衡量并估计埃及贬值货币的银含量，我们也不知道在什么程度上它与罗马戴纳里乌斯的虚假交换比率能够保留其中的法定价值。因埃及鲜有戴纳里乌斯,据信这些货币一般以略高于该金属的市场价流通。而且,比较工资和小麦的价格,我们不能绝对肯定埃及的阿塔巴如通常那样,一直维持在 29.1 升(帝国蒲式耳的 8/10)。

公元 3 世纪,托勒密的银德拉克马约含 3.6 克银(大约相当于尼禄时期的戴纳里乌斯,可兑换约值 20 分的黄金)。在克娄巴特拉时代之前,德拉克马已然贬值,重量减轻,以致通常不值表面价值的一半;后来提比略稳定埃及货币,将那时通行的 4 德拉克马钱币作为标准,其中约含 25% 白银。4 德拉克马银币据信相当于罗马的戴纳里乌斯,1 德拉克马换 1 塞斯退斯,但我们要附带说明的是鲜有此类交换:埃及依然自行其是。然而,罗马埃及的工资是早期托勒密时代的 4 倍时,用于支付的硬币约值以前货币的 1/4,银的实际重量也没有增加。在塞普提摩斯·塞维鲁(Septimius Severus)时代之前,4 德拉克马银币继续按提比略的标准发行,略好于罗马的戴纳里乌斯。塞普提摩斯之后,银币进一步贬值,尽管不及罗马迅速。4 德拉克马银币现在失去了大约一半价值,直到奥里略时代,一直如此。罗马无政府统治末年,如罗马戴纳里乌斯一样,它贬值为铜币,仅是上面镀银。之后,戴克里先改革罗马铸币,也废除了埃及的独立货币,并引进了罗马的奥里斯和戴纳里乌斯。

显然埃及货币无法作为有用的工资和价格的价值标准,只有当我们碰巧有两个同时代的价格时,它才能充当比较劳动和小麦的标准。但我们必须铭记,较之其他商品而言,鉴于大量罗马税收以小麦形式收取,以致无余粮留用,大概小麦的购买价增加。在韦斯特(West)和塞格雷(Segré)所绘制的名单中,下列项目显然具有代表性。[31] 一阿塔巴小麦据信相当于英国 8/10 蒲式耳,或者 29.11 升。工资是不熟练工人所得。

在比较这些项目时,质疑公元 79 年和公元 190 年的小麦价格的准确性合情合理,原因在于二者均高于一般曲线。埃及经常有灾年,导致价格急剧上升,如果持续仅仅一年,工资几乎无法迎合这样的上涨。我们的一些小麦价格碰巧是春天和夏天的价格,价

399

400

401

	小麦	工资	根据阿塔巴的日工资
托勒密			
公元前 270 年	每阿塔巴 2 德拉克马	公元前 270—前 220 年,1—11/2 奥卜尔	平均 1/10
公元前 100 年	1600 铜德拉克马	公元前 100 年,200 铜德拉克马	1/8
罗马			
公元前 18 年	3⅓ 德拉克马(至少 50%合金)	公元 1 年,1 塞斯退斯	1/8?
公元 79 年	10 德拉克马(稀少价?)	公元 78 年,5 奥卜尔	1/12
公元 125 —180 年	8 德拉克马	公元 125—180 年,6—8 奥卜尔	1/8—1/9
190 年	18 德拉克马(高价)	公元 215 年,12 奥卜尔	1/9
225 年	18 德拉克马	公元 255 年,24—36 奥卜尔	1/9—1/3
戴克里先的饬令,301 年	166 戴纳里乌斯,每阿塔巴(100 戴纳里乌斯,2 摩底。100 戴纳里乌斯=43.5 分)	公元 301 年,25 戴纳里乌斯和食物(大约 33 戴纳里乌斯?)	1/9?

402　格自然高于收割季节。可是,上述内容足以证明就小麦而言,工资逐渐增长,虽极为缓慢。事实上,500 年间埃及的涨幅加倍。比较酒和油[32]的价格,我们有理由相信小麦在商品价范围内大增,就其他商品而论,埃及人甚至获得更高工资。确实相比于固体单位,我们更不确定埃及的液量单位,加之酒和油因品质而异,价格大相径庭,结果不容易算出一个合理的平均数。在公元前 3 世纪的收入法中,托勒密的葡萄栽培采用新方法,所以酒价高昂。那时 40 升酒可购买 4 阿塔巴小麦。到晚期托勒密时期,同样容量只能购买 2 阿塔巴小麦,而在帝国 1 世纪只购买 1 阿塔巴,这一低价一直持续

到公元 3 世纪,才再次上升到 2 阿塔巴。公元前 3 世纪中期,40 升油可购买大约 24 阿塔巴小麦,[33] 晚期托勒密期间约 10 阿塔巴,到帝国 1 世纪约 8 阿塔巴,而在公元 225 年前略微上升,约 10 阿塔巴。我们当然不确定一般而言酒和油的合理商品指数,但就证据 403而言,可以相信目前罗马使用大量埃及小麦,事实上鲜有剩余,致使价格略高于其他商品。那时若就小麦方面而言,劳动工资逐渐改善,那么我们会发现依据更多证据,若以一个更完整的商品表来衡量的话,在罗马政权中劳动工资增加 2 倍之多。

　　当然埃及亟须改弦易辙。早期托勒密时代,劳动工资仅仅是希腊[34] 的 1/3,而小麦是提洛斯岛流行价格的 1/2。在这样的条件下,皇室垄断获得高昂利润,不但在自然农产品方面,而且在出口的生产器皿方面。由于奴隶被普遍使用,我们对意大利的工资所知甚少,但我们清楚西塞罗[35] 与尼禄时代,意大利所购买的小麦将近埃及的 4042 倍之多。事实上,如在帝国余部一样,公元 301 年戴克里先在埃及适用同等的价格和工资,这表明那时埃及几乎已适应整个罗马世界盛行的经济体制。倘若奥古斯都采用早期托勒密的垄断政权,那么这种情况几乎不可能出现。可以推断,导致工资逐渐增长的一个因素就是当地人逐渐从托勒密的行动限制中解放出来。根据斯特拉波[36] 的记载,我们深知亚历山大里亚城商人抢夺了绝大多数由埃利乌斯·加鲁斯大力开拓的东方贸易,贸易迅速扩张。我们也深知亚历山大里亚城的玻璃器皿、纸草、珠宝和亚麻畅销全世界。自由工业和商业活动一定吸引诸多当地人从内地纷至沓来,并创造了比以往更为完善的市场。最后,在一段时期的彷徨之后,罗马从该行省征募了 2 个埃及军团,至少为几千名当地人提供了就业。

　　可是,我们千万不能认为砖坯的农民村庄变为大理石之城。发掘显示外观几乎一成不变,除了未像前一世纪那样陷于衰落。幸存于哈瓦拉(Hawara)的罗马时期似为富人的坟墓人像,为希腊人, 405而非埃及人,而戴奥德尔菲(Theadelphia)人口调查的残片(公元 2 世纪)列出当地人所拥有的大量小地产,也显示超过半数土地由外人拥有（亚历山大里亚和罗马人），尽管这些人只占 1/10。同时代的另一个人口调查列举了法尤姆的 6475 名希腊人。这些人当然身家富有，也是社会公认的等级。当然也有对压制的抱怨。税收苛重，由于在罗马人进入之前，运河已经兴建，而人民保持它的良好状况，于是没有理由按以前的高税率收税来进行维护，除了惯常及能被收取的非法税收外。亚历山大里亚城的希腊人触怒，主要缘于统治者不再是其同胞。除了罗马的税收管理更为严厉，更为稳定之外，埃及人起初似乎没有合情合理的冤屈。在估计罗马统治的成功中，他们的冤屈不应完全看重。在每个新的估价时，由上诉纽约城的税收委员办公处的大量抗议中，人几乎无法得出确凿结论。据上述描述，可以说奥古斯都的统治大有裨益。可是，他的改革极其有限且保守，没有完全的美化规划。整体上，他似乎仅仅追随旧共和国管理的最高理想，保持法律和秩序，避免家长式统治，承认既定习俗，只要当地人仍然安宁祥和，并尽可能公正、完全地收取常规税收。

简要地评论奥古斯都期间的典型行省，我们可以做出几个归纳。由于经济问题，奥古斯都本人比朱利乌斯·恺撒关注更少。政府组织和管理的工作——一个我们无法审查的主题——对于一个人的一生来说足够庞大。奥古斯都发现独裁官职摧毁了共和国制度，于是不得不塑造新政府，这个政府承认保守罗马人能够接受的古老习俗，与此同时也是一个极其强大、能够团结异族的行省团体。所有时间忙于这一任务。只有在政治管理直接关乎经济和社会安宁问题的地方，他才予以考虑。奥古斯都时期，我们发现只有埃及出现激进变革的倾向，以利于工业和商业，那里在减少关税及放松垄断的束缚时，只引进无碍贸易的罗马习俗。恺撒所关注的商业殖民与农业改革，并未引起奥古斯都的关注。他避免干预确定的财产权利。在三头统治期间，他同样因没收受到指责，但在成为元首之后，他拒绝支持这样的做法。亚克兴之后，他用国家资金购买土地，赏给凯旋的军队。他明智设立殖民地，但地点选择通常受制于军事和政治考虑。他也不太关注行省的社会条件。显然，任何行动的目的都并非为了罗马化,或如坚称的"城市化",由此来教化行省当地人。他强调在任何可能的地方,在帝国的每个偏僻地方和角落,应由一些共同体或者秩序良好的部落负责保持和平——及征税——由于此举不切实际,如在埃及一样,他试图寻找替代方案。但是,达成所愿后,每个共同体获准自行其是。经济和社会放任政策前所未有地始终如一实行。毕竟,如果他真正关注罗马化,这大概是最快捷的成功之道。整个帝国的和平给希望获利之人提供了物质发展的机会,而繁荣带来对政府的满意和友善,这反过来促进亲近关系,促进罗马习俗的自然同化。繁荣也给城市生活的改善提供了途径,结果渴望城市生活的人迁移到村庄和城市。确实,整个帝国乡村地区间的城市从奥古斯都时期开始发展,但这种发展是伴随而来的结果,并非奥古斯都和平的有意目标。

工业和商业取得一些进展。前面关于大规模生产和贸易的篇章可以由这一时期的和平和交通安全中加以说明。但这一时期并未出现任何革命性的发明或新的组织形式。发展显著,但也受限于奴隶制及对盈利贸易的忽视,后者依然阻碍最好的罗马人参与。行省人似乎比意大利获利丰厚,但在帝国的任何一隅均不占主导地位,总体上行省人继续忙于工业,他们就是生于斯,长于斯。

原注

1　几个更适宜的概略:Milne, *A History of Egypt under Roman Rule*, 3rd ed., 1924; Schubart, *Aegypten*, 1922; Schnebel, *Landwirtschaft in Aegypten*; Mitteis-Wilcken, *Chrestomathie*, Vol. I, 1912 and *Griech. Ostraken*, Vol. I; Rostovtzeff, *A Large Estate in Egypt*, Madison, 1922; *Social and Econ. Hist.*, bibliography, pp. 570ff.

2　尤其是泽农的通信显示了这种工作的本质,Rostovtzeff, op. cit 予以探讨。Cf. Westermann, *Jour. Eg. Arch.* 1923, p. 85,(贫瘠土壤),*Pap. Soc. It.* 422:"土壤以前没有犁耕",近来已荒废。关于法尤姆的运河,见

Boak，在 *Geogr. Rev.* 1926，353 中。

3　国家对精良亚麻的神庙生产的控制，见 Persson，*Staat und manufaktur*，
Lund，1923。

4　Grenfell and Mahaffy，*The Revenue Laws*；在 Rostovtzeff，op. cit. 中讨论
的泽农纸草。尤其 Edgar，*Annales du Service*，Cairo，vol. 22－24；
Westermann，*Jour. Eg. Arch.* 1923，p. 81 and 1926，p. 45；Vitelli，*p.
Soc. Ital.* Nos. 854－869；Edgar，*Zenon Pap.* Vol. I. 做了重要补充。

5　Kerkeosiris（公元前 118 年，土地分发之后），*Tebt. Pap.* 60，61. 对于"被
豁免的土地"见 *Tebt. Pap.* 5，pp. 37 and 90。

6　尤其见 39 页的段落。

7　Schnebel，*Landwirtschaft in Aegypten*，p. 145.

8　*Tebtunis Pap.* No. 5 很有启发性，显示了早在公元前 118 年时授予了何
种工资和特许权。

9　Suetonius，*Aug.* 18.

10　Persson，*Staat und Manufaktur*，p. 18.

11　见 *Der Gnomon des Idios Logos*，Schubert，Berlin，1919，这惩罚埃及人、希
腊人和罗马人之间的通婚。

12　纸草中经常提到埃及的安托尼亚尼产业。安东尼的儿子朱利乌斯得到屋
大维的保护，可能获准继承。安东尼的两个女儿，即奥古斯都的外甥女，
一个与多米提乌斯（尼禄的祖父）结婚，而另一个嫁给奥古斯都的继子德
鲁苏斯。两人一定接受了安东尼地产的财产。但是，安东尼在罗马帕拉
丁的房屋遭没收，归于阿格里帕和梅撒拉：Dio，53，27。

13　Rostovtzeff，*Social and Econ. Hist.* p. 573，做了一个非常有用的列表，其
中部分源自埃及尚未发表的罗马财产的纸草。由于尼禄为朱里亚·克劳
狄王朝唯一健在之人，结果这些财产通过继承，集中到尼禄手中，但他残
酷进行没收。尼禄去世后，这些祖传及没收的财产由韦帕芗接手，并因为
王朝更替，成为皇室财产。

14　*Res Gestae Divi Aug.* 15.

15　*Tebt. Pap.* II，302ff.

16　Otto. *Priester und Temple*，I，302；Reil，*Beiträge zur Kenntnis des
Gewerbes*，5 and 97；Persson *op. cit.* 27.

17　常规税收，每阿鲁拉为 1 阿塔巴，*B. G. U.* 563，cf. *Oxyr. Pap.* 1044；

Wilcken. *Chrest.* 225；226；227；235；238。

18　*Pap. Rylands*，192，b 和评论。

19　*Tebt. Pap.* II，附录，1。运河工程和农奴制下的强迫劳动毫无关系。农民认识到其必要性，就如西方国家的农民知道每年奉献三天时间修路的必要性一样。农奴制的出现源自其他，而非运河的强迫劳役。

20　Oertel，*Die Liturgie*，p. 162ff.

21　*Tebt. Pap.* II，306 和评论；*Oxyr. Pap.* 1436，8；Wilcken，*Gr. Ostraka*，I，p. 230。

22　Persson，op. cit. p. 20；Wilcken，*Chrest.* 315，316，137，318，251.

23　*Pap. Soc. Ital.* 514；给费拉德尔菲亚的礼物，Athenaeus，V，203。

24　Wilcken，*Archiv. Pap. Forsch.* III，p. 185；Edgar，*Ann. Du Service*，23，nos. 73 - 75。埃及的一部分商业税用来支付警察，以保卫商品不受游牧民的袭击，见 Fiesel，*Geleitzölle*，in *Gött. Nach.* 1926，57。这就是著名的科普特税。

25　Strabo 17，1，53；C. I. L. III，14147.

26　Strabo 16，4，22；Lesquier，*L'armée Romaine d'Egypte*，p. 9；Dessau，*Gesch. Röm. Kais.* I，380.

27　Strabo，17，1，45. 费拉德尔菲亚首先建造了这条通路。

28　Strabo，17，1，3；Cf. Suet. *Aug.* 18.

29　Schubert，*Berl. Gr. Urk.* Vol. V，1919；cf. 38 - 40，44，48，49，54 等段。

30　Gnomon，ibid. 64.

31　Segré，*Circolazione Monetaria*，1922；West，*The Cost of Living in Roman Egypt*；Class，Phil. 1916，293；Milne，*Ann*；*Arch. Anth.* 7，51。塞格雷说帝国的埃及货币是不兑现货币，这种说法是否正确，不得而知；它的固有价值大概得到承认。他错误地认为提比略以原来价值的 1/4 发行四德拉克马银币，其中牵涉没收行为。晚期托勒密已将货币贬值，而提比略仅仅是以其时代流行的价值加以稳定。要重新估价金钱是一个经济过错；要流通一种新铸币仅仅令人困惑。

32　见 Segré，pp. 134 - 145。

33　由于皇室垄断和禁止性的进口税，托勒密埃及油价异常昂贵。但农民并未从这一高价中得到任何好处，因为他们被迫以固定低价将所有芝麻和蓖麻子出售给国家。在罗马政权期间油价低廉，但市场自由，农民大概获得比以往更多的利润。

34 Beloch, *Griech. Gesch.* ² vol. 4, 321ff.

35 Cic. *In Verr*. III, 163 - 181 似乎把一般价钱定在每摩狄 3 - 3½ 塞斯退斯；Tac. *Ann.* XV. 39 暗示说公元 64 年 3 塞斯退斯是一个极其低廉的价格。公元 2 世纪早期，戴纳里乌斯价值少于约 20％时，在翁布里亚每摩狄 4 塞斯退斯被视为低价：C. I. L. XI, 6117；然而，这约是公元 301 年戴克里先确定的最高价钱。在皮西迪亚的小麦国家，图密善时代一般价似乎是每摩狄稍高于 2 塞斯退斯；见 Robinson, in *Am. Phil. Ass.* 1924, p. 7。

36 Strabo, 17, 1, 13.

第 20 章　早期帝国的意大利

在奥古斯都和哈德良之间的这一世纪,经济史错综复杂。帝国成为世界性帝国,安宁祥和。海洋太平,适宜通商,而军事道路建造和管辖良好,贯穿于所有行省。国家并未制定禁止性关税抑或限制性法律,来限制工业企业的范围,也未制定促进或阻碍贸易的经济政策:人民处处自由开发资源,各显神通。到这一世纪末,几乎到处显示了有利的资产负债表,哈德良统治时期国家公共建筑和奢华的私人宅邸中的财富尤为引人注目。

意大利尽管发展不均衡,但繁荣昌盛,故此在试图进行归纳之前,我们必须详加说明。公元 33 年,意大利的不动产市场出现一场罕见的恐慌,历史学家倾向于认为产生了不良情况。塔西佗(*Ann.* 6,22)声称放款人索取非法利息,被勒令于 18 个月内按法定利率调整贷款,并将 2/3 资金投资于意大利的不动产之中。抵押被取消赎回权时,高利贷利息通常是低潮时期的症状,在农场上 投资的命令也清楚地表明大量主人一定以低价出让财产。这样的形势可能是由偶然原因引发的,如公元 2 年或公元 3 年天气不佳。元老院采取的这一补救措施自然导致灾难。债权人立刻开始收回贷款,在随后的银根紧缩中,到处财产被投放到市场之中,致使价格下降。结果元首建立土地银行,以无息出借国家资金给农民三年。由于几百万美元足以抑制恐慌,稳定价格,问题本不十分严重。有鉴于此,由该事件来推断整个意大利的土地条件,不足为信。显然,这种银根紧缩是暂时的,只是因元老院处理不当,才日趋严重。

对意大利几个地区的简要研究证明整体上土地富饶。确实,南

部的古老希腊城市依然死气沉沉。[1]在罗马和平确保地中海的所有港口拥有同样特权之后,格拉古时代在罗马保护下曾给城市带来

411 几分繁荣的商业,并未蒸蒸日上。它们的农业足以满足家庭需要,普林尼[2]也记载了一些用于出口的酒的生产。在后面的山国,卡拉布里亚(Calabria)和阿普里亚依然是富有农场主的牧场,农场主多为罗马人,使用奴隶劳动。事实上,公元 24 年,粗野的牧人爆发了严重的奴隶起义。[3]后来曾遭阿格里皮那(Agrippina)嫉妒的多米提亚(Domitia)命丧黄泉,控状是由于她的疏忽大意,其南部农场上的奴隶已威胁公共安全。

坎佩尼亚发生变化。普特俄利,[4]共和期间最好的商业港口,由此为自己和加普亚开拓了积极工业,现在则面对奥斯提亚的竞争,那里克劳狄花费巨大代价,建造了一个良港。结果,鲜有船只在普特俄利进港。就此问题,该港口的泰瑞亚(Tyria)码头管理者的信件提供明确信息,他抱怨说公元 2 世纪收入一落千丈。这种困境并非仅仅归因于奥斯提亚的竞争。真正的原因是普特俄利和加普亚的工业减少,结果发货人不再确信有回运货物。以前,士兵要在

412 家里为每次战役准备装甲,故而给意大利的武器制造者提供了工作;现在军队驻扎在边境,并配备着军事工厂或附近行省城市的武器和装甲;坎佩尼亚以往生产以广泛分配的陶器,现在受到高卢产品的阻碍;运到北方的加普亚铜器数量减少,而赢利的香水生意让位于由亚历山大里亚城买卖的阿拉伯和东方产品。然而,一定不要认为坎佩尼亚的其他产品受害严重。无疑工厂生产对主人有利可图,但工人主要是奴隶,结果繁荣并未如设想的那样广泛在自由人口中蔓延。毕竟这一地区合理的经济效益,依赖无穷无尽的富饶火山灰土壤,别无二致的气候,加之使得夏季灌溉成为可能的供水。如曾经在罗马一样,著名的坎佩尼亚酒[5]依然风靡,也在日益增加的富人海湾别墅中找到广阔市场。一如现在,那时坎佩尼亚

413 随处是葡萄园和水果树,树木行列之间整年集中种植园艺作物。在维苏威山坡,体制略有不同。这里,因无水灌溉,密集分布的葡萄和果园比谷类更为有利可图。最近周边发掘出大量维拉。[6]就

如上文所述的伯斯科雷阿莱维拉一样，其中一些装饰金碧辉煌，显然供地主居住，而其他显然为农庄，只规划给管家和奴隶居住，未给主人提供住处。实际上，在所有位于内陆的维拉中，我们主要在依靠奴隶劳动的酒生产中发现资本主义的专业化。绝大多数主人大概为庞贝、赫库兰尼姆和那不勒斯的小贵族，尽管那里也发现了阿格里帕·波斯图穆斯（Agrippa Postumus）的庞大皇室地产。

我们前文已探讨了庞贝城。帝国期间——直至公元 79 年化为灰烬——它中等繁荣，经济体制中没有出现任何重大变化。富人的房屋，可能大多属于地主——尽管在发掘该港时，我们可见富商的证据——内部装饰中一些中产等级的奢侈品经常提供信息。酒贸易、羊毛贸易、鱼片加工也略能证明，但工业生产整体上一直按前文所述的小商店体制发展。现已出土的阿绷丹札路（Via 　414 Abondanza）显示这条富有街道的大量旧住房变为商店。鉴于该街道由一个重要大门延伸到广场，为主要大道，意义不大。自然，因交通量日益增加，居民遭逐，并在更为安静的街道寻找住处。许多人也移居到城墙外的乡村别墅，由于和平的保障，要塞保护之中的住所已不收额外费用。[7] 至于庞贝可以作为指数，该地始终繁荣兴旺。如以往一样，仅仅因庞贝被毁以后未被重建，就认为它濒临覆灭，就是天真地忘怀土壤毁坏，而无立即复原的希望。一个人无法在 30 英尺松散、干燥的灰烬上栽种葡萄。

在中西部意大利，我们几乎未发现任何重大变化的迹象。罗马变为朝廷——统治贵族的住所，帝国的开拓者一定也得到发展，但 　415 它的繁荣对于其所处地区无足轻重。事实上，元首输入进贡粮食，不得不将未免费分配的粮食以低价售给穷人，结果使罗马成为对周边来说无用的粮食市场。

可是，罗马仍不得不购买一些农产品，如酒、油、肉类、蔬菜、家禽等等，无疑接受这个干燥平原能够生产的所有产品。作为居住城市，罗马并未发展工业，但铭文证明小商店不计其数，生意兴旺。但该城的经济生活不同寻常，不甚安定，也不甚健康。拥有几十个甚至几百个奴隶的奢侈家庭，层出不穷的比赛，加上怯懦元首为了赢得乌合之众的欢心而进行的免费粮食分配,吸引了不受欢迎的人口。继任奥古斯都的暴君,难以置信地残酷谋杀古老的贵族成员,经常把财产由传统主人转手给奉承者和被释奴,结果恐慌蔓延到立刻遭难的家庭之外。

罗马周边国家万象更新。沿着由奇维塔·维基亚(Civita Vecchia)至安提乌姆附近的海岸,在阿尔班和萨宾山上,郊外别墅星罗棋布。其中许多是花园和果园,但这些地产华而不实,收获不丰。每年平原的平地有 9 个月主要用来放牧,整个干燥季节畜群在山脉吃草。当普林尼骑马到其普拉提卡(Prattica)的乡村别墅时,只看到羊群,直至来到海岸附近的树林。[8]当尼禄在日薄西山的安提乌姆城建立几个老兵殖民地时,不久后发现殖民者出清土地,迁移到行省,他们在那里服役期间发现良田。不过,塞内加(Seneca)在诺门图姆(Nomentum)拥有一个产量丰厚的葡萄园,而科路美拉在阿尔巴诺(Albano)、阿狄亚(Ardea)和塞尔维特里(Cervetri)成功种植葡萄。[9]总的来说,我们必须说尼禄时代的平原大体类似今天,尽管海岸和山上拥有豪华别墅。

托斯坎尼此前久已衰落,帝国期间也没有明显的进展。早期的繁荣依赖于埃特鲁斯坎人利用未开发的土壤和农夫的能力,依赖于铁矿和铜矿,加之与迦太基订立的友好条约保护下的商业。现在土壤贫瘠,山坡的腐蚀也迅速损耗了施肥的效力;商业改道,而金属工业也随着罗马人向世界开放西班牙贸易而消亡。斯特拉波在古老的铁城波普洛尼亚(Populonia)仅仅看到冷冰冰的矿渣堆。[10]甚至奥古斯都时代曾风靡地中海各地的沙玛音陶器,现在面对奥弗涅(Auvergne)工厂廉价赝品的竞争,不再流行。[11]佩鲁贾(Perugia)没有从内战的破坏中复原,甚至佛罗伦萨也无进展,尽管重新设立老兵殖民地,尽管拥有肥沃的流域。事实上,在整个帝国我们鲜少听说托斯坎尼。只有托斯坎尼旁边的路那生机勃勃,那里拥有采石场,给罗马运送了大量卡拉拉(Carrara)的大理石。[12]科路美拉和普林尼[13]提到托斯坎尼的酒和作为产品的小麦,但热忱不高。可能粮田和牧场——虽不太赢利——遍布绝大多数地区,而在

416

417

此处拥有大地产的罗马人将之出租给佃户,就如遥远麦田的情况一样。

但对中部意大利及其山脉,我们几乎一无所知。我们知道大片地区用作夏季羊群的牧场,羊群在这一年余年来到该海岸。我们也知道大所有者积聚富饶流域里的地产,尤其是用于园艺。可是,正是这里一直盛行拥有小农所有者的古老小农场体制,而非别处。我们掌握公元 2 世纪初期的两个抵押记录,一个来自贝内温敦[14]后面的山脉,一个来自皮亚琴察(Piacenza)南部的亚平宁丘陵,它们提供了一些重要事实。这两份记录列出所有者及其农场名称。这些农场的名字显然源自奥古斯都的人口调查名单,如上面所列,我们发现 89 个贝内温敦的原初财产到图拉真时代已由 50 个所有者掌握。这些主人遭遇迥异。一个所有者拥有 11 个古老农场,而 32 个所有者仍然仅各掌控 1 个农场。财产决非大地产。最大地产估价约 25,000 美元(50 万塞斯退斯);12 个地产估价在 24000 和 5000 美元之间;17 个地产在 5000 美元和 2500 美元之间;20 个地产在 2500 美元和 700 美元之间。可能小土地没有列入其中,原因在于抵押利息几乎无法支付收入。甚至在积累期后,我们没有发现这里何谓大地产。鉴于土地价格高昂,我们无法断定面积。在最好的流域,多产的葡萄园大概每犹格值 200 美元,而在贝内温敦后面的高山上,岩石层峦叠嶂,甚至不适宜放牧,几乎一文不值。倘若大胆设想,所有土地均为改良耕地,每犹格约 100 美元,那么农场从 5 英亩到 166 英亩,但我们确定第二个文献之中实际上囊括大量的山脉牧场。

皮亚琴察南部的维莱亚(Veleia)情况有点大同小异。这里,在第一次分配丘陵土地后,土地略增,但确切数字不详。在研究该铭文时,德帕什泰尔(De Pachtere)[15]在一定程度上找到上文所提的农场地点,故此发现一个有趣事实,即正是在用于牧场和提供木材的山脉上,更为昂贵的财产得到发展,而肥沃流域的园圃土地主要掌握在小农手中。倘若相似碑铭的发现证明这是亚平宁地区所独有的,那么我们不得不认为至少到图拉真(Trajan)时代,意大利起伏

418

419

不平的地区并未采取这样的种植体制。富有的所有者掌握木材，牧场土地自然足够。他们自己就能从地产中获利。然而，德帕什泰尔指出了另一个重要事实。他对于该铭文的名字的研究显示维莱亚地区原来的山民现在遍布丘陵地带，起初公民所有者，大概是普拉森舍（Placentia）的公民，取而代之，之后到图拉真时代，几个最大的地产落入带有非罗马名字的被释奴手里。我们确信，这些被释奴为普拉森舍商人，现已从事农业和畜牧业。大量意大利地产一定由自治市地主掌握，部分属于当地贵族，部分属于成功的商人和银行家，后者急于在该城拥有更体面的社会地位。

公元 1 世纪期间，波河流域是意大利最为繁荣的地方，一直如此。[16]黑色的冲积土壤深厚，且未损耗。2 个世纪以前，波河下游的博伊人（Boii）、塞诺尼人（Senones）和林贡斯人（Lingones）已被击退，而埃米利乌斯·斯考卢斯（Aemilius Scaurus）排干那时依然覆盖该地区的沼泽，开辟了帕多瓦以南的大片地域。罗马曾有条不紊地在那里设立殖民地。在波河北部，尽管当地人民印苏布列斯人（Insubres）、塞诺玛尼人（Cenomani）和维尼提亚人数量上大大减少，但一直存在，还成为罗马公民。可是，罗马人和意大利人并未在其间兴建正式殖民地，而是在寻找土地时，与之杂居。这里，居民掌握大地产，成为这个罗马化城市的头面人物，并在山脚的当地穷人中找到劳动力，以耕种地产。[17]奥古斯都时代，帕多瓦拥有除罗马之外意大利数量最多的骑士（500 人拥有 2 万财产资格）。[18]我们可以认为这些人是当地地主，该地 12 个城市也拥有大量骑士等级。

波河流域出产小麦——绝大多数用于生产城市——大量酒，[19]在寒冷的达尔马提亚（Dalmatia）和诺里库姆（Noricum）山区价格不菲；肉猪，生长于山坡的橡树森林里，大量船运到罗马；下阿尔卑斯和亚平宁的木材和沥青；来自山坡周围的大量羊群的羊毛，其中一些由该城妇女纺纱和织布，并作为成品出口。在这个发展中国家，贸易活跃，那里诸多原材料可用于交换奢侈品。船只溯波河而上，远达克雷莫纳和普拉森舍。诸如米兰（Milan）、科姆（Comum）、维罗纳(Verona),尤其是阿奎莱亚城(Aquileia)[20],经由奥古斯都清除了强盗的关口,积极从事贸易,售出酒、金属器皿、陶器和廉价珠宝,换取牲畜、皮革、奴隶、矿石和木材。在奴隶贬低贸易和工业的时代之前,该国鲜有奴隶和被释奴,居民是意大利人,所以经济发展态势良好。公元 1 世纪期间,下列城市脱颖而出,成为最重要的城市:帕多瓦、梅迪奥拉努姆(Mediolanum)(米兰)、维罗纳、克雷莫纳(公元 69 年毁于内战)、阿奎莱亚、普拉森舍、博洛尼亚(Bologna)(公元 53 年化为灰烬)、曼图亚、帕尔马(Parma)、布里克西亚(Brixia)、科姆、维切提亚(Vicetia)、拉文纳(Ravenna)、维尔塞莱(Vercellae)和特吉斯德(Tergeste)(的里雅斯特[Trieste])。最终,政府驻地迁到这个人口稠密的地区,不足为奇。

　　鉴于这些城市农场上隶农制和行会体制的后来发展,确切了解这一世纪经济情况中出现何种变化,很有趣。就工业而论,我们只能说资本主义生产几乎鲜有进展,只有罗马砖厂例外,原因完全在于那里建筑方法改变。另一方面,在铜器、铁器、陶器和玻璃器皿[21]的生产中,出口减少,可能缘于以前从意大利进口的行省自给自足,也可能缘于国内奴隶价格的增加。小商店主要由独立的被释奴经营,能够照顾到每个城市的需要。此时,这种变化并未造成严重的经济混乱。以奴隶制为基础的资本主义生产,确实几乎未使公民受益,而因这种变化丢了饭碗的奴隶可以投身到劳动力稀少的田野之中。由于意大利蒸蒸日上的城市需求比以往更多的器皿,生产也未锐减。无疑,相比于这一世纪之初,到世纪末更多自由民在独立商店里劳作,大概使用一两个奴隶。由这些铭文中,我们感到自由手工业者行会大量增加,刚刚提及的工业形式的变化会证明这一点。显而易见,这些行省的自由工业也从这一变化中获益匪浅。我们必须补充说,由资本主义到小商店生产的转变分散了积聚的资金。此事至关重要,在国家的关键时刻,元首们找不到大量累积资金借用,于是需要现钱时,贬值货币,抑或进行强迫征用。

　　至于农场——大型和小型农场的生产形式,证据不尽如人意,解释也五花八门。或许历史学家倾向于简化这一问题,将公元 3 世

422

423

424

纪情形的起因解读为公元 1 世纪的。意大利幅员辽阔,不同地区的自然资源天壤之别。依据一位罗马作家的一些偶然抱怨,坚称意大利——整个意大利——从园艺种植转向小麦种植[22]——或者截然相反;或者奴隶制让位于佃户体制,或者反之,我们并未走得太远。

　　研究这块土壤的产品参数,证据似乎表明这一世纪谷类耕种略减,大概橄榄种植相去无几,畜牧业一如既往,而酒、园艺与庭园略增。我们最可靠的依据是成书于该世纪中期的科路美拉的《农业志》,尽管在阅读其书时,我们必须记得在所管理的地产上,他特别关注园艺,于是对之具有浓厚兴趣。事实上这些地产——在阿尔巴诺、塞尔维特里(Cervetri)、阿狄亚和卡西奥利(Carseoli)——恰巧位于主要种植葡萄和水果的地区。可是,他了解各种形式的农业,其书对"完全农民"至关重要,无疑也为那些想要购买此书之人——富有的绅士地主——撰写。根据科路美拉,我们并未发现园艺因缺少市场而遭难。[23]极有可能,它并未如此。较之前一世纪,意大利人数更多,更为富庶,又购买更多国产品牌。意大利出口寥寥无几。事实上,以前需求意大利酒的唯一市场是高卢,马赛向那里输送自己的品牌和希腊古老的品牌酒。我们有一切理由相信,相比于意大利酒神受到一位伟大诗人歌功颂德之前,尼禄时代意大利的葡萄种植者拥有更为广阔的市场。[24]科路美拉(3.3.9)做了一个有趣的统计,计算离罗马市场较近的葡萄种植者的预期收入。为方便起见,计算以一块 7 犹格的土地为基础,当然他意指这是一个大地产的部分。(我称之为他的塞斯退斯,5 分,加上他的双耳瓶,6.5 加仑)

425

7 犹格(4⅔英亩)未开发土地的价格 ……………	350 美元
一个熟练的葡萄酒商(奴隶)的购买价 …………	400 美元
插条、支架和工具的价钱 …………………	700 美元
葡萄出产前(2 年),上述内容的利息(6%)………	105 美元
共计 ……………………………………	1555 美元

426　　所以,投资的年利息(6%)为 93.3 美元。估计利润时,科路美拉相信每犹格葡萄园出产 1500 夸脱(每英亩 560 加仑;他补充说塞内

加在诺门图姆的地产每犹格出产 4000 夸脱）。价格低廉时，罗马平均每夸脱酒值 3 分。故此，每年每犹格出产 45 美元，抑或 7 犹格土地为 315 美元——每犹格收益超过 31 美元。如果科路美拉的记述言之凿凿，那么我们只能得出这样的结论，即葡萄种植一定引人入胜，即使他并未适当考虑偿债基金。他补充说，出售葡萄园的插条可以得到进一步的收益——这似乎显示在其时代，葡萄栽培稳定发展，范围扩大。现在，他和普林尼均未直接谈及葡萄栽培的条件。可是，两人均提到意大利的优等品牌，[25] 由上述介绍中，我们发现葡萄显然生长在所有产量依然丰厚的地区。普林尼明确指明最近声名鹊起的几种新品牌，并只引证法勒尼亚不像以前那样流行，但似乎法勒尼亚丧失名望，仅仅缘于同一地区的福斯蒂尼亚（Faustinia）地产逐渐势均力敌。上述作者的记载显示此时葡萄栽培蔓延。

　　这一世纪末图密善（Domitian）的著名饬令加深了这种印象，其中禁止在意大利种植新葡萄园，并下令砍掉行省一半的葡萄[26]——因行省代表抗议，现在该敕令废除。图密善并非卓越的经济学家，其颁发敕令只是一时心血来潮，可能因情势所迫。他声称由于葡萄园数量不断增加，对于意大利人而言，引进的小麦数量不足，大概言之有理。葡萄园用于植物、压力机、大桶、罐与熟练奴隶的花费耗资不菲，故此吸收了固定投资，很少遭砍伐。在一两个灾年里，葡萄栽培不像年生作物那样受阻。就如最近意大利所示，它倾向于过度扩张。另一方面，对于行省人，图密善坚持说过度饮酒导致叛乱。无论如何，就如他现在不得不承认的那样，摧毁葡萄园的命令过激，但没有理由认为他的解释虚假，或者其主要目的就是保护意大利的葡萄栽培。没有证据表明意大利的出口后来得以增减，或者确实如此。我们知道阿非利加领地的铭文昭示在阿非利加的王室地产上，葡萄栽培并未受到图拉真和哈德良的限制。

　　关于谷类栽培的地位，图密善的饬令即为明证，说明在其时代意大利粮食无法满足人口的需求。但我们不知道这种不足是否反映了一年收成歉收的情况——因气候条件，意大利的小麦大约有

427

428

30％的变化范围——抑或不足是否经常出现。后者极有可能。如果依据科路美拉的记述解答这一问题,也许能找到一些线索,尽管我们必须注意他是葡萄方面的优秀专家,谷物方面却不然。我们首先注意到他通常认为粮食生长在葡萄或者水果树[27]的行列之间——他有时称之为种植园。在波河流域大部,在坎佩尼亚和它处,这种做法依然风靡。由于表面附近的树根遭到故意破坏,树木和葡萄的根部被迫深挖;之后表面土壤用于种植园艺作物、粮食及干草。今天由米兰乘车到博洛尼亚,一个人的第一印象就是横跨一个大果园,但人口调查数据证明该地区现在大量生产小麦、玉米、园圃产品和水果。现在的体制——古代也如此——解释了科路美拉的惊人陈述,即他没有看到意大利生产超过 4 倍[28]的小麦(大约每英亩 7.5 蒲式耳),也就是说少于一个可观庄稼的一半。科路美拉主要对其葡萄园和果园引以为荣,其绝大多数肥料用于给这些作物施肥。对其而言,谷物是辅助庄稼,种于任何可能介入其间的空间。故此,我们不能得出这样的结论,即其评论代表充分考虑了小麦的一般产量。确实,意大利土壤长期过量种植小麦,由此肥力损耗,但意大利农民精于使用肥料,尤其是轮作含氮植物,诸如苜蓿、三叶草及几种豆类。科路美拉对于苜蓿[29]的热情,对于提高土壤肥力的多产植物的热情,读起来像一代以前我们西方的种子目录。

我们可以确定在谷类地区,诸如托斯坎尼和波河流域部分地区,一般依然种植小麦,即使拉丁姆的葡萄园仅仅出产一半庄稼。谷类栽培也未因外国竞争退出意大利。生活于此城的罗马作家,密切关注该城的粮食供应,但我们定能发现它在整个意大利的生产中是多么微不足道。尼禄时代,埃及每年向罗马输出 500 万蒲式耳小麦,而阿非利加输出两倍之多。[30]这只满足首都,也表明为何谷类栽培在该城周边受到忽视。意大利的其余地方约有 1500 万人口,[31]每年需要超过 1 亿 5000 万蒲式耳。是否西西里和撒丁岛提供其中 1％,不得而知。高卢、西班牙和东部行省的产量大概仅仅满足自身的庞大人口。与现代意大利相同,收成好的时候,达到

1 亿 5000 万蒲式耳。现在，[32]意大利包括西西里和撒丁岛。另一方面，葡萄园和橄榄林大概占据比古代更多的地方，今天大量土地种植新作物，诸如玉米、烟草和橘子。由此，我们得出结论，即小麦在公元 1 世纪期间产地广泛，且成功种植，但为了生产所需的数量，这块土壤不得不精心栽培。罗马人一定已经看到，倘若社会条件改变，致使吝啬或浪费使用土壤，那么将难以满足意大利的需求。

431

现在，我们探讨农业劳动和出租体制的关键问题。适应各种形势，意大利有各种流行的体制。当然意大利各地均有大地产，由地主监督，使用奴隶耕种，由奴隶管家指导；[33]另一方面，尤其在内地，小所有者耕种自己的农场。迄今为止，所有权威赞同。除了这些类型之外，还有下列类型，尽管我们不确定其分配的程度。科路美拉[34]认为如果地产路途遥远，不便于主人亲自视察，加之庄稼是诸如谷物之类的简单作物，最好予以出租。他警告说，不要租给一个将奴隶安置在农场的中间人，显然意味着应租给自由劳动的承租人。小普林尼，重复说必须寻找新科洛尼（coloni），一次还提到难找好的管理人。[35]科洛尼大概是主人安置的小农，抑或为大承包人（来自平原的商人），他们为方便起见，将农民或者奴隶安置在土地之上；但管理人并不躬身田垄：他是一个中间商。普林尼出租农场，但我们不确知这种劳动的性质。海特兰（Heitland）[36]在详细调查耕地条件之后，认为这一时期的科洛尼一般被视为中间人，他们在地产上劳动，辅之以主人所提供的奴隶。有证据显示这种体制存在，而下一世纪的法学家也断定它普遍盛行。主人不在时，这种体制是否依然流行，我们不太确知。我们记得在上一世纪，多米提乌斯（Domitius）使用几百个甚至几千个科洛尼进行劳动；贺拉斯雇佣 8 个奴隶，在其房屋周围劳作，也出租了 5 块单独土地；我们注意到科路美拉谈到了使用自己奴隶（而非主人奴隶）的中间人的可能性；我们听说韦帕芗（Vespasian）在皇室地产上安置了一些农民科洛尼；最后科路美拉和老普林尼，都坚称自由佃户比奴隶劳动更可取。[37]所有这些都对海特兰的观点产生不利影响。但除了偶尔的

432

433

出处外,意大利各地的耕地条件不支持整个半岛任何统一模式的设想。例如,在山南高卢,那里铭文显示奴隶少于意大利的其他地方,那里当地的地主贵族能找到大量凯尔特人和利古里亚人愿意承租一些小块土地(由于所用的农具,我们必须设想是小块独立土地),奴隶劳力不太可能,而且在之前和之后的世纪,小出租体制的广泛扩张也表明公元 1 世纪期间此类租约稀松平常。

在上文提到的维莱亚和贝内温敦地区,我们可以确定诸多主人佃出土地,这个家庭似乎以守旧方式从事工作,由 1、2 个奴隶帮忙;甚至在大地产上,主人而非代理人,通常放置抵押,在这种情况下,他似乎居住在地产之上。大概如贺拉斯一样,他使用佃户和奴隶劳动。选择何种体制,多少取决于庄稼。在任何涉及大投资的地方,如葡萄园,主人如若希望履行责任,倾向于通过选择管理人和奴隶来完成;而在粮田,租户却深受信赖。但是,如我们从普林尼的信件中所知,这种选择也取决于是否该地的建筑提供了奴隶住所或者佃户的房屋,是否该地产放牧,如若不然,周边最能提供什么。总体上我们必须设想充足的奴隶劳动,[38]尤其在大地产上,是否主人或代理人或者中间人主管;我们可以设想小农所有者,主要是用于劳动的小农佃户,对此公元 3 世纪的作家经常予以提及。尽管我们获知塞内加将其葡萄树上的葡萄作物卖给一个承包人,但关于雇佣的自由劳力的存在,或者接管部分工作的承包人的雇佣,鲜有证据。

由于后来的特殊待遇,皇室地产的发展必须予以考虑。由诸如迈凯纳斯和阿格里帕之流手中,奥古斯都继承了意大利[39]和行省的大量不动产,并任命代理人进行开发。这些遗产(现在称作祖产)之外,提比略不但增加了私人继承所得的遗产,而且抄没塞雅努斯(Sejanus)和富有矿主马略的财产——尽管直至其时,没收财产通常予以出售,资金收归国库。卡里古拉(Caligula)似乎已将塞克斯都·庞培(Sextus Pompey)的财产增加到祖产之中,当然克劳狄略微扩大。在尼禄时期,他谋杀了诸多贵族,祖产迅速增加。

前文提到富有的阿非利加马略的地区,到此时显然已集中到罗

434

435

马贵族手中。普林尼声称尼禄夺取了半个阿非利加,指的主要就是该地。无疑,意大利的征收更为广泛。仅在后来的铭文中,我们找到明确证据,例如,贝内温敦的抵押牌中 7 次提及皇室地产为邻近农场,而维莱亚的一个抵押牌中 4 次。[40]由于尼禄是其世系的最后一任皇帝,韦帕芗无法合情合理地将这些财产称之为"祖产";然而,韦帕芗没有予以出售,或上交至元老院金库。他以私库,元首金库的名义,接管财产,并任命财政代理人管理。然而,他不但是一个商人,也是一个关注意大利福祉的皇帝,于是在这些领地上实行使用终身租借人劳动的体制,显然作为常规政策。这种体制的详情不得而知,但因较之代理人偶尔的视察,科洛尼需要更多监督,加之从元老那里没收的意大利地产经常拥有富丽堂皇的别墅和花园,我们可以充分相信代理人发现适宜在别墅中安置一些中间管理人,以监督科洛尼,收取租金。极有可能,他奉命开发这块家庭土地,以作为其服务的报酬。这仅仅是猜测,依据就是这种假定的需要,加之后来我们在阿非利加地产中发现了这样的体制。在阿非利加,管理人免费使用科洛尼劳动。然而,意大利尚不知晓,我们可以确信几个被征用的意大利地产拥有奴隶,故此劳务并不在预期之中。可以确信,奴隶老死时,阿非利加流行的这一体制切实可行,轻易采用。因此,公元 3 世纪的隶农制与皇室地产相关的古老理论,完全合情合理。

　　必须注意的是,皇室地产的发展几乎并未带来更大的赢利。通常,对于普林尼和科路美拉而言,倘若主人监督财产,自由民佃户代替奴隶劳动似乎令人满意。把使用奴隶劳动的资本家农业说成是"科学的农业"是现代的细微差别,对此我们的史料没有辩解。但是,因主人不可能监管自己的财产,帝国的所有权造成一个严重困难。他必须雇佣一个代理人,后者反过来给各种地产寻找承包人(管理人),二者都倾向于关注自身利益。事实上为了共同利益,他们易于沆瀣一气,出卖地产及科洛尼的利益。但这并非全部。代理人没有资金去改造荒废地产,而且在做法可取时,他可能没有完全的自由使用奴隶劳力去进行开发,他也没有主人的迫切兴趣

436

437

来设计改善它们的新方法。普鲁萨的狄奥[41]生动描述了元首(可能是尼禄)除去主人时,攸卑亚遭没收的地产的见闻,这些记述大概出于杜撰,但非常典型。这块地产绝大部分是由一个高低不平的山区农场组成,因附近没有充分的市场,耕地几乎一文不值。地产的牧人是周边简朴的乡下人。当主人倒台,财产充公之时,皇帝的代理人在合适季节动身前往攸卑亚,予以接管。结果他发现农场似乎无利可图,于是卖掉羊群和任何适合出售的物品,甚至未支付牧人的工资就拂袖而去。多年以后,狄奥(Dio)行经该地时,发现几个乡下人惊恐且战栗地蹲坐在这块被遗弃的土地上,而这座城市完全被弃若敝屣,其贫乏的生计依赖于乡村人口的节俭。鉴于希腊长期经济紧张,这大概并非一般出现的合理图景,但我们可以充分相信皇室代理人接管充公财产时,此类事情常见于意大利的贫困地区,事实也如此。

438

　　各种皇帝敕令显示了对意大利部分耕地人口的关注。最早肇始于尼禄时期,尼禄将一些老兵安置在意大利,而为此目的以往元首似乎选择行省的殖民地。我们已经谈到他在安提乌姆的失败部署;由提及它们的几个铭文来判断,其在他林敦设立的更多殖民地似乎犹在。公元 60 年,我们经常提及的科路美拉在他林敦获得配给的官员土地。塔西佗提到加普亚和努塞里亚(Nuceria)也接受老兵。有鉴于此,尼禄不可能为此目的用光一些充公财产,尽管他不可能将发展完善的葡萄园或者果园分发给士兵。韦帕芗明察意大利的情况,鲜少在意大利殖民老兵,而偏爱将之送到行省。在其时代,老兵服役 20 年,显然并非意在增加意大利的乡村人口。然而,诺拉(Nola)的一个铭文和科洛尼亚(Colonia)手稿中的一个诗行表明坎佩尼亚建立一些殖民地。显而易见,韦帕芗偏爱将长期农民作为科洛尼[42]安置在领地土地上。今后军团征兵几乎完全在行省招募,这一事实表明此时国家意识到健全意大利自由人团体的缺乏。如果韦帕芗开始在皇室领地上使用自由的科洛尼替代奴隶,也许缘于他已了解国内的情况究竟如何。他在西班牙广泛授予公民权和拉丁权,部分缘于他觉得有必要在意大利外设立一个新征

439

兵地,这种猜测似是而非。我们也注意到在科洛尼所住的两个地方,韦帕芗也出租给其家庭成员,这可留待以后参考。显然,其家庭中的优秀奴隶获得自由,并被安置于科洛尼中间。如果与后来相同,这是一般的做法,那么它将有助于解释我们现在发现隶农制的地方的简陋条件。

　　涅尔瓦(Nerva)的统治昙花一现,但其有两个重要行为载于史册。据说他向议会提出一项法案,即用 6000 万塞斯退斯在意大利购买土地,以分配给穷人。这仅仅够买约 1 万块小块土地,但购买势在必行的事实,似乎表明其前任实际上已将帝国领地中所有适宜土地分配给科洛尼;理由是在要求份地的时候,罗马穷人不可能亲切地看待奴隶耕种领地土地。第二个措施就是著名的免费饮食[43]制度,前文已述。关于细节,直到图拉真时代我们仍一无所知,但涅尔瓦的办事处无疑提供了答案。该计划是在整个意大利的农场上永久放款,利息由每个共同体的委员征收,并分配给自由出生的孩子的父母,以用于养儿育女。由此,似乎投入约 1 亿美元。从古代的评论判断,主要目的是资助穷人养育子女——事实上鼓励更多的后代。由官方建筑上盛行的主题中,我们可以推断人民对该制度抱有诸多期望。这反过来证明普遍认为出生率不足。我们没有统计和解释。倘若我们可以相信狄奥(68,2,1),元首也有第二个目的。它以合理的利息贷款给农民,资助他们;由于出借的金钱约是被抵押地产估价的 10%,分配极为广泛。如此大的一笔金钱投入,一定使铸币贬值,在某种程度上解救了债务人,故此暂时提高了产品和土地的价格。遗憾的是,贷款似乎是永久的,因此作为地役权,它们依赖土地,并在第一次救济之后,影响扩大,农民无疑比以前更无法面对收成歉收。相比于对农业的救济而言,作为一种慈善制度,这一计划本可能更为成功。在该世纪末前夕,甚至慈善目的也未实现,原因在于货币贬值时,贷款收益只够支付"道路和食品"联合办事处相关人员的工资,那时鲜少接济穷人的孩子。

440

441

原注

1 在对该地的叙述中,bk. VI. 斯特拉波鲜少记述其时代的这些城市,除了布伦迪西乌姆生产大量羊毛,拥有一个良港之外。大量羊毛就是许多牧场的象征。

2 Pliny, *N. H.* 14,69,尤其在他林敦、康森提亚、坦普萨、条立爱和格鲁门托。

3 Tac. *Ann.* 4,27;关于多米提亚、列比达,*Ann.* 12,65。

4 见第 16 章。

5 Pliny, 14,69 - 71,几个新商标;庞贝酒酒力稍强,且不好保存;14,62,法勒尼亚酒更少使用,但来自法勒尼亚地区的福斯蒂尼亚商标享有盛名。

6 Della Corte, in *Not. Scavi*, 1921, 415ff. ; 1922,459f. ; 1923,271f. and Rostovtzeff, *Econ. And Soc. Hist.* p. 496, note 26, and p. 293, note 21.

7 Rostovtzeff, *loc. cit.* p. 514,在一个有趣的注释中,可能过分强调了该街道变化的重要性;见 Engelmann, *Fuehrer d. Pompeii*。我也不愿使用维提乌斯房屋的小阿莫里尼壁画的证据,作为记载维提乌斯所从事的工业。我们不得不认为除了生产和销售酒、油和花朵之外,他们也是衣服、珠宝、香水和其他物品的制造者和销售者。这些图画大概用于解释该城的工业。

8 *Epist.* 2,17;安提乌姆,Tac. *Ann.* 14,27。由于奥古斯都从埃及带回过量金币,奥古斯都时代罗马附近土地价值暂时增加,这或许并未造成永久影响,见 Suet. *Aug.* 41; Dio. Cass. 51,21。最近罗马小麦栽培的扩大缘于战争的价格和爱国的呼吁,不会持久。

9 塞内加的农场,Pliny, *N. H.*, 14,48 - 51; Colummela, 3,3,3;关于科路美拉作为葡萄酒商的经历,3,9,2, et passim。

10 Strabo, 5,2,6.

11 见第 16 章。

12 Strabo, 5,2,5 恺撒任山南高卢总督时,大理石开始在罗马使用,大概恺撒及其主要工程师马穆拉首先看到其重要性。

13 Pliny, *N. H.* 14,34 and 17,21; Columella, 2,6.

14 贝内温敦,*C. I. L.* IX, 1455;维莱亚,*C. I. L.* XI, 1147。

15 De Pachtere, *La Table Hypoth. De Veleia*, Paris, 1920,纠正了蒙森的观察 *Hist. Schr.* II, p. 588, and Kromayer in *Neue Jahrb.* 1914, p. 145ff.

16 见斯特拉波有趣的一卷,第 5 卷,尤其是 5,1,12 及在 4,6 中关于阿尔卑斯地区的注释。偶尔,斯特拉波依赖古代史料。

17 Strabo,3,4,17,一个关于利古里亚劳动者的马西利亚逸事;Diodorus,V. 39。

18 Strabo,5,1,7.

19 Strabo,5,1,12,猪、粮食、沥青、酒、羊毛;科姆的铁器,Pliny,*N. H.* 34,144;木材,ibid,16,66 and 90。

20 关于奥古斯都进入阿尔卑斯山的道路,Cartellieri,*Die Röm. Alpenstrassen*,*Philologus*,*Supp.* 18,1926;Strabo,4,6,6－9;勘探的琥珀路线,Pliny,*N. H.* 37,45;阿奎莱亚,Strabo 5,1,8;Majonica,*Museo dello stato*,Aquileia。

21 见第 14 章。

22 Rostovtzeff,*Econ. And Soc. Hist.* p.95 说到尼禄时期:"意大利再次成为一个适合种玉米的土地。"这个声明似乎依赖他的假说,即共和国期间意大利已大量出口酒,但因行省成功栽培葡萄,而光景不再。

23 Col. 尤其第 3 卷,以及 Pliny,*N. H.* 14,59－72。

24 见第 13 章。

25 厄立特利亚航海记 6 和 49 中提到一些意大利酒将运至远东。维苏威和索伦托的山坡,Columella,3,2,10;诺门图姆,ibid,14;阿尔巴诺,14;庞贝、弗雷基利,北意大利,27;匹塞浓,法恩泽,3,3,3;最主要的马西克,索伦托,阿尔巴尼亚和凯库班 3,8,5;阿狄亚、卡西奥利,3,9,2;塞尔维特里,6;Pliny,*N. H.* 14,59－72。

26 Suet. *Dom.* 7,2;14,2;Philostr. *Vita Soph*,VI,222,*Vita Apoll.* VI,42;Stat. *Silv.* 3,3,11。此决议不可能与启示录中所提到的饥荒有任何联系,也不可能与公元 93 年皮西迪亚的寒冬所造成的暂时穷困有任何关联。整个地中海盆地的气候变化万千。

27 Col. II,2,24 and 9,6;V. 6,11;V. 7,3;V. 9,7;V. 9,12;V. 10,5－6;etc.

28 Col. III,3,4.

29 Col. II,2,7;10,244. 维吉尔(*Georg.* I,215)也推荐麦迪卡(卢塞恩)。在其关于维吉尔的评论中,塞尔维乌斯声称,维尼提亚拥有大量葡萄园。

30 Epit. *De Caes.* 1,6 在奥古斯都时代 500 万蒲式耳。后来约瑟夫声称埃及供应罗马的 1/3,而阿非利加贡献 2/3,Bell. *Jud.* II,386。罗马人每人每年的粮食供应通常为 12 蒲式耳。

31 克劳狄在公元 47 年所作的公民人口调查有将近 600 万人,其中可能 1/4 住在意大利之外。这个人口调查记载了成年男性(*Roman Census Statistics*,*Class. Phil.* 1924,p. 339),结果人口大概共计 1500 万到 1800 万。其中大约 100 万住在罗马。

32 *Statesmen's Yearbook*,1925:在 1922 年小麦的面积是 11403665,产量为 145000000 蒲式耳。其他谷物为 6 百万英亩,葡萄 12000000,橄榄 7000000。如果葡萄栽培缩减到一个合理的比例,那么小麦的面积能够轻易提高 50%。

33 科路美拉认为这是中部意大利葡萄园的常规体制,尽管起初 1,7,1,谈到农场劳动力时,他首先讨论了租金体制。

34 1,7,3 - 7。沃路西乌斯喜欢出生在农场上的承租人继承租约,事实也如此;萨塞尔那主张长期租约;对于土地而言,自由的租地人好于奴隶;在偏远的地产上,一个人必须出租(在这种情况中,他也许意指中间人)。

35 Pliny,*Epist.* 7,30,7,管理(经常认为情况如此,管理人只用于皇室地产之中)。Pliny,*Epist.* 10,8 谈到了 5 年租约;在这种情况中,他似乎指的是一个科洛尼(平原的商人,管理人)承租的偏远农场,在 3,19 中也有为一个科洛尼提供奴隶的问题。在 9,31 中,他谈到几个科洛尼,或许指这些农民。在 9,37 中,他打算引进实物分担盈亏的租金,因为承租人答应交钱时,拖欠钱款。

36 *Agricola*,p. 256.

37 in Caes. *Bell. Civ.* 1,17 中,多米提乌斯许诺用自己的财产,给 15000 士兵每人发放 4 犹格;后来(ibid. I. 34)他用自己的奴隶、被释奴和佃户管理 7 艘船只。Horace,*Epist.* I,14;Vespasian,Pais,*Storia della Col.* p. 344 and *Lib. Colon.* 230,236;Columella,1,7,5;Pliny,*N. H.* 18,36。

38 通过提倡奴隶之间的婚姻,并给四个孩子的母亲提供自由,科路美拉(1,7,19)指出奴隶价格上涨,并尽力维持需求。

39 Hirschfeld,*Kleine Schriften*,p. 544,皇室地产几乎一直存在到提比略统治后期。Tac. *Ann.* 4,7.关于克劳狄,见 Tac. *Ann.* 12.65;尼禄在阿非利加的地产,Pliny,*N. H.* 18,35。

40 其中一些地方大概归因于韦帕芗在山脉开垦荒地。

41 第 7 个演说。

42 *Liber Col*. Lachm. 230,234,236,261.

43 *Alimenta*，Hirschfeld，*Kais. Verwaltungsbeamten*，212 - 224；De Pachtere，
La Table Hypoth. de Veleia；Carcopino，in *Rev étud. anc.* 1921，287；
Ashley，in *Eng. Hist. Rev.* 1921.

第 21 章　哈德良时代的行省

奥古斯都去世后一个多世纪,哈德良巡游行省,结果他发现地中海世界物质极度丰裕、富足,此景空前绝后。这里,我们大概只注意到罗马统治的一个世纪中几个典型行省的经济发展趋势。如我们所见,阿非利加行省,起初仅仅是一个狭长地带;在恺撒和奥古斯都治下,努米底亚和现称为的黎波里(Tripolis)的肥沃海岸土地归之于它,之后卡里古拉吞并毛里塔尼亚(Mauritania)。甚至在努米底亚纳入之后,恺撒时代的阿非利加粮食税极轻:30 万蒲式耳[1],而一个世纪以后高达 1000 万蒲式耳。[2]谷类增长惊人,即使我们发现部分缘于毛里塔尼亚和以前不缴税的皇室地产的并入。它意味着不但罗马移民在精耕细作下开发缴贡赋的土地,而且许多努米底亚人不再放牧羊群,而从事农业。

然而,整个行省发展不甚统一。在迦太基和杜加(Dougga)地区,奥古斯都时代之前最好的土地已被占据,结果鲜有新居民迁入。他们不得不溯流域而上,或者抵达西卡(Sicca)和沙格(Thugga)以南的马克塔里斯(Mactaris)之间的高原,或者进入迦太基港城。似乎,这些地区暂时都彻底罗马化。现在国内征收停止,移民几乎偃旗息鼓,于是元首们开始将退役老兵派到亚细亚、叙利亚和巴尔干流域。今后,阿非利亚各地按其特有方式自行发展。迦太基,以一个多产的平原为后盾,赢得了巴格拉达河(Bagradas)和德维斯特(Theveste)通路的贸易,并得到总督下属的支持,蒸蒸日上,吸引了大批曾经进入内陆的迦太基人民,加之逐渐喜欢城市方式的努米底亚人。与罗马周边如出一辙,富丽堂皇的居民府邸在郊区拔地而起；但在外围的农场土地上，鲜见大住宅的迹象。大概地主偏爱住在城市之中。更远的乌提那（Uthina）山脉附近，[3]雇佣当地人为佃户和劳动者，大量豪华别墅已崭露头角。

　　杜加周围地区的历史不同寻常。这里，尽管土地肥沃，且长期殖民，但相比于南部更为贫瘠的地区而言，村庄发展为城市的进程更为缓慢。原因很简单，早期几个罗马贵族拥有这一免税财产，并通过承包人，出租给当地村民。[4]在克劳狄和尼禄治下，几个拥有者成为帝国暴政的牺牲品，地产充公。元首的财政官集中庞大地产，安排一个管理人负责一处地产。这种管理人承揽合同 5 年，监督小佃户的工作，收取租金，并通过利用不交租金的"家用地"谋取自己的利益。为了从"家用地"获取适当利益，他们获准在其与佃户的合同中约定，每人每年必须在忙时为其劳动 6 天。故此，他们自己的劳动花销降至最低。甚至在元首抢夺了该地之前，这种私人地主所采用的体制，非常迎合不在地主的利益；但阻碍了佃农和土地的发展。由元首任命的财政官及管理人，短期受雇，几乎对佃农的情况漠然视之；他们不会冒利息的风险，进行农业实验，施肥抑或轮作庄稼。此外，所有权最终归属皇室；佃户无望最终购买所耕土地，掌握新方法的外人也无法进入共同体。最后，属于元首的三分之一并未进入共同体的常规贸易渠道，而被直接运至罗马。结果，该地的经济生活基本上如一潭死水，几个村庄每况愈下。[5]确实，沙格成为这一地区的中心，并主要通过私人地产的主人，获得几栋豪华建筑，似乎如此；但鉴于附近土壤的财富及长期开发，沙格几乎不能被视为皇室栽培的殊荣。如果我们所得的关于该地的图景具有代表性，那么必须下这样的断语，即皇室对土地的所有权在阿非利加的重大发展中无足轻重。

　　该地所发现的铭文[6]已经多方探讨。对所描述的阿非利加帝国方式而言，它们令人关注，即使我们大概无法用之来阐释别处的经济变化。其中提到了几种特别做法，例如属民臣服于财政官的统治，而非一些自治当局的管辖。这或许是广阔皇室田产的自然结果；但当私人地主买进整个城市的市区时，几个早期罗马居民的地

444

445

446

方城市会议可能日趋消亡。[7]这里在罗马制度中第一次出现徭役制度(corvée),强取佃户的个人服务,以作为租金的一部分。把这种做法和埃及运河的强迫劳动相联系,不足为据。更为可能的是,大地主获得整个市区土地时,就如所需那样,亲自监管道路和神庙修建,作为回报,将佃户以前亏欠公共服务的五六天劳动转为自用。[8]与旧做法截然不同,拿出部分租金用于奴隶很少而当地佃户较多的乡村,不足为奇。

这些铭文也昭示了特殊物权(emphyteusis)制度的出现。甚至在元首接管之前,一些英明的地主已许诺将粗糙土地的可继承的租赁权授予佃户,以供其在果园种植庄稼,以便激发更好的服务。土地免收租金,直到果园多产,如不成熟的树木之间生长的作物一样,小庄稼也不缴税。元首们起初接管时,这种做法受阻于只关注眼前利益的财政官和管理人。然而,哈德良巡游行省,驾临阿非利加之时,他深知大量极为粗糙无法播种的土地,或者由于长年种植庄稼肥力损耗的土地,可以种植橄榄或葡萄,获得盈利。他深知图密善颁发禁令的着眼点,不希望鼓励葡萄栽培。于是他发布一个决议,显然适用于整个行省,规定栽培未利用或荒废的土地合法,事实上按上文列举的条件。如果该决议确实适用于整个行省,一定产生极其广泛的影响,与其说适用于管家阻碍佃户用之取利的皇室地产,不如说用于居无定所的游牧民据为牧场的广阔地域。失去土地的恐惧导致这些部落开垦耕地。是否以该决议作为威胁,地主从游牧民那里获得土地,我们不得而知。当然,地主并不急于直接适用该决议,并种植果园,理由是最终不得不向国家支付全部租金,水果的1/3;但他们可以告诉游牧民,意欲如此而为,由此恐吓后者卖掉其交贡金的土地。这说明公元2世纪努米底亚部落中的私人种植园扩大。[9]国家收入当然主要得益于这种安排,原因在于地主认识到任何土地如若超过两年未种,反过来将丧失对它们的权利。我们可以深信,那时哈德良关于未开发土地的饬令(De rudibus agris)是促使农业和物质丰裕的原因。

在迦太基南部,古老、自由的腓尼基海岸城市,整体上似乎稳定。一些他们在共和后期所拥有的贸易,现在转到迦太基,加之腹地狭窄,收获不丰。可是,它们的贸易发达,以致其中几个在奥斯提亚的船运办公处设立官署。[10] 距水域边缘 15 或 20 里的地方,海岸大部种植橄榄树(气候适宜时,也种一些小麦)。由那里向西 50到 70 里范围,仅有无用的荒地,除了冬天的雨季期间,来自山脉和绿洲的游牧民驱赶畜群去吃 3、4 个月的草。[11] 西方是一个高原,由西卡城延伸到泰勒普特,那里雨水略多一点。更为重要的是,在该地,流域里的底层土带来大量水分,如果最初几个夏天精心灌溉树木,足以确保橄榄收成上佳。罗马人到来之时,该地受游牧民控制,[12] 而到公元 2 世纪罗马占领之时,大型橄榄树果园由马克塔里斯往下,延伸至苏菲斯(Sufes)、西里乌姆(Cillium)、苏菲图拉(Sufetula)和泰勒普特(Thelepte)。这些城市蒸蒸日上,村庄和道路边密布豪华别墅。在苏菲图拉和西里乌姆之间的地区,1000 个橄榄压榨机的遗迹已然面世。

可是,今天苏菲图拉的居民仍不足 100 人,周围是难以形容的荒凉。要发现这里罗马土地成功的原因,并非易事,但情形与此类似。似乎政府的机遇而非声望值得颂扬,那时无人知道这个南部高原的土壤值得栽培。因遭致盗匪活动,罗马人起初只尝试停止移民。鉴于以前并未处理过此类贫瘠地区,他们并不理解迁移的原因,而且作为罗马人,他们也认为文明意味着固定住所及耕种土地。公元 14 年,提比略的军队建造一条军事道路,以备将要建立秩序的军团所用。道路始于海洋南部的冬营塔卡普(Tacape),向西延伸到卡普萨(Capsa)绿洲,往北经由高原,抵达阿麦达拉(Ammaedara),那时耕地边缘附近的夏营。这条道路阻断了来自西部山脉和南部沙漠的移民。盖图里亚人(Gaetuli)和穆苏拉米人(Musulamii)的游牧部落勃然大怒,于是在塔克法里纳斯(Tacfarinas)[13] 领导下,于公元 17 年爆发了一场普遍叛乱。战争采用游击战,在沙漠中持续 7 年之久,结果塔克法里纳斯阵亡。那时一些游牧民西迁,按祖先的传统方式生活,而其他人接受配给的土地,承诺和平生活。由于固定住处需要新资源,加之此地几乎是不

449

450

451　毛之地（没有生长粮食），当地人大概引进了橄榄栽培。阿麦达拉的夏营周边，一个殖民地发展壮大，以供应士兵，而凡是有水的地方，由哈德鲁密敦（Hadrumetum）起始的直路上的人流创造了村庄。营地的罗马老兵定居在土地似乎有回报的地方，而腓尼基人从海岸城市前来，努米底亚人给前两者提供劳动力。[14]来自迦太基和意大利的罗马人知道这个新殖民地后，适时投资于土地，并从周围城市雇佣熟练的管理人，开发种植园。在整个地区蒸蒸日上的一个世纪里，同样的故事在今天重演，法国扮演罗马的角色，阿拉伯人取代了腓尼基人，而柏柏尔人取代了努米底亚人。

　　这似乎是哈德良时代前罗马在阿非利加进程的典型例子。它鲜少关注当地人的社会或经济条件；它奉行古老政策，以习惯方式建立秩序，并获取税收。确实一些历史学家猜测提比略下派军队，清除当地人，为罗马的殖民者腾地方。公元1世纪的罗马政府是

452　否从经济或政治方面考虑，意义重大。鉴于土地贫瘠，鉴于此时尚未出现来自意大利的移民，鉴于苏菲图拉（Sufetula）和西里乌姆周边地区并未出现弗拉维（Flavius）时期之前的殖民证据，断定提比略时代战役的经济目的，并不明智。检验同样冒险的观点，即公元1世纪的政府试图通过将之变为城市居民，教化当地人，我们得出了一个类似结论。这样的假说完全缺乏证据。各地老兵获授土地，居于自治市的中心；其他地方，当地村庄变为城市，缘于罗马的军事道路使贸易两极分化，缘于移民停止时，必须耕种，而耕种适时又聚合部落。最后，在罗马人占有土地的地方，他们需要当地的承租人和劳动者，这些人自然向城市迁徙。总而言之，自然经济和社会因素发挥作用，而非政府的政治。最近的一些铭文昭示，政府实际上极少关注这一问题，甚至在公元3世纪，当地人的部落组织生活于西里乌姆和泰勒普特之间的新殖民地周边。[15]

453　在刚刚谈到的高原西部地区，主要正是西移的军队导致新殖民地的建立。[16]弗拉维时代，鉴于阿麦达拉南部的土地安全无虞，一个老兵殖民地——那时老兵主要是意大利人——兴建，而营地西移至努米底亚—迦太基城德维斯特（Theveste），该城控制富饶多产的高

原平原。在图拉真统治早期,营地再次西迁,又留下一个老兵殖民地。从弗拉维的征兵名单判断,该团体主要由已获公民权的亚细亚人构成。此城适时发展为行省最富庶的城市之一。军团也许在马斯库拉(Mascula)驻扎若干年,但不会长久。到公元 123 年,它在兰拜西斯(Lambaesis)永久居住,以保护努米底亚平原,抵御蛮族部落的袭击,后者隐藏于巍峨的奥雷斯山(Aures),沿关口由比斯克拉(Biskra)地区而来。这里,军团着手行动,在营地附近的提姆加德(Timgad)缔造一座样板城,兴建广场、神庙、剧院及一个图书馆,每个大门设有一个豪华浴池。[17]该城充当自立的驻军殖民地,以帮助保护流域,尽管雨水稀少,但它位于高耸且易守难攻的奥雷斯山,山脉提供了春季的水源,供给人民使用,甚至一些可用来灌溉——这是阿非利加余地鲜少的幸事。[18]这里的殖民者主要为阿非利加的罗马人,抑或是罗马化的阿非利加人,至少起初如此。从马可时代起,兰拜西斯的士兵与当地妇女通婚,其子加入军团,结果阿非利加的老兵逐渐为混血儿。由此,沿着军团的道路,文化西传;来自世界各地的士兵、阿非利加的罗马人及努米底亚人,受赢利机会的吸引群集于一个固定住处,共同促进了人口的迅速增加。

　　我们没有必要继续进行调查,已探讨的 4 个军团会解释在罗马和平下完成的安静却有效的工作。但我们不认为罗马的文明由此传播到各地,或者当地人心不甘情不愿,被迫参与其中。位于巴格拉达河和海洋的山脉鲜有人触及。当地游牧人民生活于此,奉行古老习俗。奥雷斯的部落同样如此,而一部分自高自大的古老穆苏拉米人部落亦复如是,后者生活在西卡和马道罗斯(Madauros)之间的山脉。甚至在繁华的城市附近,整个当地人部落,愿意接受租约或罗马人所提供的工作,与之和平共处,同时在酋长领导下保持古代组织,固守习俗和宗教,甚至就如现在法国的殖民地一样。柏柏尔人有一种神奇的能力,能够抵制欧洲文化的方式,与此同时又从中受益,服饰的变化并不意味着其游牧血统的改变。

　　如别处,罗马对阿非利加的渗透和发展进程缓慢,它仅仅坚持要求各地存在一些责任政府的外观。鉴于它并未从意大利分出殖

454

455

259

民者,而努米底亚人又一如既往,其策略极为成功。这些城市,如杜松林和芦苇草中所提的沙格、苏菲图拉、蒂斯德鲁斯(Thysdrus)、萨穆加迪(Thamugadi)【提姆加德的旧称。——中译者注】、西里乌姆、马道罗斯和其他壮观的公共建筑的遗迹,证明罗马的占领与迦太基大相径庭。上述城市市容整洁,排水设施完善,建造大量水塔。罗马人能够断定在每个特别的流域中,何种土壤适合耕种,何种事业能增加产量。尽管并未直接进行罗马化的尝试,尽管在这片广阔地区罗马人数量较少,但公元 3 世纪阿非利加诞生了罗马最为活跃的文学杰作,这表明罗马并未误入歧途。然而,另一方面罗马徒劳无功。努米底亚人信奉宗教,确实迦太基宗教满足了他们的需求。罗马皇帝的崇拜无立足之地,尽管罗马人为迦太基神——尽管使用罗马的名称——大量修建神庙——仅仅禁止人们奉献,但努米底亚人对宗教信仰的融合无动于衷。后来基督教完全迎合他们的需要,遍布阿非利加,较之其他任何行省而言,更为迅速,更为彻底。它本可能完成罗马化的工作,但遗憾的是该行省存在两种形式的信仰分歧,不甚开化的努米底亚人信奉异端形式,而恰恰他们最需要国家宗教的统一影响。之后我们要转向阿非利加及其后来的覆灭,那么我们会发现最终的灾难并非缘于罗马的自由放任政策,理由是相比强制而言,毕竟成就更为突出。

一直以来阿非利加主要生产原材料,且绝大多数用于国内。当地人及其主人——迦太基人和罗马人——都没有发展任何值得一提的工艺和艺术。无处不在的马赛克地板,曾让其引以为豪,后来又给在西班牙创立一个新设计学派的摩尔人提供了一些“曼藤花纹”,构想和技巧均很幼稚。阿非利加气候的变幻莫测限制了土壤的产品。北部葡萄到处生长良好,但是宰格万(Zaghouan)南部需要灌溉,且这个夏天河流不干涸的地区几乎鲜有春天。小麦也是宰格万南部一种不稳定的作物,甚至一如在迦太基平原一样,那里冬雨促成小麦的成熟,而炎炎酷夏禁止轮作庄稼,而这正是长期小麦种植所必需的。再往西,土地极不平坦,致使犁耕之后,受到大量腐蚀。结果相比于哈德良时代的繁荣而言,行省出产的小麦逐渐减少。另一方面,橄榄树因能忍受长期干旱,肯定显著增加。在北部,山坡也引进橄榄树,而小麦甘拜下风;在苏菲图拉周围高海拔的流域里,它能够利用年生植物所能达到的湿气层,而在哈德鲁密敦周围,它得到上一年春天积累的雨水灌溉,水分准确流入根部,以便度过夏天。[19]在斯法克斯(S fax),尽管每年雨量仅为 20 厘米,但阿拉伯人了解气候的秘密,每棵树能轻易出产 15 加仑油。迦太基人已掌握这种方法,但正是在罗马人治下,橄榄栽培首次引入内陆的草原。该行省的产品[20]还有无花果、来自绿洲的椰枣、羊毛、染料、鱼、一些用于制作橱柜的珍贵木材、象牙和优良的锡米图的努米底亚大理石。可是,出口不甚重要。上述城市人口与日俱增,吸收了绝大多数产品。尼禄时代,罗马从该行省提取 1000 万蒲式耳小麦,以供己用,大概直到 3 世纪均是如此。鉴于今天北非农业不甚发展,却出产大约 15 倍的谷物,该行省的负担本不可能沉重,但必须牢记大量小麦并非来自税收,而是来自皇室地产的租金。

458

因古代遗址鲜少发掘面世,罗马的西班牙依然是一个谜。由于一些缘故,除了罗马兴建的几个城市之外,西班牙城市没有呈现罗马的阿非利加所见的图景,另一方面也并未如高卢那样出现豪华的乡村别墅。然而,我们知道在南部和东部,耕种中心产量丰富,拥有诸多人口稠密的城市,商业活跃,甚至不甚多产的中部高原繁荣兴盛。贝提卡与纳尔波高卢一样迅速罗马化,且早于阿非利加,但相比二者而言,皇帝征税较少;事实上,与两个行省一样,在几个朝代之中,贝提卡并未推行元首崇拜,原因在于它极为开化,而不宜采取强迫;甚至在阿非利加和中部高卢远未做好准备时,韦帕芗已授予其余各个西班牙城市拉丁权。鉴于在高卢和阿非利加之前,西班牙已光荣地参与罗马文化良久,而到高卢和西班牙成为文学创作的中心时,它不再发挥作用,奥秘越来越玄。

459

至于西班牙的繁荣,尤其是南部,毋庸置疑。在此方面,任何行省都不曾如西班牙一样,受到普林尼、梅拉(Mela)和马提雅尔的高度赞誉,他们对西班牙了如指掌。罗马古代码头附近的特斯塔奇奥山（Monte Testaccio），21 是一堆双耳罐的碎片堆，其中西班牙产品，主要是酒、油和加工鱼肉，运送到罗马。此堆高 150 英尺，周长半里。它是西班牙生产力的有力证据，鉴于在整个西部行省，碎片带有相同标识，我们知道相同产品大量远销英国、荷兰和德国。

460 中部平原的大量羊群22 提供了羊毛，用以向诸如科尔多瓦和萨贡托（Saguntum）等城市出口；北部地区的亚麻———一个古老工业———在塞塔比斯（Saetabis）、恩波里亚（Emporia）和塔拉克（Tarraco）预制，以满足罗马的行家；西班牙的比尔比利斯（Bilbilis）和托莱多（Toledo）钢刀口碑最好；来自干旱荒地的茅草大量出口，以用于制绳和草席；西班牙的马匹和绵羊均为良种；西班牙南部水域的渔业公司，从国家购买特许权，生产罗马人所能找到的最上等的"鱼酱"。最后铁矿、铅矿、铜矿、锡矿、银矿、水银矿和金矿，23 依然是古代世界众所周知最为多产的。这些矿山依然归于国有，但若从阿尔茹斯特雷尔（Aljustral）的铜矿规章及其他铭文来判断，它们主要

461 由西班牙的承包人管理，税基50％，并供养西班牙工业。这样的繁荣本应在艺术中留下大量证据，但迄今为止我们所见不多。或许缘于这些重见天日的遗迹不具有代表性，或许缘于早期科尔多瓦文化的出现，也或许缘于韦帕芗敢于将拉丁权授予整个西部牙行省，所以我们高估了西班牙的文明。

韦帕芗的行为与其说是承认一个高级文明，不如说是在决定豁免意大利的兵役之后，建立一个军团征兵地的必要步骤，这种猜测似是而非。一个人能到何处为意大利外的 30 个军团征募兵员？确实，迄今为止征募拉丁人加入军团，并不多见，但大概已经肇始，我们知道今后西班牙提供了更多的军团兵，而非辅军。24 与此同时，韦帕芗未将恺撒时代的老拉丁殖民地提高到全权公民的地位，似乎极为奇怪。拉丁权的授予意味着城市自治共同体形成，如那些拉丁城市一样，他们颁布城市宪章，从所发现的新宪章的 2 个残片判断，我们知道他们仍奉行常规惯例。25 这一过程是否必然在西北

462 的山区部落实现，不得而知。这种将乡村和放牧地区"归属"于城市中心的做法已自由推行，如果一些"城市"后来消失，大概不会出

现任何棘手问题，只要部落酋长注意支付税收。巴斯克语仍用于
北部西班牙的广大地区，告诫我们不要过分相信韦帕芗的惯例。

我们已提到西班牙鲜有皇室田产的证据。在公元前 49 年和公
元前 45 年的两次战役期间，朱利乌斯·恺撒没收了援助其敌人的
城市领土，显然用以报答友好城市，移植老兵和城市被释奴；在打
败路西塔尼亚（Lusitania）之后，奥古斯都占据其领土，以设立殖民
地，主要是老兵殖民地；提比略没收了谢拉莫雷纳（Sierra Morena）
的马略矿山，如斯奇比奥（Scipio）从迦太基夺取的矿山一样，矿山
仍然是国有财产。尼禄的没收牵涉一些在西班牙拥有土地的罗马
人，但加尔巴（Galba）似乎已将之出售[26]。在塞维鲁之前，皇帝的财
务官大概并未管理该行省的农业地产。然而，报仇心重的元首，扩
大了这里的浩劫，就如在意大利和高卢的所作所为；从他们的时代
起，我们可以认为西班牙开始衰落。

概括所知的塞维鲁之前西班牙的微不足道的情况，我们似乎发
现在罗马开始殖民之前，南部极为开化，当地人的开发富有成效，
以致相比于阿非利加或者亚细亚，少有罗马人在这里占有一席之
地。目前，内战需要一些殖民地，于是奥古斯都又在西班牙安置诸
多老兵。战时的罗马令人影响深刻，早期居民的后代分享了罗马
本身的政治和艺术传统。[27] 令我们吃惊的是，之后影响开始衰退。
显然被释奴和老兵融合到当地人之中，而非创造文化中心，帝国期
间，罗马的新移民数量太少，难以延缓衰退。确实，拉丁语传播；贸
易中的利己主义和返乡的西班牙老兵的演说将之贯彻到底；甚至
在了解拉丁语的西班牙人中，鲜有人深入表面之下研究；除了教会
手稿外，西班牙未有其他古代手稿幸存，除了如部分由罗马人建造
的埃默里塔、塔拉克和伊塔利卡的老城之外，鲜有著名的公共建
筑、神庙和剧院的痕迹。在此方面，西班牙不及阿非利加，那里定
居的罗马人更多。尽管统一人民，建立和平，确保了极大繁荣，但
较之腓尼基人、希腊人和迦太基人在其时代取得的成就，罗马并未
深刻地渗透到伊比利亚文明之中。从各支外国人民中，伊比利亚
人借用了有益于安逸和物质繁荣的技艺，但对于其他技艺，他们完

463

464

整地传承下去。

纳尔波高卢繁荣富足。远处野蛮的凯尔特人学会定居生活,使用南部餐具,喝酒、花钱,并以抵押借来更多钱款。这个古老行省不久后就知道,为广阔市场进行生产和供应,并利用银行存款,有利可图。果园和葡萄园获利丰盈,因中高卢气候寒冷,不适合水果种植。大农庄如雨后春笋般涌现于普罗旺斯和萨沃伊流域,那里是水果生长之地。[28]奥弗涅大量存在的陶器和玻璃厂,供应新市场的需要,而大型贸易城市,如纳尔波和阿雷拉特迅速发展。纳尔波将地中海的商品运输到阿奎塔尼亚和西部海岸,而阿雷拉特取代马赛,成为罗纳河交通的港口。[29]作为一个更为古老的城市,加之拥有稳固客户,纳尔波起初发展壮大,但不久之后阿尔勒凭借其超凡的优势,独占鳌头。事实上,阿尔勒吸引了诸多聪明的被释奴商人和银行家,雇佣凯尔特工人进行河运,也利用精于凯尔特贸易的马赛商人。它变为一个繁忙、富庶、难看、多语种的港城,那时如今天一样,其巨大的圆形大剧场最为与众不同。农业城市,诸如尼毛苏斯(Nemausus)(尼姆[Nimes]),阿劳西奥(Arausio)(奥兰治)和维也纳也繁荣兴盛,但发展更为体面,能够从容地创建未来。尼姆的方形住宅是罗马世界最令人满意的神庙之一,运输尼姆水道的加尔桥依然极为引人注目,奥兰治的剧场依然是西方最大的剧场之一。

对于寻找罗马政府的温情主义和传教士精神之人而言,凯尔特高卢的历史[30]做出了不可思议的解读。无论如何,在高卢,一个人几乎无法提及"文明化、城市化与罗马化政策"。在恺撒征服之前,大概众多高卢人生活在城市或者乡村团体之中,而一个半世纪以后人数减少,缘于凯尔特人奉行部族主义,喜欢团体生活。恺撒袭击和摧毁了诸多大城镇的集市,以几个集镇取而代之,但这些城市无论如何也无法恢复昨日芳华,元首也不鼓励高卢的城市建筑。罗马人仍然相信地主舒适地居住在农场之上,一如辛辛纳图斯时代一样。为了政府考虑,奥古斯都承认这些市镇组织,而未要求建立一个城市机构。在其看来,如果愿意的话,部落长者能够在任何树林或路边集会,通过法令,只要他们注意支付部落的税额。后来,他授给一个部落的成员以拉丁权或者公民权,但未试图为该"自治市"确定一个城市中心。令人吃惊的是,高卢人聚合极为迟缓。原因或许是原来作为贵族统治者的高卢地主,曾在政治举足轻重的时代需要团体生活,而现在将所有利益集中在地产及其最喜爱的狩猎活动上,故此偏爱住在自己的农场,与赛马和佃户同住。

菲斯泰尔·德·古朗士(Fustel de Coulanges)[31]很久以前就指出在罗马帝国中,高卢成为庄园主宅邸的土地,而非城市土地,他夸大其词地说现代 9/10 的高卢城带有高卢—罗马农场的名称,而非早期村庄的名字。这一事实意义重大,从其时代起维拉的发掘证明他所言不虚(与事实相去不远)。格雷尼尔(Grenier)已描绘了大量庄园房屋的遗址,报道在 10 平方公里范围内梅兹(Metz)附近有 53 个遗址,一些遗址规模宏大,占地达 2 英亩。鲁昂(Rouen)附近和阿洛布罗热(Allobroges)乡村中同样数目繁多。莱茵河附近的梅兹以北,遗址约隔 2 英里出现,带有不可思议的一致性,这可能意味着边境沿线的友好贵族获授没收土地。任何地方都有遗址,而在某些富裕的地区,遗址富丽堂皇、引人注目。图卢兹(Toulouse)上方的吉拉甘(Chiragan)的一个遗址,占地 6 英亩,拥有马房、储藏室、工作房、浴池和亭子。类似于我们所知的中世纪的情况,这些别墅发展为自立社会,拥有佃户和奴隶所住的房屋,甚至有时给社会提供一座神庙、一所学校和一个剧场。他们成为文化中心,而且由于贵族对他们的图书馆感兴趣,公元 4 世纪期间,较之西方余地,高卢的古典文化发展更为活跃。我们常听说公元 1 世纪期间高卢的大笔债务。据称,早期时代地主可能大兴土木,改善农庄,结果入不敷出。显然他们后来居上;这块土地富饶,新近开发,与南部的接触教会他们成功种植葡萄和水果,而商业将他们的粮食、羊毛和牲畜带到有利可图的市场。对于同时代的意大利而言,诸如奥索尼乌斯(Ausonius)、西多尼乌斯(Sidonius)和阿米亚努斯(Ammianus)之类的作家对庞大财产的偶然记述[32]一定读起来

467

468

像童话故事。

尽管农业是高卢的支柱，但并非唯一的收入来源。卢格都努姆（Lugdunum）（里昂）成为沿罗纳河运送的商品的分配中心，也成为出口产品的仓库，商人不久就控制了进出贸易。到哈德良时代，里昂轻易胜过普罗旺斯（Provence）城。作为联合政府驻地，它也成为高卢首要的家园和胜地。边境驻地及 7、8 个军团和无数辅军的营地，沿莱茵河沿线开始了活跃的贸易潮流。高卢获准为这些营地提供武器、装甲、马匹、粮食和衣服。这些项目宏大，理由是国家后来控制装甲时，我们发现了亚眠（Amiens）、苏瓦松（Soissons）、兰斯（Rheims）、特里佛斯（Trêves）、梅肯（Maçon）和斯特拉斯堡（Strasbourg）的工厂。不但士兵需要供应。到公元 2 世纪，军团日益固定，士兵们经常成家，而城市发展壮大到营地之外，以安置其家庭、商人和营地的随从。以此方式出现于边境沿线的新商业在特里佛斯[33]的铭文和遗迹中显而易见，该地在里昂沦为废墟时，成为主要的分配中心。在这里及诸如诺维奥马基（Noviomagus）的周边城市，我们发现了一组自命不凡的奇特墓碑石，这些墓碑石属于暴发户商人、日耳曼人、东方被释奴、凯尔特人、罗马人和行省人，他们在其所从事的商业中大获成功，以致必须在墓碑石上显示富裕的证据：装满了酒桶的内河趸船、装载布匹的架子、水果货车、钱袋、账本和堆满了钱币的柜台。高卢确实繁荣兴旺。

我们发现在早期帝国，东方境况迥异。希腊长期是不毛之地。波里比阿（Polybius）[34]伤感地谈到公元前 2 世纪人口迅速减少。由于长期密集耕种，加上陡峭山坡的腐蚀，土地肥力耗尽，而贸易已随着亚历山大的征服向东推进，之后随着罗马掌权，向西发展，富有的地区购买希腊人用于工农业的奴隶，并且随着贫困的增加，独身生活和遗弃孩子成为普遍现象。如斯特拉波所示，衰退缓慢进行。[35]在其时代，阿卡迪亚（Arcadia）回归放牧，绝大多数伯罗奔尼撒城市沦为废墟；只有由被释奴殖民的商业城市科林斯，一派繁荣景象。普鲁萨（Prusa）的狄奥、普鲁塔克、波桑尼阿斯（Pausanias）和阿普列乌斯（Apuleius）作品的偶然记述，显示了帝国期间境况并未好

469

470

转。雅典保持了相对繁荣的外观,一方面归因于元首和廷臣的救济礼物,后者得到难看的纪念雕像,以作为公共建筑的回报,某种程度上也归因于旅行者和学生的花费,但大多数雅典的古老贸易和工业已一去不复返。在整个希腊少数精明之人利用农业的衰落,集中废弃土地,用于放牧和橄榄林。其中一些人发了财。但是,公元前 3 世纪的铭文经常提及公共施舍减少,加之繁荣地方经常出现的皇室地产相对稀少,显示希腊并未复原。普鲁塔克声称在其时代整个希腊无法组建一支 3000 重装步兵的军团,无疑夸大其辞,但甚至详加推理之后,这一论述仍然意义重大。 471

　　亚细亚稍微幸运一点。在帝国前 2 个世纪,罗马逐渐将远达亚美尼亚(Armenia)的公国归于她的直接政府治下,而当边境东移时,军事道路随之延伸。由尼科德米亚(Nicodemia)到安卡拉(Ancyra)的北部道路[36],推进到梅利泰内(Melitene)【马拉蒂亚的旧称。——中译者注】,并有一条岔路通往尼科玻里(Nicopolis),而支路延伸至中部卡帕多奇亚,北达黑海。同样从以弗所—叙利亚道路修建几条支道,一条南至西里西亚,一条北达卡帕多奇亚。这些道路的里程碑上最常提到弗拉维元首、图拉真和塞维鲁。所有这些活动导致经济出现诸多变化。内部的贸易受益,由于各个村庄和丘陵的气候大相径庭,作物歉收通常受限于地区,而良好的交通消除了它们的灾难性影响;几个城市的工业能够从更为广阔的地区得到原材料。从各个铭文[37]中,我们知道衣服、织锦和染色工业仍然发展良好,斯特拉波提到诸如劳迪西亚(Laodicea)、费拉德尔菲亚(Philadelphia)和锡亚蒂拉(Thyatira)【阿克希萨尔的旧称。——中译者注】的古老亚细亚城市的工业如火如荼。随着道路的修建,人口稍微流动。一些古老城市衰落,并非缘于安纳托利亚 472 经济上遭受损害,而是缘于新道路吸引人民迁到环境更好的地方。许多村庄吸收大量人口,来赢得自治市特权,这并非因为罗马政府尤其支持大城市的发展(确实元首们似乎偏爱乡村的辅军士兵,而非希腊化城市的城市人口),而是因为便利交通的开辟自然导致人口集中。然而,我们不能过度强调这一重新调整。中部安纳托利亚的乡村人口似乎喜欢古老的开放生活,休闲的农业和放牧也如故。外国商业没有大大扩张。以弗所、塔尔苏斯(Tarsus)、塞齐古(Cyzicus)、尼科米底亚(Nicomedia)和西诺普(Sinope)都从罗马领土的扩大中受益,四处发现的铭文提到来自这些城市的商人,但此类商人不得不做适量生意。在亚细亚,我们在任何地方均未听说大规模的资本主义生产。发掘[38]显示以弗所拥有极其豪华的罗马公共建筑。甚至公元17年的灾害性地震之后,萨迪斯(Sardis)的一些繁荣证据,诸多城市的浴池、门廊和水道均出于这一时期。可是,普林尼的信件说明[39]城市间的有害竞争导致他们入不敷出,借

473　钱建造,一个人一定不能通过这些建筑的程度来估计他们的繁荣,建筑有时并未充分反映上层建筑。

　　在小亚细亚,各个社会阶层的经济条件至今仍然无法明确界定。到处,我们听说家财万贯的地主,其中不但有罗马人,而且有希腊人和当地人。在整个国家,古老的阿塔利领地发展为大庄园,其中乡村人口给缴贡金的富有地主当自由佃户,完全可能。当然如以往一样,这些城市拥有大量附属村庄,这种体制得到罗马的大力支持,理由是她在阿尔卑斯、高卢、西班牙将"村庄"归于城市,以便减轻中央政府的工作。但根据普鲁萨的狄奥,显而易见村庄居民要求拥有各自城市公民的全权。罗马不太关注是否授予上述权利。在皇室地产上,罗马按该国习俗对待古老村民,视其为终身受益人,如果他们看似如此,那么费拉德尔菲亚附近发现的铭文很典型。[40]塞普提摩斯时代,几个团体抗议士兵的无法无天时,不但谈到自己出生在这块地产上,而且声称其祖先也是那里的佃户。那时,

474　那些地产中未见任何类似于农奴制的证据,但我们的证据不足。

　　另一个当地人的团体,或者说几个不同的团体,出现一个特殊问题。许多神庙拥有大土地,使用寺庙奴隶(hieroduli)耕种;例如神圣的奴隶或者农奴。例如,在斯特拉波时代,卡帕多奇亚的科马纳(Comana)[41]及本都的科马纳神庙,每个拥有约6000名寺庙奴隶。其中,一些人是神庙奴隶,一些人是神庙妓女,后者或许也是奴隶。但是,耕种这些土地的人无疑为农奴。当罗马建立自

己的政府,管理本都和卡帕多奇亚的地产,并任命祭司时,罗马的总督不得不决定这些农奴的地位,罗马法中没有农奴的容身之地。在这样的例子中,结果如何我们不得而知,但大概结果各异。如果该国的此种做法得到认可,那么如我们所知公元 4 世纪其他地方一样,罗马会承认一个准农奴制。然而,在潘提卡(Pontica)的科马纳,寺庙奴隶本可能已被归类为自由佃户,理由是后来此地出现一个自治市。在其他例子中,寺庙奴隶大概被归类为奴隶。在皮西迪亚的安条克附近的阿明塔斯神庙地产中,斯特拉波[42]声称总督废除古代命令,由于我们知道该地的人民后来获得了安条克的公民权,或许他漠视寺庙奴隶(斯特拉波如此称呼他们)的卑贱条件,并把之归类为神庙农场的自由佃户,神庙农场转变为——显然立刻——皇室地产。罗马在安纳托利亚采用农奴制到什么程度,或者说多快,我们至今仍不能断定。通过归纳一二个含糊的例子,难下定论。[43]很可能,亚细亚开创先例,以致后来盛行将佃户固着于土地之上。

475

原注

1 Caes. *Bell. Afr.* 97;Plut. *Caes.* 55,恺撒也获得的黎波里的橄榄油税收;Gsell, *Rivista Tripol*, I, p. 41。

2 Josephus *Bell. Jud.* II, 386(公元 64 年)。

3 *Inventaire des mosaiques.*

4 Frank, *Inscriptions of Imperial Domains*, Am. Jour. Phil., 1926, pp. 55 and 153.

5 萨尔图斯·布伦尼塔图斯的佃户自称当地农民和受监护人 C. I. L. VIII, 14464。在提格尼卡,萨尔图斯地区的村庄,在致萨图努斯的约 300 个献词中只记载两个居民。见 Tougain, Cultes Paiens, vol. III。

6 C. I. L. VIII, 14464, 25902, 25943, 26416。对其最为详细的研究见 Rostovtzeff, *Röm. Kol.*,但美中不足的是出现一个错误倾向,即从托勒密的统治时期得出阿非利加的习俗。Carcopino 在 Mél. de Rome, 1906 中的文章颇有价值。Van Nostrand, *The Imperial Domains of Africa*,对该

铭文做了一个恰当的翻译,但不完全可信。

7 在意大利,帝国的科洛尼长期归于自治市的管辖之下,Front. *Contr. Agr.* II, 53。

8 恺撒关于乌索的科洛尼的宪章显示城市居民奉命花费几天时间,建造道路和要塞;Cf. *Am. Jour. Phil.* 1926,167。

9 甚至在当地部落中间,也有大量私人地产;cf. 在穆苏拉米人中间由一个罗马元老所拥有的萨尔图斯·贝古恩西斯(C. I. L. VIII, 25946)。

10 Calza,*Bull. Com.* 1915,75 and *Guida di Ostia*,p.106。名字幸存的有萨布拉塔、西莱克特、库路比、古米、米苏亚和希波发货人的驻地。

11 这里小麦在丰年成熟。在斯法克斯,现在采用特别的栽培方法,橄榄运送 50 里到内陆。雨量如下:斯法克斯,20 厘米;苏塞,30 厘米;突尼斯,40 厘米。从罗马时代起气候始终如一。

12 马略行程 9 天,经由未犁耕的国家,从拉雷斯抵达卡普萨(Sall. *Jug.* 91)。在恺撒时代,由于该地强盗横行,人们需要在隐藏的地下室储藏供应品,*Bell. Afr.* 65,甚至那时蒂斯德鲁斯是一个小城,*Bell. Afr.* 97。Toutain,*Cultes Paiens* III,显示古老崇拜扩大,远达马克塔里斯;在高原边的城市南部,崇拜属于罗马世界。奥古斯都对该地进行勘察(Bartel,*Bonn. Jb.* 1911),规模远超高卢或埃及,目的并非为了殖民。

13 与塔克法里纳斯的战争,Cagnat,*L'Arme Romaine*² I,公元 14 年的道路,见 De Pachtere,*C. R. Acad. Inscr.* 1916,273。

14 弗拉维·尤昆杜斯,显然由一个弗拉维皇帝授予公民权的老兵,是西里乌姆的第一批居民。他适时抢夺一条小水流,并通过灌溉种植葡萄。该地的其他铭文记载了努米底亚出身的公民的名字。腓尼基的崇拜也很早出现。这将解释高原地区居民的一般类型。诸多殖民者,不管出身如何,娶了当地妇女。

15 Cagnat-Merlin,*Ins. Lat. Proc.* 102,103,C. I. L. VIII,23195;公元 3 世纪在泰勒普特和西里乌姆之间的穆苏尼;Mesnage,*Romanisation de L'Africa*,p.176。

16 Cagnat,*L'Arme Romaine*。关于德维斯特见 Gsell,*Ins. Lat. Alg.* p. 286。军队在德维斯特所制造的砖日期出于公元 81 年和公元 96 年之间,但是这一职业可能持续更久。

17 Ballu,*Guide de Timgad*.

18 关于这一地区的灌溉，见公元 3 世纪兰巴斯巴的铭文（C. I. L. VIII, 18587），其中规定了每个人可以用水的时间。

19 关于阿非利加行省各部作物对气候的适应，见 *Am. Jour. Phil.* 1926, p. 55。

20 Charlesworth, *Trade Routes*，关于出口。Pliny, *N. H.* 15, 69，无花果，那时阿非利加新近引入的新品种，罗马也有大量需求；以及曼奇亚那法，C. I. L. VIII, 25902；普林尼描述了加贝斯绿洲的一个花园，*N. H.* 18, 188；蔬菜和粮食种植于葡萄之间，石榴之下，而上面依次种着无花果、橄榄树和蕃枣；稍微有点夸大其词。Dyes, *N. H.* 30, 45, and 5, 12；Strabo 17, 3, 17, Pliny, *N. H.* 31, 94；大理石，锡米图的铭文。一个罗马铭文记载了一个商人协会，后者进口阿非利加的粮食和油 C. I. L. VI, 1620。

21 C. I. L. XV, pt. 2 及德利赛尔的介绍。这个带有日期的铭文出于大约公元 140 年和公元 225 年之间。但是这个土墩的中心无疑有一个世纪的历史。来自这些帝国领地的铭文直到公元 3 世纪才出现。罗斯托夫采夫的假说（*Staatspacht*, p. 425；*Soc. Econ. Hist.* p. 533），即这些罐主要盛装来自帝国土地的商品，没有得到证明。在西班牙的土地上，Pl. 15, 1 and 17, 17, 31. Reid., Rom. Munic 已注意到西塞罗在 *Pro Arch.* 26 中提及科尔多瓦的油。

22 生产和商业，McElderry in *Jour. Rom. Stud.* 1918, 94ff；Schulten, *Hispania* in Pauly-Wissowa. 羊毛，Strabo, 3, 2, 6, Col, 7, 2；亚麻，Pliny, 19, 10 cf. Catullus 12；钢，Pliny, 24, 144 - 149；Hor. *Odes*, 1, 29；茅草（芦苇草）Pliny, 19, 30；马匹，Pliny, 8, 166；鱼和鱼酱，Strabo, 3, 1, 8；3, 2, 6；7；3, 4, 2；3, 4, 6；Pliny, 31, 94（一个鱼罐头的公司）。

23 Lead, Besnier, in *Rev. Arch.* 1920, 211ff. 主要是银矿的副产品；诸多用于公元 1 世纪意大利的水管；英国的铅更易开采，在公元 2 世纪抢占市场；铜，维帕斯科（阿尔茹斯特雷尔），见矿产法 C. I. L. II, 5181, Pliny, 34, 4；锡，Strabo, 3, 2, 9；3, 5, 11；Pliny, 34, 156；西班牙的锡船运远达印度，Pliny, 34, 163；periplus, 7；银，Strabo, 3, 2, 3；3, 2, 10；Pliny, 33, 96；34, 165；水银，Pliny, 33, 118；Vitruv. 7, 9, 4；黄金，Tac, *Ann.* 6, 19, Pliny, 33, 66, 78 and 80。

24 绝大多数西班牙的辅军大队似乎来自公元 1 世纪，Cheesman, *The Auxilia*，p. 62；授予公民权给西班牙的辅军的退役牌的缺乏，似乎表明公民权授予这些登记的拉丁人，如麦克尔德里所示，*op. cit.* p. 82。

25 Hardy，*Three Spanish Charters.*

26 在其公共地名单中，西塞罗（*Lex. Agr.* II，49-51）只提到新迦太基附近的古老迦太基的财产；加尔巴出售尼禄的财产，Plut. *Galba*，5 提到公元 3 世纪之前的贝提卡财务官（Hirschfeld，*Kl. Schr.* 570）可能管理国家矿山。*Vita Severi* 12,3 他用高卢、西班牙和意大利的皇室财产制造了大部分黄金。

27 例如，塞内加、卢甘、科路美拉、图拉真和哈德良的祖先。我们不能肯定地指出一个西班牙血统的人扬名罗马。

28 Lafaye，*Inventaire des Mosaiques de la Gaule*；陶器：Gummerus，in Pauly-Wissowa，IX，1488. Hermet，*Les Graffites de la Graufesenque*，1923；关于梅兹附近的陶工，*C. R. Acad. Inscr.* 1924,67。

29 Constans，*Arles Antique*，1921；这条马略沿罗纳河下游挖掘的运河显然扩大，结果大船能够上航，远达阿尔勒。

30 Jullian，*Histoire de la Gaule*，IV-VI；Cumont，*Comment la Belgique fut Romanisée*；Rostovtzeff，*Econ. And Soc. Hist.* Ch. VI；Reid，*Mucipalities*，p. 177ff.

31 *L'Alleu et le Domaine rural*（1899），p. 42；Grenier，Art，*Villa* in Darem-Saglio；*Habitations Gauloises*，1906；Koepp，*Die Römer in Deutschland* 关于莱茵河的土地。因为加尔巴惩罚特雷维里，接管他们的一些土地（Tac. *Hist.* 1,8 and 53），不久之后他们的 100 个长者逃到日耳曼，（*ibid*，5，19），罗马的公共土地一定归入该地区。这类土地大概与右岸的十一税土地受到同等对待（见 Klio，1924,253）。

32 Dill，*Roman Society in the Last Century.*

33 C. I. L. XIII，3633 ff.；Espérandieu，*Recueil de la Gaule*，vol. VI，Drexel，*Röm. Mitt.* 1920,83ff.（Rostovtzeff，Soc. And Econ. Hist. p. 534，n. 26 没有接受）。从叙利亚盛行的盖尼米德星象来判断，（Cumont，*After Life*，p. 159）伊格尔著名建筑上所纪念之人似为东方被释奴。

34 Polybius，37,9.

35 Strabo，8,8,1-2 and 8,6,23.

36 Charlesworth，*Trade Routes*，82；Anderson，*Jour. Hell. Stud.* 19，52ff.

37 C. I. L. III 在这些城市之下。

38 Reisch，Ephesus, vols. II and III; Butler，*Sardis*，I，p. 31.

39 Pliny，*Letters*，Bk. X.

40 Keil und Premerstein，*Dritte Reise*，1914，Nos 9，28，55.

41 Strabo 12，23，16 and 3，34.

42 Strabo，12，8，14；Cf. Ramsay，*Studies in Galatia*，J. R. S. 1918.

43 在 Rostovtzeff，*Röm. Kol.* 300ff 中对这一问题有高论，但其结论远非证据所能证明。关于附近叙利亚行省的商业，见 West，*Commercial Syria under the Roman Empire*，Am. Phil. Ass. 1924，159 - 189；Charlesworth，*Traderoutes*，2nd. Ed。

第 22 章　农奴制的肇端

研究了五个"好"皇帝统治的罗马政治史的学生,也许会有这样一种印象,即在他们治下情况尽如人意。但若深刻洞察这一时期的文化史,他知道这种印象谬之千里。例如,罗马文学随着塔西佗和朱文纳尔(Juvenal)而告结束。在之后的一个世纪,甚至没有出现第五流的拉丁诗歌或散文,没有出现一本入木三分的批评抑或哲学作品,没有出现一篇脍炙人口的原创散文抑或诗歌故事,甚至没有出现任何颇有见地的学术作品。精神活力和创造力似乎已消失殆尽。这是头等重要的事实,我们找不出任何历史时期,其间社会和经济环境良好的漫长时期,精神一直凝滞。故此,将晚期帝国的灾难完全归咎于公元 3 世纪的政治混乱,加之无力阻止之后的入侵,证据不足。似乎更为可能的是,这些灾难是政府无能的结果,因染上日益严重的疾病,可能又没有作出充分的诊断,结果在公元 2 世纪这种无能已出现严重症状。不但文学颓废,所有艺术也迅速衰落。雕刻家装饰马可(Marcus)的圆柱及塞普提摩斯的凯旋拱门,构图和技艺表现欠佳;后来奥斯提亚装饰壁画的主题和技巧稚嫩幼稚,到公元 3 世纪中期时,雕刻甚至不是出于优秀石匠之手。罗马的宗教生活也土崩瓦解。东方崇拜到处兴旺,而罗马神祇显然只在一些官方铭文上存在,或者在其名字仅仅用以代替非罗马涵义的地方。

在政治管理中,各处自治政府徒劳无功。图拉真不得不派出代理人到行省检查账目,纠正弊端,并给地方政府提出忠告,而哈德良将"督察"体制扩大到意大利本身的城市。法学中似乎仍有一些活力,原因在于对行省中与日俱增的公民适用和解释旧法律原则的任务要求才智出众。但是值得注意的是,尝试这一任务的法学家正是在罗马法中奠定帝国专制基础之人。显然他们不再信任人民深思熟虑或者英明管理的能力。

探讨公元 3 世纪时,我们就不得不谈到失败的农业,谈到生产和分配体制的瓦解,谈到货币贬值、苛重税收及所有伴随内外战争的经济罪恶,但与此同时,要牢牢记住,罗马人进入无能为力的不幸时期。公元 3 世纪,鲜有证据表明人们拥有曾经代表罗马人的特点:往日雄风,独立自主和自力更生的精神,应付新情况的能力,思维敏锐,永不言败。元首们不得不对付的野蛮入侵者,并不比库里乌斯、斯奇比奥和马略的手下败将强大;较之欣然投入于反哈米尔卡和汉尼拔的战争的资财,对罗马资源的合理消耗更少;这一时期的农业困难几乎不可能阻碍如加图之类的农民。事实上条件并未恶化,但帝国没有相同的人员,来力挽狂澜。

毋庸赘述前文所言,[1]我们可以再次声称,不探讨缔造罗马的古老血统销声匿迹,我们就无法理解帝国的经济衰落。共和国的扩大战争使人民付出沉重代价;阿非利加、西班牙、高卢和亚细亚所提供的新机会已使众多意大利人分散四方;专制已击倒了众多头面人物,迫使其他人迁移,并阻碍了家庭的生儿育女。取而代之,大量奴隶被带入中心,于是这些陌生人的孩子现在成为主宰城市及周边的支配力量。鉴于混合种族多次组成强大的民族,这些新公民适时与其所取代的血统相匹敌。然而,要有效融合多种成分,需要漫长时间,尤其是对进入公民团体的奴隶血统而言,他们惹人反感,处于社会弱势。较之通过广阔地区培养共同利益、民族自豪感和社会同情心,以促成民族团结而言,这需要多个世纪。当元首为困惑人民写出平等主义的教义时,他用希腊语书写。其书的内容和语言是对罗马文化遭彻底破坏的最好评论。对于偶然的观察者而言,罗马似乎依然欣欣向荣,但它是延续和平时代的薄弱繁荣,没有为日后的不时之需创造额外资源。

如我们已见,整个帝国情况不尽相同。在意大利,有征兆表明

农业共同体并不繁荣。韦帕芗停止在意大利招募的决定,图拉真
的乡村贷款、救济和在意大利的殖民,[2]哈德良对意大利自治市管
理的监督,或许都指向错误的想法,即如何保持帝国的中心强大,
以抵御将来的危机——一个本身完全值得颂扬的目标。可是,它们
似乎昭示这种衰落确实一目了然。家长式作风在罗马的管理中鲜
少如此普遍,以致超出需要。意大利的土壤长期密集耕作,尽管大
量土地有休养生息的时期,但各地一定已不可救药地过度耕种,无
疑要求更长的休耕时期。如法学家的偶然评论所示,佃户体制也
在公元 2 世纪传播,不在地主的佃户臭名昭著地无情对待土地。

由于奴隶的减少和行省生产的发展,工业已与资本主义事业背
道而驰。在社会上,这不利于意大利,因为与别处大同小异,意大
利的自由(或者被释奴)店主等级与生产者增加。我们必须认识到
有用的资金积蓄由此分散,而这种资金积累本可能在关键时刻对
政府意义重大。

我们也必须注意到政府比以前更广泛地扩大义务,提高税额。
在涅尔瓦和图拉真治下,大笔金钱(可能 1000 万美元)用于意大利
的救济。由涅尔瓦至哈德良时代,西班牙、阿非利加、高卢和多瑙
河国家、安纳托利亚和叙利亚大量修建道路[3],政府也资助城市进
行公共建筑,前从未有。大笔金钱当然也用于首都,如罗马、雅典
和迦太基,但数额不足。哈德良的传记作家声称他几乎美化了全
部帝国城市,所有行省的发掘均证明这种说法真实可信。民事服
务局也变得价格昂贵。在奥古斯都时代,元老和骑士在行省中服
役,不拿工资,元首自己的被释奴管理财政办事处,而现在一个日
益增大的骑士团体,薪金 10 万到 30 万塞斯退斯,由政府开资。所
有这一切均有利于提高效率,但预算大大增加,税收沉重。至今仍
没有怨声载道,但当下一世纪的入侵和内战到来时,没有所需的新
税收的盈余和利润时,则不然。当政府无法在关键时刻通过发行
公债获得资金时,也没有大富豪可供国家筹借钱款时,尤其需要
盈余。

在行省,形势不同。高卢发展良好,尽管不时反对税收负担。总体上,西班牙千篇一律地自满:中心和北部鲜少建造城市,洋洋自得于其古老又半野蛮的放牧和贫乏的农业生活,尽管有时抱怨征兵频繁;南部以税收向罗马输送了大量供应品。阿非利加繁荣兴旺,建造城市,并迅速扩大耕地面积,但我们必须承认塞维鲁对自己的祖国慷慨大方,是其繁荣的重要原因。亚细亚分享了一个扩大帝国的遗产,而叙利亚从与已被吞并的美索不达米亚及阿拉伯港口商业中受益。可是,埃及,显然不如以前兴旺,确实尼罗河的经常泛滥使埃及的大片地区变得肥沃,结果土壤一直产量丰富,但这决不能给整个行省带来繁荣。通过将运河延伸到土地之中,并疏浚运河,托勒密国王们和奥古斯都已在被淹没的地区之外,为农业开辟了广阔区域。如果能在尼罗河涨潮和退潮时得到良好的人工灌溉,那么土地每年能够出产两茬作物;因土地每年种植两种庄稼,国家倾向于征收更重的税收,[4]尽管耕作需要特别劳动。由于主人在作物之间有时间从事灌溉,合情合理。但自然限制了这样的精深耕种:例如,运河经常需要疏浚和修缮——并非总能实现,加之存于运河中一段时间的河水在水位上升之前,几乎没有保留肥沃的淤泥。结果,最终用于种植两茬作物的土地,肥料最少,经常恶化。我认为,公元 2 世纪和公元 3 世纪埃及对无用的土地及过度税收怨声载道,原因主要在此。[5]

马可·奥利略(Marcus Aurelius)之后,暴政和内战时期继起,结果瓦解了帝国的整个经济结构。康茂德(Commodus)(公元180—192 年)专断独裁,挥霍无度,浪费了国家资源,损害了国家士气。在其死后,经过几个月内战,阿非利加人塞普提摩斯·塞维鲁(公元 193—211 年)篡夺皇权,其统治半生致力于摧毁政敌和反对者。意大利、西班牙、高卢和亚细亚的广大地区充公,归入帝国版图。在这些征收中,诸多行省城市的头面人物倒台,而以前供养行省的大部分资源,现在直接上交罗马,供养君主宠爱的军队、朝臣和密探。只有其家乡阿非利加及皇后朱里亚·多姆娜(Julia Domna)的故里叙利亚,在某种程度上获得豁免,而在行省之中,几个友好行省获得意大利权,豁免赋税,这当然给其他行省造成更重的负担。他们品性不端的儿子卡拉卡拉(Caracalla)(公元 211—217 年),加之朱里亚的长侄埃拉伽巴路斯(Elagabalus)(公元 218—222 年),叙利亚的一个巴尔神祭司,继续使政府蒙羞,而继任的亚历山大·塞维鲁(Alexander Severus)统治无力,臭名昭著。

之后 50 年(公元 235—285 年),政府混乱,篡位频仍,内战连绵不绝,由此导致外族侵略,波斯人和日耳曼部落趁机入侵,进行劫掠。北高卢、巴尔干人及叙利亚毁于一旦。[6]这一时期,26 人登上皇位,绝大多数是蛮族人——伊利里亚人、达尔马提亚人,甚至阿拉伯酋长,腓力与其子,而多人试图篡位,结果以失败告终。每个篡位者依次发现国库空虚,而军队索要贿赂,以提供支持。为了获得必需的资金,他们实行货币贬值,强征财产税,放逐富人,没收财产,当这一切无法满足士兵时,他们不得不允许军队抢劫。这些内斗不是穷人对富人的政策性斗争,不是农民对城市的斗争,不是行省人对意大利人的斗争,不是暴君对怯懦又丢脸的元老院的斗争,也不是野蛮对文明的斗争;但如所发生的那样,当权威瓦解,不择手段的人立刻上台,财富,尤其城市中积累的易得财富,首先遭难,且始终如此。损耗达到如此程度,以至戴克里先获准表面上恢复一些秩序,此时帝国的经济结构分崩离析。

帝国资源最严重的损耗可能因前文所述的外国入侵而起。我们完全有理由怀疑,这是否会使一个恺撒或者图拉真绞尽脑汁,而且在罗马军队自相残杀时,因边境不设防,他们当然得到不同寻常的鼓励。由于后方紧张,此时东欧和中欧感到了大量人口流动的压力,无论如何罗马边境已感到吃力。正是在公元 3 世纪,高卢部落开始从南部俄罗斯西迁,而从莱茵河以北的各支日耳曼部落之中,强大的法兰克民族脱颖而出。公元 213 年卡拉卡拉不得不保护拉埃提亚(raetic)边境,抵御日耳曼人。22 年后,马克西曼(Maximin)不得不保护莱茵河,防守同一部落。大约公元 258 年,他们永久占据了十一税土地和北部意大利的山脉关口,致使半岛以后饱受袭击。与此同时,在被高卢的波斯图穆斯部队击退之前,法兰克人蹂躏了高卢和西班牙一部。

在多瑙河和黑海,哥特(Goths)人造成同等灾难。公元 228 年初战告捷后,他们一直威胁巴尔干行省,而其黑海舰队于公元 256 年、公元 258 年、公元 263 年、公元 264 年、公元 265 年、公元 267 年屡次入侵亚细亚或希腊,公元 270 年和公元 284 年之间再次入侵,不但造成大量财产损失,而且为了守卫之务,需要冒险分配部队。最后也是这一时期,野心勃勃的萨珊(Sassanid)波斯王朝征服了帕提亚人,进而威胁帝国。幸运的是,帕尔米拉(Palmyra)【泰德穆尔的旧称。——中译者注】在罗马保护之下发展壮大,有时能够成功充当一个缓冲国,但帕尔米拉本身过于强大,结果罗马不得不以高昂代价征服。

在经济史中,很难将上述毁灭性的战争放到适当的视角之中,尤其是因为我们对牵涉的部队,或是用于支付代价的方法,没有可靠的统计数据。对高卢、巴尔干以及亚细亚的侵袭所造成的财产损失,对于行省人而言极其严重,但最终由于收复莱茵河和多瑙河边境,得以复原。永久的十一税土地和达西亚(Dacia)的损失并未严重损害帝国金库。相比于同一时期内战的危害,士兵的损失或许不太严重。但是用以支付征募的雇佣军,供给部队的粮食、衣服和武器的无穷无尽的税收,一定被视为摧毁帝国资源的主要因素之一。如果能够长期分摊突发战争的费用,就如现在采取国家贷款的形式,结果本不会如此严重。然而,在这种情况下,每年灾祸的全部费用向那一年的纳税人收取,致使诸多纳税人钱财消耗殆尽,难以复原。一些历史学家坚持说公元 3 世纪的入侵和内战摧毁帝国,此言不虚。但他不能力主这些是主因。帕尔米拉的芝诺比阿(Zenobia)能够独立抵挡波斯大兵,波斯图穆斯掌握高卢资源,能够成功保护莱茵河,上述事实均表明高效使用的小部队本可能拯救帝国。

有必要详细说明这一时期的货币[7]、税收和农业的情况。奥古斯都实行一套精心筹划的货币体制,发行金奥里斯,价值 1 罗马磅的 1/40(今天值 5.4 美元),而银戴纳里乌斯比率为 12½。1 奥里斯兑换 25 个戴纳里乌斯。尼禄将奥里斯减少到 1/45 磅,并降低银币的成色约 1/10。这是贬值的肇端,但要迅速说明的是,由于供应明显减少,这种贬值可能代表了珍贵金属价值上的实际增值。无论如何,正是普林尼,尼禄的同代人,首次提到在印度贸易中大量黄金不再归帝国所有。图拉真(至少后来的戴纳里乌斯)及三个继承人的戴纳里乌斯含有大约 20% 的铜合金,而奥里斯仍然稳定。然而,辅币的价值再次逐渐减少 10%,大概并未导致市场出现明显恐慌,尽管商店不愿意接受法定货币,而在市场,戴纳里乌斯适时降到实际价值。由于奥里斯仍按照价值标准流通,在市场上进行必要的重新调整并非易事。之后,如我们从法学家那里所知,货币

489 继续贬值时,就黄金而论,戴纳里乌斯经常降低到实际价值。例如,大约公元 175 年,盖乌斯(Gaius)将罚款定为 1 万塞斯退斯[8](戴纳里乌斯那时为 7/10 银币),而 50 年之后著书立说的乌尔比安,认为数量相当于 50 奥里斯;另一方面,盖乌斯提到罚金数量为 100奥里斯,保罗(Paulus)认为数目等于 10 万塞斯退斯,而其著述的时代戴纳里乌斯仅约银币的 10%。如果法学家承认这些货币中实际的铜含量,我们必须认为银行家也如此。由此,市场不得不自我调整,但没有理由认为在卡拉卡拉时期之前,市场出现任何突如其来的震动,堪与一战后欧洲交易所承受的相提并论。

　　卡拉卡拉将奥里斯从 1/45 磅减少到 1/50 磅,由于戴纳里乌斯丧失地位,他发行了一种新银币,称为"安托尼亚努斯"或"双面戴纳里乌斯",但其中也有 15% 的铜合金。此后不久,内战造成金钱紧缩,贬值过程更为迅速,原因在于统治之初,每个新篡位者腰包空空,满筐义务。在 50 年混乱时期,银币的银含量从 15% 减到5%。50 年之后,硬币价值不到卡拉卡拉硬币价的 1/10。甚至如

490 此,贬值略高于一战后一些欧洲国家,而那里商业却成功渡过难关。罗马比现代国家更有优势,理由是那时国家或公司债券并未经常遭受贬值,而金奥里斯虽少见,但作为调整合同的标准,合法流通。甚至戴克里先在其著名饬令中承认贬值银币的实际价值,于是根据 1 磅黄金报价。有鉴于此,我们可以认为,每个新发行的

褪色的戴纳里乌斯逐渐在市场中找到真正的位置，没有造成严重后果，即使国家有时不得不采用强制，来停止交易中的投机。[9]

戴克里先和君士坦丁（Constantine）发行 1/72 磅的金奥里斯（苏勒德斯），也铸造旧的尼禄尼亚银戴纳里乌斯（9/10 纯度），合法流通备用款（folles）中的小铜钱，价值约 9 苏勒德斯，以暂时稳定货币。鉴于这三种金属的比率现在是 1∶18∶约 1800（例如，铜∶银∶约 1∶100），我们发现黄金稍微增殖，但戴克里先的市场价格单证明它仍是有用的价格标准。可是，此时鲜有资本主义事业，当税收主要以实物征收，甚至工资也以实物支付时，我们必须认为"自然经济"基本回归，鲜少黄金和白银流通，或有需求。我们的结论是，金属缺乏或货币贬值并非导致公元 250 年之前经济崩溃的重要原因，而是帝国的货币以总体上与政府和社会衰退相同的速度，一路衰退，贬值是遭难的结果，而非原因。然而，显然所有早期慈善机关的固定信托基金，如帝国的粮食供应，到君士坦丁时实际上微不足道。

尽管意大利免缴直接税收，但奥古斯都时期的税收合理又极为均匀。那一时代的政府仍接受大量无报酬的服务，由此除了保持和平的任务之外，鲜少花销。帝国期间，大量兴建道路和公共建筑；昂贵的民事服务局开支更为浩大，到塞维鲁时期军队增加到大约 40 万人，这些人的工资加倍，慷慨捐赠士兵的做法成为惯例。税收因此增加。确实，在绝大多数行省中，农产品的税收仍然是征服时期确立的税率。在此问题上，行省的抱怨主要归因于罗马人比其前任收税更为一丝不苟，调查更为仔细，评估更为完整，也归因于当过度种植或腐蚀导致土地不如以前多产时，难以获得减税。正是在这些城市，税收猛增，因为每当政府需要更多资金时，经常计划征收财产税、人头税、职业税和销售税，并强取豪夺。此外，政府不定期强加赋税。所谓的金冠，[10]起初据信是公民在元首登基时自愿赠予的礼物，逐渐成为常规要求，为此强收大笔规定数额，而在无政府时期，几乎每年都有新皇登基，负担苦不堪言。尤其在边境行省，政府古老的习惯要求更令人苦恼，即要给过路官员和行经

491

492

的军队提供食宿。在公元 2 世纪的和平时代,这种弊端或许不如共和国期间显著——甚至盖约·格拉古已唤起对该体制固有错误的注意。但是,当塞普提摩斯统治及其后危机浮现时,当身无分文的元首的常规供应部门倒台时,当士兵在行军时饥肠辘辘而无法无天时,这些捐助常常仅仅等于掠夺和抢劫。在此方面,尤其亚细亚和埃及[11]的文献数量繁多,倘若此时多瑙河地区和高卢同样如此的话,那么我们确定也有来自这些地区的大量救济请求。

这一服务的主题,[12]强迫性的无薪酬的城市服务,值得阐明。希腊和罗马政府,成立于铸币和预算的时代之前,已大量使用免费的市政服务。较之其中耗费的大量时间和金钱而言,城市服务更是一种荣誉,这种假想发展到这样的程度,以致在竞选官职时,竞选者乐于从腰包里掏出大笔金钱,资助比赛或者公共建筑。但在帝国期间,任何不断扩展的城市中都有大量任务,任务繁重,且不授予任何特别荣誉。在国家的城市服务中,元首为这样的任务设立了薪水,但自治市的预算并未给它们提供津贴。市议会(100 个十人长)仅仅指定人员,让他们自掏腰包承担,如监督城市的警察、供水处、档案局、道路修建、浴池供热,甚至要求他们支付城市必要的修缮开支。元首们承认这种程序,并使之合法化。鉴于废除了包税体制,这些城市也愿意负责地方的帝国税收配额,市议会现在指派委员会分配和收取税收。甚至在公元 2 世纪,如果土地枯竭,或者城市缩小,有时税收不足。在这种情况下,十人长或奉命执行任务的 10 人委员会(decaproti),未能收取规定数额。当这样的例子频繁出现时,元首逼债,公元 3 世纪期间,他颁布决议,规定由十人长全部负责。于是他们经常不得不自掏腰包,补足应付数目。另一种义务也出现同样的情况,尤其是为官员和士兵的食宿所征收的赋税。最后,一个决议规定十人长必须接纳废弃农场,进行耕种,以便可以上缴收入。如我们已说,十人长起初可以指派适合的人去从事这种义务,但由于这些人能够请求换人,政府最终中止延期,将责任直接置于十人长身上,或者不如说是从中选出十人长的库里亚成员。自治市的荣誉日趋繁重,以致如著名的《学说汇纂》

第 50 卷所示,想方设法强迫富人接受官职。官职成为可继承的负担,并在一些无法找到受害人的地方,官职强加在罪犯、犹太人和基督徒身上。

　　强迫服务的扩大不但影响了富人,而且适时影响了劳工协会[13]和商人协会,起初在罗马,后来遍及整个帝国。船主很早获得豁免,以作为强制但有酬劳的服务的回报,即将国家粮食由行省运至罗马,并提供军事运输。那时,塞普提摩斯着手在罗马免费授油时,奥里略在救济中增加酒的分配,并用面包替代粮食时,该城的油商、酒商和面包师归于政府治下。塞维鲁·亚历山大在政府监督下组织城市的所有协会,以便让他们在需要时响应公共号召。在这些自治市中,进程不如罗马迅速,但甚至那里,fabri、dendrophori 和 centonarii(铁匠、木匠、伐木工人及毡子和毛毯的制作者)组织起来,充作当地的消防队,作为此种服务的回报,免于承担其他义务。对于强制服务的进一步发展步骤,我们不得而知,但 496从公元 4 世纪的这一立法判断,国家增加已从事民事服务的协会的负担,于是成员们试图改变职业,结果国家规定成员资格是强制性的,最终世袭。到公元 4 世纪中期,整个帝国的劳动者在一个等级体制下被束缚于职业之上,几乎无法摆脱,其中每个成员受制于政府,从事专门服务。

　　佃户(科洛尼)在同一时期以某种方式束缚于土地之上。在罗马帝国,农奴制的起源已载于史册,但这一进程的详情仍不为我们所知。至今我们只确定一点,在乌尔比安和帕皮尼安的解答中,科洛尼是自由佃农,而公元 332 年[14]君士坦丁的一个饬令认为他固定于土地之上。这一重大变化当然是发生在公元 332 年之前,理由 497是决议仅仅规定公民有责任将逃亡的科洛尼归还主人,而主人有权限制试图逃跑的科洛尼,将之用作奴隶。各种农奴制闻名帝国各处。瓦罗谈到埃及、亚细亚和伊利里库姆的做法,但暗示罗马习俗不承认这种身份。鉴于元首们在行省中经常需要自由士兵,不可能鼓励这种做法,但无法确定。我们已经看到罗马人发现亚细亚流行一种温和形式的农奴制,但至今没有找到明确证据,来证明

它长期存在,持续到斯特拉波时代之后,有一些证据说明元首们通
498 常将神庙国家的佃户视为自由人。埃及堤防劳动和阿非利加领地
上的佃农劳动的固定要求,经常被视为农奴制的起因,但与对土地
的归属没有共同之处,可不予考虑。

在科洛尼的情况中,身份的变化是革命性的:第一,佃户地位
极其卑微,这反过来预示着从早期帝国条件的长期发展;第二,政
府危机导致一些元首采取激烈措施。要理解屈从于农奴制的科洛
尼,就要牢记其中多人是奴隶的儿孙,因自由劳动力的日益缺乏,
他们获释,并被授予租赁权,牢记在诸多地方蛮族俘虏充当半自由
的佃户,牢记元首们有时将身份低微的被释奴分派到皇室地产的
土地上,牢记大量牧场由可能从未获得公民身份的卑贱行省人租
用,牢记在广阔皇室地产上,科洛尼鲜少为主人所闻,被迫屈从于
和财务官沆瀣一气的领头农民的专横控制,也牢记短期合同越来
越少,尤其是在皇室地产上,已代之以终生的租赁权,而该租赁权
499 仅仅根据习惯,不受书面的双方协议保护。在这样的条件下,佃户
自然越来越依赖于主人及其代理人的心血来潮。

社会身份的缓慢下降无法说明自由的丧失。这终究取决于一
些不为人知的皇帝饬令,公元 3 世纪末一定容易找到这样的决议。
在公元 235 年至公元 285 年的无政府时期,一贯的呼声关乎税收
和粮食供应,二者最确定的来源就是土地。奥里略时代,佃户因税
收沉重及收成不好离开土地,由此每个城市的十人长负责法定税
额,而地主被迫接纳废弃区域。对于这些决议,他们的答复一定是
除非获得控制自己佃户的权力,否则无法如此行事。由于土地在
长期佃户耕种下恶化,加之因海盗阻断广阔市场,价格下降,元首
一定同样难以控制自己广阔国家领土上的佃户。可能这样的强制
始于元首私产。无论如何,当戴克里先发现货币体制大受阻碍,以
至不得不接受农产品的税收时,我们确信其大部分代理人精细考
察所有土地的利润,并报告离开土地的佃户。如我们已见,公元
500 332 年科洛尼为奴隶。或许由于无政府时代末年或者戴克里先时
期的经济危机和财政困难,罗马颁布决议,将科洛尼变为奴隶,如

很久以前所见,农奴制是此立法的重要部分,该立法强迫十人长在库里亚的负担中终生服务,迫使手工艺人将服务束缚在协会之内。就科洛尼而言,它可能是隶农制,理由是它是这个提供税收和粮食供应的体制中最为重要的齿轮。

鉴于科洛尼知道逃跑的尝试可能导致奴役,农奴制度也许有助于暂时稳定农业。但是如韦斯特曼[15]所说,帝国现在受制于心不甘情不愿且效率低下的科洛尼,这些人鲜少关注生产粮食的最重要任务。由于所有佃户丧失资格,现在潜在地主数量有限,所以这种体制的邪恶滋长,其中一些地主因高昂税收和勉强劳动破产,而其他知道如何通过贿赂和个人势力来逃避税收之人,购买被强制出售的土地,通过"保护人身份"获得更多土地,从而跻身元首的贵族行列。[16]由此,科洛尼制的直接结果是大庄园的迅速扩张。

戴克里先完全重组[17]军事、财政和行政体制,创造了一种政府体制,只要他健在,政府即庞大、专制,且高效。其基础是军队,军队扩大,以便提供机动的攻击部队,守卫边防。行政地区缩小,充斥拿薪金的官员,他们负责侦察、报告,尤其关注收取税收。与日益俱增的政府开支齐头并进,税收再度增加,现在首次按照整个帝国的统一计划征收,但并非如以往一样按照固定比率,而是每年宣布一个比率(indictio),理论上视该年的需要而定。鉴于经济的崩溃,罗马回归"自然经济",事实上实物税收比金钱更易支付和收取。故而,他不得不计划进行新的估价,并以高昂代价实行。全部土地按产量重新分类。以犹格为单位,估计 20 犹格为一般耕地,或者 40 犹格为二等土地,或者 60 犹格为三等土地。葡萄园和橄榄园比粮田更值钱,按植物数量(225 棵橄榄树或者 450 株葡萄)估价;牧场土地按在其上吃草的牲畜数量征税,农场的每个劳动者也要按 1 犹格的价值缴税,而地主不交。鉴于城市上交税收,元首不必增加人员进行征税,但其被迫到处建立粮仓,并任命官员监督粮食分配;获得农产品之后,他将少量分发给士兵和文官,以充当工资。这再次带来巨额开销。整个体制见证了罗马商业的完全解体。土地税当然是政府的支柱,而贸易和手工业的职业税也同样

501

502

一丝不苟地进行征收;现在"金冠"一般每隔 5 年向十人长索取,而国家的元老不得不屈服于一种特别税,即所谓的捐款(aurum oblaticium)。

戴克里先改革货币的尝试导致投机和价格波动,缘于经验已告诉人民这种改革通常不会长久。有鉴于此,公元 301 年元首草拟最高价格单,[18]尤其名单副本在其自己的东方行省公之于众,那里罗马货币现在首次投入使用,以取代当地货币。因主要目的是确保低价——劳动和商品——我们怀疑通用的"戴纳里乌斯"按照黄金(一磅黄金估价为 5 万"戴纳里乌斯")估价略高。可是,这份名单与估价至少提供了比较各种商品价格的机会,缘此具有历史价值。以黄金为标准,我们得到下列标准商品的价格表:

503

小麦	蒲式耳	75 分
黑麦		45 分
豆类		45 分
小扁豆		75 分
意大利葡萄酒	夸脱	22½分
橄榄油		18—30 分
蜂蜜		15—30 分
猪肉	磅	7.3 分
火腿		12 分
牛肉		5 分
灯		7.3 分
黄油		10 分
奶酪		7.3 分
鸡蛋	12 个	5 分
农民的鞋	一双	52 分
士兵的鞋		33 分
妇女的鞋		26 分
"贵族"的鞋		65 分
羊毛	磅	22 分

劳迪西亚羊毛 ……………………………… 65 分

紫色羊毛 ……………………………… 217.40 美元

优等亚麻线 ……………………………… 3.13 分

体力劳动,每天 ……………………………… 11 分＋食物

砖匠、泥瓦匠、木匠、铁匠、面包师、

造船工人 ……………………………… 22 分＋食物

大理石切削工人,马赛克工人 ……………… 26 分＋食物　504

画家 ……………………………… 32 分＋食物

装潢画家 ……………………………… 65 分＋食物

教师,每个学生,每月 ……………… 22 分＋食物

算术老师 ……………………………… 33 分＋食物

希腊语或几何老师 ……………… 87 分＋食物

铜匠、抄写员、裁缝等按件计酬。

当然,比较上述和以往得到的价格,很有启发,但遗憾的是,我们不掌握埃及之外的一个全面名单的数据。我们知道按黄金估价的小麦的平均价格在西塞罗时代与戴克里先时期大约相同,因小麦是穷人预算及一般市场中最重要的项目,似乎价格变化不大。当然,戴克里先的价格表不支持这样的假说,即世界遭遇小麦不足,也就是遭受土壤的灾难性恶化。现在海洋的商业安全无虞,可以在粮食不足的地方供应粮食。我们必须补充说,戴克里先大概恢复尼禄尼亚银戴纳里乌斯,并实际上按旧比率,发行大量金奥里斯来充当铸币的基础,故此我们不能认为贵金属的缺乏是导致罗马衰落的重要原因。

由于戴克里先的名单中包括日工资中的食物,更难比较现在和以往的工资。然而,这一事实本身意义重要。例如,如果此时大兴　505
土木,我们可以预期泥瓦匠和木匠的货币工资。只有当铁匠和泥瓦匠局限于小工程时,如地主可能需要修缮旧房屋,这种体制才普遍存在,这种说法似乎合情合理。事实上,除了士兵或者公共奴隶所建的公共工程之外,鲜有新建筑。在无政府时期,鲜少兴建建筑,以至所有装潢艺术废弃不用,结果这一时期建筑的技巧惊人的

拙劣和幼稚。由此,工资里包含食物,也显示了工业如何解体。然而,工资本身仍然大约始终如一,原因在于 11 分加食物大约等于古代每天 1 戴纳里乌斯的工资。鉴于一个人预期工资会随事业的衰落而下降,这似乎令人吃惊。可是,劳动力需求的下降与奴隶数量的实际减少平衡,加之归属于协会和农场的劳动增加。

这里不适合描述因罗马无力抵御蛮族人的进攻而造成的最后覆灭。但我们可以简单说明在其行将终结之前帝国各地的局势。较之其他行省而言,埃及鲜少遭受入侵,不甚值得关注,尽管其庞大且无用的人口在保护帝国上微不足道。尼罗河继续履行古老责任,灌溉流域的大部分地区,结果粮食至少可以满足新都君士坦丁。政府仍然能够保护运输粮食的舰队。而且,普罗布斯(Probus)让军队再次清理和修缮运河,结果公元 3 世纪销声匿迹的生产,在公元 4 世纪期间再次兴盛。密歇根大学在卡拉尼斯(Karanis)的发掘[19]显现了普罗布斯举措的直接影响,至少之后两个世纪法尤姆一直多产。然而总体形势不佳。也许戴克里先的饬令,其内容强迫埃及接受罗马金钱和大规模价格和工资,出人意料,并扰乱了适应这一特别地区的公认经济做法。无论如何,晚期有多少私人和地方铸币出现在埃及值得注意,这些铸币显然是为了使商业重新适应当地情况而设计的。[20]就国家而言,政府无能,加之强加于奴隶人民身上的沉重税收负担,导致人民怨声载道,导致破坏性的分裂。一些达官显贵到处攫取大地产,建造当地庄园,控制人民,藐视征税员,并征募官员。由于人民狂热支持不同的基督教派别和僧侣组织,导致出现严重的宗教分歧。结果,尽管拥有持久资源,但埃及分崩离析,甘心沦为入侵的阿拉伯人的俘虏。

亚细亚和叙利亚城市在波斯战争期间损失惨重,不但因为敌人的袭击,而且由于经常行经其地的罗马军队的无法无天。然而,大多数亚细亚城市从未适应以安全为保障的生活。除了海岸沿线希腊人繁多的城市之外,大城市并未发展壮大,甚至在这些城市,遗迹表明公元 2 世纪扩张结束。简朴村民,愿意现挣现吃的生活,构成人口的主体,他们的财产几乎不值得抢劫。正是这里一贯实行原始经济。海岸城市的叙利亚人对贸易极感兴趣——公元 5 世纪，他们仍然和高卢通商——于是对海洋安全感兴趣，以利于高效政府。内地城市认识到保护边境的重要性。二者共同促使东方帝国的办事高效。显然，人民之中也有某个自然力量。他们只保留了其所需的希腊文化，而简单抛弃了完全外来的罗马文化。他们接受基督教，作为与自己宗教的同类，并将一些古代信仰灌输其中。它统一两种宗教，前所未有；他们的主教和祭司在整个亚细亚教堂发挥强大影响，甚至远达西部。亚细亚当地依然富有活力，但它的能力显然未被适用到罗马主权下的西部工程。

508

　阿非利加远未枯竭。事实上，它的剩余粮食是罗马城的必需，直至最后。它的不幸几乎完全归于罗马政府的失策。那里没有派驻一个军团——这在一个受自然保护良好的行省本来足够——因而在充分罗马化之前，有必要武装和信任努米底亚和毛里塔尼亚的蛮族部落。他们日益确信自己的力量，逐渐威胁帝国偏远边陲，而非帮助。沉重的税收，加之农奴制在当地人中的蔓延，当地人受到压制，在大地产上从事繁重劳动，由此并不热爱罗马。公元 3 世纪，当地人显然爆发一次革命，抵制罗马习俗，尽管基督教对他们有强烈的吸引力，但当地人逐渐接受异端的多纳图派（Donatism）教义，而非正统崇拜，主要缘于后者获得压迫者罗马的支持。多纳图派的狂热者以信仰的名义进行圣战，有时只是抢劫富丽堂皇的别墅及罗马化的城市。对于这些部落的诸多人来说，汪达尔（Vandal）的入侵似乎是一个解脱。贝利萨留（Belisarius）明智地看到一定要通过友好行为争取当地人口，但拜占庭皇帝常常将这一教诲抛诸脑后。北非大量拜占庭时代的壮观遗迹，并不能证明那里有任何繁荣复兴，而显示罗马未能赢得当地人的好感，理由是它们大多是要塞遗迹。阿拉伯人来临时，部分阿非利加仍然产量丰厚；但当地人鲜少保护国家及财富。其中绝大多数人认征服者为友，放弃他们憎恨的租佃，回归游牧生活。

509

　在奥索尼乌斯和西多尼乌斯（Sidonius）的篇章中，我们得到公元 4 世纪和公元 5 世纪高卢[21]贵族别墅生活的迷人图景。我们发现凯尔特大贵族,豪华别墅的主人,有时几个人讨论他们的图书馆,给朋友写诗和长信,视察地产,狩猎,打网球,款待宗教顾问,讨论他们引以为荣的学派,并因公事骑马到拉文纳。无数已经出土的别墅昭示这些篇章并非杜撰。高卢农业方兴未艾,土地也未枯竭。确实这些贵族及其大地产在奴隶体制上兴旺发展。他们鲜少

510 提到的劳动者,无疑是奴隶,且一贫如洗,但至少与地主是同一种族,并显然比阿非利加的当地人更自满,后者为他们鲜少看到的罗马富人工作。高卢整体上仍是一块别墅土地,但也有繁荣城市。在奥索尼乌斯时代,由于给大部分莱茵河的部队"提供衣食和武装",特里韦斯(Treves)发展为高卢第一城(在规模上位居帝国第六)。奥索尼乌斯提到摩泽尔河岸上的大量别墅,大概是用工业利润兴建而成的。在帝国城市名单中,阿尔勒、图卢兹和那尔旁高卢分列第 10、18 和 19 位,似乎从地主鼓励的贸易中获利。甚至偏远的波尔多,名单中位列第 21 位,也因为其广阔的林荫大道、大理石宫殿和豪华学校而受到赞誉。事实上,高卢资源丰富。如果管理得当,它本可能免受波斯图穆斯所示的入侵,并迅速导致文化复兴。但该行省当然不许自行其是;它不得不等命令,听命于罗马政府。而且,部分可靠的中产阶级男子已沦为农奴,结果不适合军事服役,而其财富用于支付帝国更为薄弱地方的防守。

511 　　检查罗马政府覆灭前该行省的经济情况时,我们没有发现帝国的人口或自然资源枯竭,但确实发现在有效使用这些资源时缺乏智慧和精神,结果不可避免导致混乱、不和及恶意。早在马可·奥利略时代精神生活中凸显的疾病,而今到处蔓延。甚至那时罗马的统摄力和教化力已然失效,行省不再相信这种以前吸引心向中心的磁力,而无精打采地渐渐离开,只专注于自己的利益。在意大利,古老的当地活力减弱,给军队中各个粗暴无礼的长官提供良机,来抢夺最高权力。我们无法确定康茂德之后任何古老血统的罗马人登上皇位。几乎一个多世纪,皇帝们通常来自巴尔干地区,偶尔来自高卢、阿非利加或者阿拉伯;从瓦伦提尼安(Valentinian)时代起,元首们通常是日耳曼人。甚至其中鲜有人理解帝国基本

的社会和经济需要,无人间接认识到这种使罗马强大的传统。他们的任务仅仅是通过军队团结帝国,以便完整保留税收机器,用以供养部队。由于这种体制浪费资源,削弱生产和分配机制,由于农奴制的建立,帝国的公民不能参军,所以这个迟钝的元首雇佣日耳曼佣兵,保护边境,直至雇佣军将其拿薪俸守卫的帝国,接收为自己的帝国。

原注

1 见 12 章;*American Hist. Rev.* 1916,689(受到戈登女士的批评,in *Jour. Rom. St.* 1924); Park, *The Plebs in Cicero's Day*; Nilsson, *Imperial Rome*, pp. 339ff.; Seeck, *Gesch. d. Untergangs*, vol. I。

2 Pais, *Storia d. Colon.* pp. 36;181;234;242.

3 Besnier and Chapot, art. *Via* in Darem-Saglio;关于哈德良建筑活动的简要评论,见 Gregorovius, *The Emp. Hadrian*, ch. 22 - 5; Weber, *Untersuchungen*, *passim*。

4 Westermann, *The Uninundated Lands*, Class. Phil. 1921,169。现在该水坝保持了运河中的恒定水位,确保广阔地区内每年 3 茬庄稼,结果田地在产量增加时,却得到更少淤泥。因此,粮食危机不可避免。

5 Rostovtzeff, *Soc. And Econ. History*, Ch. XI,及注释,已收集纸草中关于埃及悲惨境况的大量记述。地方官员负责收取税收时,抱怨自然越来越多;但是我们也听说诸如哈德良之人的救济措施,*Rev. Ét. Grec.* 1920,375; Westermann, in *Jour. Eg. Arch.* 1925;如几乎所有资料中显见,积极竞标公共土地租约,如 Van Hoesan 和 Jonhson in *Am. Phil. Ass.* 1925,213)表明情况并非完全无法忍受。

6 罗斯托夫采夫在其第 9 章和第 10 章中已生动地讲述了这一时期的故事。然而,他的社会政策指导军队的活动的观点,似乎没有得到证明。

7 Mattingly, *Coins of the Roman Empire*; Hammer, in *Zeit. Numis.* 1908,1(关于合金数量); Cesano, in *Diz. Epig.* II, 1634ff.; Segré, *Circolazione Monetaria*; Maurice, *Numismatique Constant.*, and Bernhart, *Münzkunde*, 1922(关于书目)。

8 见 *Vocab. Jurisp.*, *s. v. aureus*。

9 Dittenberger，*Or. Gr. Ins.* 515（塞普提摩斯统治）；*Ox. Pap.* 1411（大约公元260年）。

10 见 *Oxyr. Pap. nos.* 1433，1441，1659，关于这种苛税的例子。

11 见 Gradenwitz，*Index zum Theodosianus*，*s. v. collatio* and *angaria*。实际影响见于 Keil-Premerstein，*Denk. Akad. Wien.* 1914，Inscr. 9，28，55；*Pap. Soc. It.* 446，683；Ditt. *Or. Gr. Ins.* 519；527；609；665；Cass. Dio. 78. 3；Gromatici（Lach），p. 165。

12 关于公共义务见 *Digest* 50，4－10，尤其是关于公元2世纪和公元3世纪的做法，及 Gradenwitz *op. cit. s. v. munus*；Oertel，*Die Liturgie*，在埃及；黎巴嫩，*Städteverwaltung*。

13 早期的法学家主要关注对非法协会的限制（*Digest.* Bk. 47），22，但是提奥多西详细描述了奴役劳动；见 Gradenwitz，*s.v. collegium.*；Kornemann，art. *Colegium* in Pauly-Wissowa。

14 Codexs Theod. V. 17.1。关于罗马隶农制起源的主要理论如下：Zumpt，*Rhein. Mus.* 1845，and Savigny，*Vers. Schr.* II，认为它源于蛮族战俘奴隶的殖民地；Wallon，*Hist. de l'Escl.* 1847，相信类似于劳动者被束缚于行会，同一库里亚人限于库里亚一样，佃户因财政原因被束缚于土地上；Rodbertus，*Jahrb. Nationalök.* 1864，认为受束缚的科洛尼是被释奴，他们被授予租赁权，但保持服从；Heisterbergk，*Entst. D. Colonats*，1876，认为在行省中当地佃户被附属于土地上，以确保粮食供应；Fustel de Coulanges，*Le Colonat romain*，1884（布伦尼坦铭文发现之后）提出阿非利加类型的永久佃户，后者没有书面契约，由于自然的经济过程，下降到农奴的地位；Pelham，*The Imp. Domains* 1890 认为家长式作风的元首，保护佃户，允许租佃世袭，而在后来的紧张时期，皇帝的代理人使这些惯常的租约变成义务；Seeck，*art colonatus* in Pauly-Wissowa 指出几个因素：意大利的经济薄弱，行省的当地非公民以及被安置到土地上的蛮族俘虏；Rostovtzeff，Klio，1901 谈到亚细亚模式；后来在 *Stud. Röm. Kol.* 1911 中偏爱强调托勒密的先例，最近 *Jour. Land and Publ. Utilities*，1926，得出结论，即罗马的隶农制是"公元3世纪社会革命的合法产物"。不管这个使土地归属合法化的决议有何确切理由，必须承认上文提到的大多数假说唤起了对这些因素的注意，这些因素可能有助于隶农制的衰退，并创造使得决议令人接受的习俗。

15　Im *Am. Hist. Rev.* , 1915, p. 724.

16　Zulueta, *De patrociniis vicorum* , Oxford.

17　Bury, *Hist. of Later Roman Emp.* , ch. II; Vinogradoff, in *Cambridge Med. Hist.* I, p. 543. Lot, in *Rev. Hist. Droit.* 1925, 再次探讨隶农, 但没有得出结论。

18　Blümner, *Der Maximaltarif der Diocletian* ; 以及 *Edict. Diocl.* In Pauly-Wissowa V. 1948; Abbott, *The Common People of Anc. Rome* , p. 145。这一名单只见于希腊、埃及和东方。据认为, 西方的恺撒们本可能用易毁坏的材料张贴。然而, 没有证据显示他们在整个帝国张贴。

19　见 Boak, in *The Geogr. Review* , 1926, 353。

20　Milne, *History of Egypt* , ch. XI and *Numis. Chron.* 1926, 43ff; Bell, in *Jour, Egypt. Arch.* 1924, 207.

21　见 Dill, *Roman Society in the Last Century* ; Ausonius, *Ordo Umbium and Mosella* 。

索　引

294

上海三联人文经典书库

已出书目

1. 《世界文化史》(上、下) [美]林恩·桑戴克 著 陈廷璠
   译

2. 《希腊帝国主义》 [美]威廉·弗格森 著 晏绍祥 译

3. 《古代埃及宗教》 [美]亨利·富兰克弗特 著 郭子林 李
   凤伟 译

4. 《进步的观念》 [英]约翰·伯瑞 著 范祥涛 译

5. 《文明的冲突:战争与欧洲国家体制的形成》 [美]维克多·
   李·伯克 著 王晋新 译

6. 《君士坦丁大帝时代》 [瑞士]雅各布·布克哈特 著 宋立
   宏 熊 莹 卢彦名 译

7. 《语言与心智》 [俄]科列索夫 著 杨明天 译

8. 《修昔底德:神化与历史之间》 [英]弗朗西斯·康福德 著
   孙艳萍 译

9. 《舍勒的心灵》 [美]曼弗雷德·弗林斯 著 张志平 张任
   之 译

10. 《诺斯替宗教:异乡神的信息与基督教的开端》 [美]汉斯·
    约纳斯 著 张新樟 译

11. 《来临中的上帝:基督教的终末论》 [德]于尔根·莫尔特曼
    著 曾念粤 译

12. 《基督教神学原理》 [英]约翰·麦奎利 著 何光沪 译

13. 《亚洲问题及其对国际政治的影响》 [美]阿尔弗雷德·马汉
    著 范祥涛 译

14. 《王权与神祇:作为自然与社会结合体的古代近东宗教研究》

（上、下）〔美〕亨利·富兰克弗特　著　郭子林　李　岩　李凤伟　译

15. 《大学的兴起》〔美〕查尔斯·哈斯金斯　著　梅义征　译

16. 《阅读纸草，书写历史》〔美〕罗杰·巴格诺尔　著　宋立宏　郑　阳　译

17. 《秘史》〔东罗马〕普罗柯比　著　吴舒屏　吕丽蓉　译

18. 《论神性》〔古罗马〕西塞罗　著　石敏敏　译

19. 《护教篇》〔古罗马〕德尔图良　著　涂世华　译

20. 《宇宙与创造主：创造神学引论》〔英〕大卫·弗格森　著　刘光耀　译

21. 《世界主义与民族国家》〔德〕弗里德里希·梅尼克　著　孟钟捷　译

22. 《古代世界的终结》〔法〕菲迪南·罗特　著　王春侠　曹明玉　译

23. 《近代欧洲的生活与劳作（从 15—18 世纪）》〔法〕G. 勒纳尔　G. 乌勒西　著　杨　军　译

24. 《十二世纪文艺复兴》〔美〕查尔斯·哈斯金斯　著　张　澜　刘　疆　译

25. 《五十年伤痕：美国的冷战历史观与世界》（上、下）〔美〕德瑞克·李波厄特　著　郭学堂　潘忠岐　孙小林　译

26. 《欧洲文明的曙光》〔英〕戈登·柴尔德　著　陈　淳　陈洪波　译

27. 《考古学导论》〔英〕戈登·柴尔德　著　安志敏　安家瑗　译

28. 《历史发生了什么》〔英〕戈登·柴尔德　著　李宁利　译

29. 《人类创造了自身》〔英〕戈登·柴尔德　著　安家瑗　余敬东　译

30. 《历史的重建：考古材料的阐释》〔英〕戈登·柴尔德　著　方　辉　方堃杨　译

31. 《中国与大战：寻求新的国家认同与国际化》〔美〕徐国琦　著　马建标　译

32. 《罗马帝国主义》〔美〕腾尼·弗兰克　著　宫秀华　译